edition suhrkamp 2461

Weit über ein Jahrhundert hat die Photographie unser Verständnis von Bildern und der Wahrnehmung, unser Bild der Wirklichkeit und ihrer medialen Vermittlung bestimmt. Die Photographie ist das »Auge des Jahrhunderts«. Die Photographie ist omnipräsent. Es gibt keinen Bereich des Lebens, der sich ihr hätte entziehen können. Zugleich ist sie aber auch dasjenige technische Medium, das wie kein zweites Metaphern hervorgerufen hat, die ihren eigentümlich irrlichternden Charakter zu fassen versuchen. Mal erscheint sie als Tod, Waffe oder Erstarrung, dann wieder als Auferstehung, Morgendämmerung oder Göttin. Dieser Band versammelt die erstaunliche Spannbreite metaphorischer Bilder in anschaulichen Artikeln, die von A (wie *Äquivalent*, *Archiv*, *Auferstehung* oder *Auge*) bis Z (wie *Zauberlampe* oder *Zeuge*) reichen und Photographien mit Geschichten, historischen Darstellungen, Anekdoten und auch theoretischen Ansätzen verbinden: ein Bilder- und ein Lesebuch, das die Geschichte und die Theorie der Photographie in Begriffe und in Bilder zu fassen versucht.

Bernd Stiegler, geb. 1964, ist Lektor in Frankfurt am Main. Von ihm ist zuletzt erschienen: *Philologie des Auges. Die photographische Entdekkung der Welt im 19. Jahrhundert*, München 2001; *Microsoft. Medien, Macht, Monopol* (hg. zus. mit Alexander Roesler, es 2281, 2002), *Grundbegriffe der Medientheorie* (hg. zus. mit Alexander Roesler), München 2005 sowie *Theoriegeschichte der Photographie*, München 2006.

Bernd Stiegler
Bilder der Photographie

Ein Album
photographischer Metaphern

Suhrkamp

Für Charles Grivel

5. Auflage 2020

Erste Auflage 2006
edition suhrkamp 2461

Originalausgabe

Satz: Jung Crossmedia Publishing, Lahnau
Druck: C. H. Beck, Nördlingen
Umschlag gestaltet nach einem Konzept
von Willy Fleckhaus: Rolf Staudt
Printed in Germany
ISBN 978-3-518-12461-1

Inhalt

Vorbemerkung

»Es fällt mir schwer zu schreiben; mein Denken ist optisch.«

Rodtschenko, 87

Die Photographie ist nicht nur, so Hubert Damisch, »eine Kunst, in der das Licht seine eigene Metapher hervorbrächte« (Damisch, 139), sondern hat auch eine Geschichte, die voller Bilder und Metaphern ist. Wie bei keinem anderen technischen Medium zeichnet sich die Geschichte der Photographie dadurch aus, daß sie zahlreiche Metaphern aufgenommen und produziert hat, die ihre Theorie und ihre Praxis gleichermaßen bestimmen. Es scheint fast so, »als wäre die Kamera eine metamorphotische Maschine und die Fotografie eine Metapher« (Minor White). Die Macht der Photographie, die Wirklichkeit zu verwandeln, verdankt sich auch dem Spiel mit Metaphern, die die Photographie ihrerseits verwandeln und die in ihr, um einige wenige Beispiele zu nennen, eine technische Form der Auferstehung *oder* eine Einbalsamierung, eine wahre Halluzination und eine Lüge *oder* eine Geschichtsschreiberin und eine neue Gestalt des Gedächtnisses, eine Offenbarung *oder* ein Fortdauern der platonischen Höhle erblicken. »Die Photographie«, schreibt Edgar Morin, »umfaßt den ganzen anthropologischen Bereich, der von der Erinnerung ausgeht und beim Phantom endet, denn sie verwirklicht die Verschmelzung der ebenso verwandten wie unterschiedlichen Qualitäten des geistigen Bildes, des Spiegelbildes und des Schattens.« (Morin, 40) Und sie tut dies, indem sie in ihren Bildern, wie auch in ihren Texten, Metaphern aufnimmt und ausbuchstabiert.

Dieses *Album photographischer Metaphern* versucht die Geschichte der Photographie in Bildern zu fassen, in Bildern, die man sich von der Photographie machte, und in Bildern, die im Laufe der Photographiegeschichte entstanden. Daher finden sich in allen gut fünfzig Einträgen dieses photographisch-metaphorischen Wörterbuchs Photographien neben kurzen historischen oder theoretischen Abrissen, die versuchen, die jeweilige Metapher der Photographie zu skizzieren. Es geht im Wortsinn des doppelten Genitivs um *Bilder der Photographie*.

Die besondere Metaphorizität der Photographie ist auch dadurch begründet, daß die Photographie seit ihren Anfängen in prekärer Weise ambivalent ist. Sie wurde immer als Mortifikation *und* Vivifikation, als Wahrheit *und* Lüge, als Auslöschung *und* Rettung angesehen und beschrieben. Die Disponibilität der Photographie für Metaphern ist Ergebnis dieser eigentümlichen Offenheit wie auch eine Reaktion auf sie: Die Metapher nutzt diese Offenheit und schränkt sie zugleich ein. Dabei hat sie ein janusköpfiges Antlitz: Einerseits verstellt sie das, was gezeigt wird, indem sie auf anderes verweist und das Dargestellte als anderes zeigt; andererseits bringt sie aber etwas zum Erscheinen, was sonst unsichtbar geblieben wäre, nämlich die Verzahnung des Dargestellten mit der Tradition, seine Verankerung in einer Geschichte. Daher nimmt es auch kaum Wunder, daß die meistzitierten Texte der Photographiegeschichte, wie etwa die Essays von Oliver Wendell Holmes, Susan Sontags Buch *Über Fotografie* oder Roland Barthes *Die helle Kammer*, auch zu den metaphernreichsten gehören. Sie nehmen Metaphern auf, münzen sie um und prägen neue, an die wiederum andere Texte anschließen.

Bevor Sie sich nun in diesen »Regen von Metaphern« (Didi-Huberman, 75) begeben, noch einige wenige Erläuterungen: Das Buch folgt der gleichermaßen strengen wie zufälligen Ordnung des Alphabets. Jeder Artikel kann für sich gelesen werden und bietet jeweils am Ende des Eintrags kurze bibliographische Hinweise auf die zitierte und auf weiterführende Literatur. Die Belege der einzelnen Texte beanspruchen keine Vollständigkeit, wohl aber Exemplarität. Gleiches gilt auch für das Buch insgesamt. Es lädt ein zu einer Erkundung der Geschichte der Photographie als einer Geschichte von Bildern, die nicht nur unser Bild der Photographie, sondern auch das der Wirklichkeit geprägt haben und weiterhin prägen.

Literatur

Hubert Damisch, Fünf Anmerkungen zu einer Phänomenologie des fotografischen Bildes, in: Herta Wolf (Hg.), Paradigma Fotografie. Fotokritik am Ende des fotografischen Zeitalters, Band 1, Frankfurt/M. 2002, S. 135-139.

Georges Didi-Huberman, Erfindung der Hysterie. Die photographische Klinik von Jean-Martin Charcot, München 1997.

Edgar Morin, Der Mensch und das Kino, Stuttgart 1958.

Alexander Rodtschenko, Wege der zeitgenössischen Fotografie (1928), in: Wolfgang Kemp (Hg.), Theorie der Fotografie II, 1912-1945, München 1979, S. 85-91.

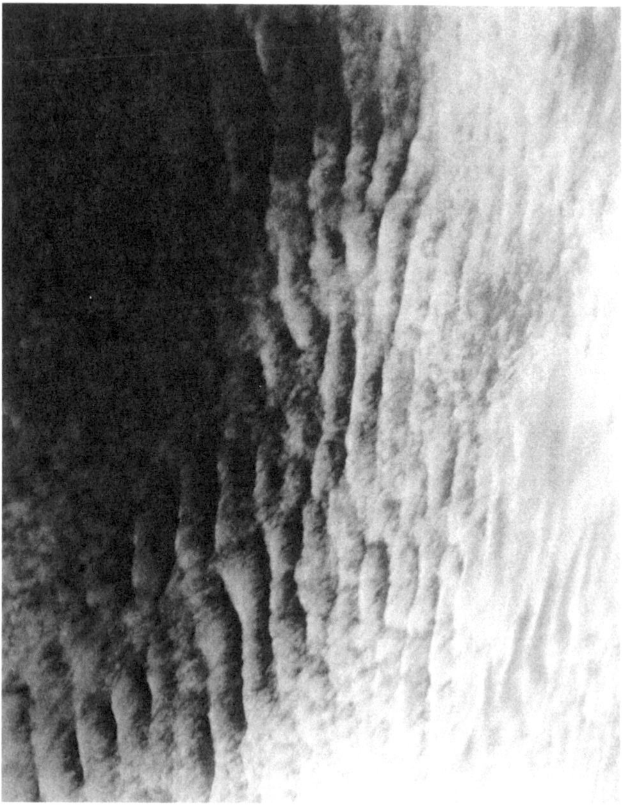

Äquivalent

> »Am wichtigsten ist es, einen Moment einzufangen, etwas so vollständig festzuhalten, daß diejenigen, die es sehen, ein Äquivalent dessen wahrnehmen, was ausgedrückt wurde.«
>
> *Stieglitz, in: Norman, 161*

Kaum ein Photograph ist wie Alfred Stieglitz bereits zu Lebzeiten zum Mythos geworden. Alfred Stieglitz bestimmte über eine Generation hinweg zumindest die amerikanische Szene, gründete die erste Photogalerie von Rang, organisierte überaus wirkmächtige Ausstellungen, gab mit *Camera Notes* und *Camera Work* höchst einflußreiche Zeitschriften heraus, vereinte die amerikanischen Photographischen Gesellschaften, stand ihnen dann auch vor und war nicht zuletzt einer der größten Photographen seiner Zeit. Angesichts dieser Erfahrung nimmt es sich fast wie Rätselbilder aus, wenn sich Stieglitz gegen Ende seines Lebens mit großer Intensität einem neuen Gegenstand verschreibt: der Wolkenphotographie, und diese Bilder »Equivalents«, »Äquivalente«, nennt. Stieglitz bestimmt dabei seine Wolkenphotographien, die man beliebig drehen und wenden konnte, in überaus emphatischer Weise als den Versuch, herauszufinden, »was mich vierzig Jahre des Fotografierens gelehrt hatten. Über die Wolken meine Philosophie des Lebens niederschreiben – zeigen, daß meine Fotografien sich nicht auf den Inhalt und auf die Sujets zurückführen lassen – auf die merkwürdigen Bäume, auf die Gesichter, die Interieurs, und auch nicht auf besondere Begabungen – die Wolken sind für alle da – bis jetzt gibt es keine Steuer auf sie – sie sind frei.« (Stieglitz, 237) Dies ist die Einsatzstelle für die Konzeption der

Photographie als Äquivalent, die die Gegenstände wie den Betrachter gleichermaßen einschließt. Die Theorie des Äquivalents zielt auf eine Zeichenordnung parallel zur Natur, die gerade als formale Ordnung symbolische Qualitäten aufweist und eine ästhetische Erfahrung *medial* kommuniziert, die im Betrachter einen Erfahrungsraum erschließt, der sich nicht auf den Bildgegenstand allein beschränkt, sondern seine eigene Erfahrung, seine Gefühle, ja sogar das Unbewußte einschließt. »Bei den *Equivalents* besteht Stieglitz' Geniestreich darin, sie [die Wolken] in unnatürliche Zeichen zu verwandeln, sie in die kulturelle Sprache der Photographie zu übersetzen.« (Krauss, 136) Diese Sprache eröffnet nun einen bildlichen Erfahrungsraum, in dem die Beziehungen zwischen den Photographien, der Wirklichkeit, dem Photographen und auch dem Betrachter zu Äquivalenten werden. Gerade angesichts der notwendigen Offenheit des Gegenstandes sind die Wolkenbilder offene Deutungsräume, bei denen die Abbildung des Gegenstandes von nachrangiger Bedeutung ist. Es geht vielmehr um eine visuelle Erfahrung.

Diese Bilder stellen eben gerade nicht nichts dar, sondern eröffnen vielmehr eher eine Fülle von Deutungsmöglichkeiten. Sie zeigen eine Welt als »Zeichen und Hypothese«. Stieglitz' Wolkenphotographien als Rückblick auf vierzig Jahre des Photographierens präsentieren eine Philosophie des Lebens, nach der die Photographie als Analogon der Wahrnehmung zeichentheoretisch auf die Spitze getrieben wird und die Wirklichkeit zu einer Ordnung des Bildes geworden ist, die radikal offen ist und ihr Korrelat in einer Empfindung hat, die sich aus den Zeichen der Bilder und den Zeichen der eigenen Erfahrung, Erinnerung und nicht zuletzt des Unbewußten speist, die in den Photographien angesprochen werden. Es geht nicht länger darum, etwas darzustellen oder abzubilden, sondern eine ästhetische Erfahrung zu evozieren, die ihrerseits eine Ordnung überhaupt erst herzustellen hat, und zwar in Gestalt einer Äquivalenz von Zeichenordnungen.

Stieglitz' Theorie des Äquivalents wurde zu einer bestimmenden theoretischen Figur der amerikanischen Nachkriegsphotographie. Insbesondere Minor White, der Herausgeber von *Aperture*, sowie die amerikanischen Photographen Harry Callahan und Aaron Siskind haben sich explizit auf die Theorie des Äquivalents berufen und dieser eine dezidiert subjektive Auslegung gegeben. Das Funktionieren des Äquivalents ist, so White, vergleichbar mit dem, was Psychologen als Projektion oder Empathie bezeichnen. Die Photographie verwandelt das Dargestellte in etwas, das ein Reich subjektiver Erfahrungen und Gefühle aufschließt, gerade dadurch, daß die Bedeutung der abgebildeten Gegenstände ausgeblendet wird. Die phänomenale Welt hat sich in Formen verwandelt, die Äquivalente der Empfindungen des Subjekts darstellen und zugleich in einen kreativen Prozeß münden sollen, der zwischen den Dingen, dem Photographen und dem Betrachter oszilliert. (White (1), 51) Der Photographie geht es in dieser Bestimmung nicht um die Dinge; sie ist vielmehr eine Funktion, eine Korrelation. »Als interessanteste Entdeckung des Äquivalenzgedankens kann gelten, daß eine Photographie kein Gegenstand, sondern eine Funktion ist.« (White (2), 21)

Fünfzig Jahre später nimmt George Legrady in seiner interaktiven Installation »Equivalents II« Stieglitz' Wolkenaufnahmen wieder auf, um ihnen nun eine medientheoretische Deutung zu geben, die auch die Situation der Photographie im digitalen Zeitalter reflektiert. Bei dieser Arbeit erscheinen auf dem Bildschirm wolkenähnliche Bilder, wenn man in den Computer einen Text eingibt. Die Referenz an Stieglitz ist dabei durchaus von programmatischer Bedeutung, da Legrady die komplexe »Äquivalenz« bei Stieglitz und in der Tradition der amerikanischen Nachkriegsphotographie, die sich zwischen den Gegenständen, dem Photographen und den Betrachtern gleichermaßen ausspannt, um drei weitere Komponenten ergänzt: die Beziehung zwischen (den eingegebenen) Texten, den (dann erscheinenden) Bildern und den Computerprogrammen, die sie erzeugen und die zugleich zwischen Texten und Bildern vermitteln. Die Wolken werden dabei zu einem »Rauschen« der Information, zu einer »Realmetapher« von Information überhaupt. Bedeutung ist in dieser Installation immer eine zugeschriebene, da die Bilder weder Wolken sind oder abbilden noch den Text in seiner semantischen Bedeutung visualisieren. Das wolkige Rauschen der Information hat sich in der Beziehung, in der Äquivalenz von Bild und Text, Photographie und Wirklichkeit, Computerprogrammen und kulturellen Zeichen angesiedelt.

Literatur

Daniell Cornell, Alfred Stieglitz and the Equivalent. Reinventing the Nature of Photography, Ausstellungskatalog Yale 1999 (dort auch weitere Literaturhinweise).

Philippe Dubois, Der photographische Akt, Amsterdam/Dresden 1998, S. 199-213.

Rosalind Krauss, Stieglitz' Äquivalente, in: Das Photographische. Eine Theorie der Abstände, München 1998, S. 12-137.

George Legrady, The Equivalents II, in: Hubertus von Amelunxen u. a. (Hg.), Fotografie nach der Fotografie, Dresden/Basel 1995, S. 216-221.

Dorothy Norman, Alfred Stieglitz: An American Seer, New York 1990.

Alfred Stieglitz, How I came to photograph clouds, in: Alfred Stieglitz, Stieglitz on Photography. His selected essays and notes, hg. und kommentiert von Richard Whelan, New York 2000, S. 240-245 [ED in: Amateur Photographer and Photography 56, 1923].

Minor White (1), Wann ist Fotografie kreativ? (1943), in: Wolfgang Kemp (Hg.), Theorie der Fotografie III, 1945-1980, München 1983, S. 47-51.
Minor White (2), Equivalence: The Perennial Trend, in: PSA Journal, Bd. 29, Nr. 7, 1963, S. 17-21.

Abbildung:
Alfred Stieglitz, Equivalent, ca. 1926, in: Aperture Masters of Photography. Alfred Stieglitz, Köln 1997, S. 79.

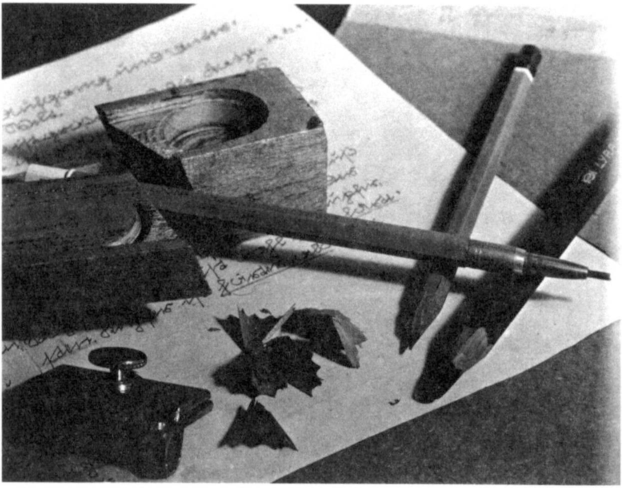

Analphabetismus, photographischer

> »daß die kenntnis der fotografie ebenso wichtig ist, wie die kenntnis der schrift, so daß in der zukunft nicht nur der schrift-, sondern auch der fotounkundige als analfabet gelten wird.«
>
> *Moholy-Nagy, 344*

Laszlo Moholy-Nagys Theorem eines drohenden photographischen Analphabetismus taucht seit Ende der 1920er Jahre wie ein theoretisches Emblem in zahlreichen Texten der Photographiegeschichte und -theorie auf. Die Photographie erscheint dabei nicht nur als »Licht-Schrift«, die man erlernen müsse, sondern auch als Kulturtechnik, die für eine Dechiffrierung der Gegenwart erforderlich sei. Wenn etwa Franz Roh in der Einleitung des berühmten Bandes *foto-auge* anmerkt, daß »Menschen ohne Kamerabeherrschung bald wie Analphabeten wirken werden« (Roh, 8), bestimmt er nach fast einhundert Jahren Photographiegeschichte Photographien als Bilder, die *gelesen* werden und ohne diese Lektüre bedeutungslose Zeichen bleiben. Walter Benjamin hat seinerseits in der »Kleinen Geschichte der Photographie« von 1931 die Beschriftung der Bilder als entscheidenden kulturellen Umbruch ausgemacht und damit zugleich die Entzifferung der Photographie als kulturell notwendige Kenntnis bestimmt. Gerade die Photographien der Gegenwart sind in seiner Deutung beschriftet: »Nicht der Schrift-, sondern der Photographieunkundige wird, so hat man gesagt, der Analphabet der Zukunft sein. Aber muß nicht weniger als ein Analphabet ein Photograph gelten, der seine eigenen Bilder nicht lesen kann? Wird die Beschriftung nicht zum wesentlichsten Bestandteil der Aufnahme werden?« (Benjamin, 385) Die Dechiffrierung der Photographie bei Benjamin zielt auf einen historischen Index der Bilder, der auf die Aktualität, den Moment sowie die Umstände der Aufnahme verweist und für ihre Lektüre und ihr Verständnis entscheidend sei.

Weniger diagnostisch, aber ungleich prognostischer hat Johannes Molzahn 1928 in den neuen photographischen Textbildern eine neue Epoche der Bildung und des Publikationswesens ausgemacht, in der das Lesen durch das Sehen ersetzt wird, das seinerseits bereits Lesen von hybriden Textbildern ist: »›Nicht mehr lesen! Sehen!‹ wird das Motto der Erziehungsfragen sein. ›Nicht mehr lesen! Sehen!‹ wird der Leitgedanke der Entwicklung der Tageszeitungen sein.« (Molzahn, 124) Und mit der Veränderung der Tageszeitungen zum Text-Bild, das Sehen und Lesen verbindet, verschwindet auch der Setzer: Von ihm wird »nichts als der Name übrigbleiben.« (Molzahn, 124)

Fünfzig Jahre später feiert Moholy-Nagys Theorem fröhliche Urständ. Nun, in der Zeit der digitalen Photographie, wird, so will es etwa der Medientheoretiker Vilém Flusser, der Computerunkundige der Analphabet der Zukunft sein. Und auch Benjamins Theorie der Beschriftung erscheint als Forderung wieder, in den digitalen Bildern, die sich ihres historischen Indexes zu entledigen drohen, auszumachen, ob diese denn überhaupt ein Korrelat in der Wirklichkeit haben. So findet sich im Ausblick von Fred Ritchins Buch *In Our Own Image* aus dem Jahr 1990, das sich als kritische Analyse der bedrohlichen Revolution der digitalen Bilder versteht, der Satz: »Laszlo Maholy-Nagys Behauptung von 1936, daß der Analphabet der Zukunft weder mit der Kamera noch mit dem Stift umgehen kann, ist wahr geworden, ohne bestätigt worden zu sein. Es wird immer schwieriger, sich mit den Fragen auseinanderzusetzen, die durch elektronische Technologien aufgeworfen werden, wenn man die Photographie an sich nicht ernst nimmt.« (Ritchin, 145) Die Gegenwart hat die Prognose der Vergangenheit längst realisiert, und ein weiteres Mal droht die Gefahr, daß Photographien nicht gelesen werden können. Philippe Quéau hat für dieses bedrohliche Szenario eines Kulturkampfes die wohl emphatischste Beschreibung gefunden: »Es handelt sich um eine neue ›Schrift‹, die von allen beherrscht werden sollte, wenn sich zwischen den gebildeten und allmächtigen Hohepriestern und den digitalen Analphabeten, die eine leichte Beute in den Händen der Magier der Information sind, nicht immer tiefere Gräben bilden sollen.« (Quéau, 111) Die digitale Photographie erscheint wiederum als neue Kulturtechnik, die man wie eine Schrift lernen muß, um sie zu verstehen, aber auch um die Gefahr einer Indoktrination durch die Bilder bannen zu können.

Literatur

Walter Benjamin, Kleine Geschichte der Photographie, in: Gesammelte Schriften, Bd. II, Frankfurt/M. 1977, S. 368-383.

Vilém Flusser, Die Schrift. Hat Schreiben Zukunft?, Frankfurt/M. 1992.

Laszlo Moholy-Nagy, fotografie: die objektive sehform unserer zeit (1936), in: Krisztina Passuth, Moholy-Nagy, Weingarten 1986, S. 342-344.

Johannes Molzahn, Nicht mehr lesen! Sehen! (1928), in: Ute Eskildsen und Jan-Christopher Horak (Hg.), Film und Foto der zwanziger Jahre, Stuttgart 1979, S. 123-125.

Philippe Quéau, Die Fotovirtualität, in: H. von Amelunxen u. a. (Hg.), Fotografie nach der Fotografie, Dresden/Basel 1995, S. 111-113.

Fred Ritchin, In Our Own Image. The Coming Revolution in Photography, New York 1990.

Franz Roh, Mechanismus und Ausdruck. Wesen und Wert der Fotografie, in: Franz Roh und Jan Tschichold, foto-auge – œil et photo – photo-eye. Tübingen 1929.

Abbildung:
Anon., ca. 1930, Sammlung Stiegler.

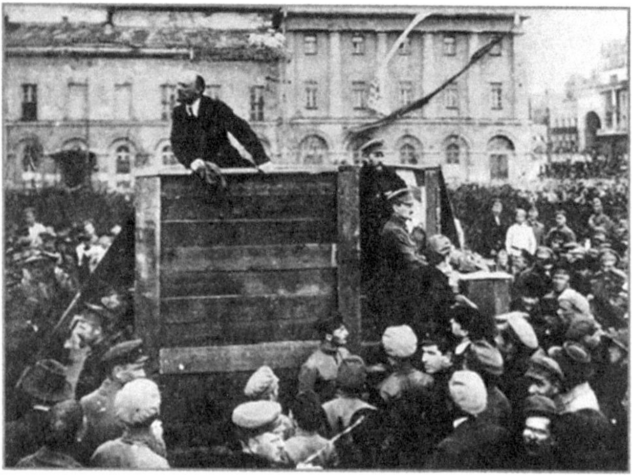

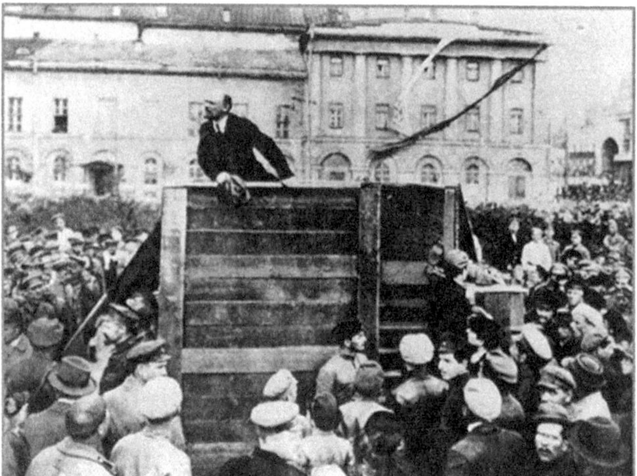

Archiv

»Das fotografische Archiv versammelt im Abbild die letzten Elemente der dem Gemeinten entfremdeten Natur.«

Kracauer, 111

Das Archiv ist nicht allein der Ort des Bewahrens, sondern auch der Ort des Vergessens, des Vergessenmachens, des Verschwindenlassens. In der Mitte des 19. Jahrhunderts imaginierte der seinerzeit berühmte Jurist und Essayist Oliver Wendell Holmes eine Bibliothek mit photographischen Aufnahmen, die die Wirklichkeit ersetzen, sie zum Verschwinden bringen können, da durch die Aufbewahrung der materialen Spur des Gegenstandes dieser überflüssig geworden sei. Hat man erst einmal hinreichend Bilder gesammelt und archiviert, so ist der Gegenstand nicht mehr erforderlich, er kann verschwinden. Dieses Archiv der Bilder soll auch das Reisen überflüssig machen, da sich das Wandern des Auges auf den Bildern nicht von der Wahrnehmung des Gegenstandes selbst unterscheidet. Die Strapazen der Reisen in ferne Länder gehören der Vergangenheit an, und eines Tages sollte die sichtbare Welt insgesamt in Bilder gebannt und dem Betrachter zugänglich gemacht werden können. Bereits sehr früh wurde diese Theorie einer »Medienkritik« unterzogen. So konstatiert bereits 1841 der Rezensent der *Allgemeinen Theaterzeitung* in Wien: Die ersten Beobachter der Photographie »sahen schon im Geiste die ganze bewohnte Erde auf den Metallplatten reflectirt und fixirt [...]. In ihrem Entzücken hatten sie nicht bedacht, daß, wenn einmal der ganze Erdball aufgenommen seyn würde, nicht so leicht ein anderer zur Hand seyn dürfte, um die so furchtbar angeregte Neugierde zu befriedigen ...« (Allg. Theaterzeitung, 84 f.)

Die Photographie dient – und das zeigen zahllose Texte der Frühzeit der Photographiegeschichte – einer Archivierung der Welt, die sie mit unbestechlicher Genauigkeit aufzeichnet. Sie verwandelt die Gegenstände in Bilder und bewahrt sie als Bilder auf, die selbst nach dem Verschwinden der Dinge von ihrer Existenz zeugen. Für die Beschreibung und Abbildung ist die archivalische Verwandlung der Dinge konstitutiv. Diese Bilder werden in Archiven, Bibliotheken oder auch in Alben gesammelt und dienen nicht zuletzt einer Zimmerreise in die nahe und ferne Welt, in die eigene Geschichte und in jene, die man nie selbst hat sehen können. Bereits in der zweiten Hälfte des 19. Jahrhunderts standen mehr als 1 000 000 unterschiedliche Motive von Stereoskopaufnahmen zur Verfügung, die man mit eigens entworfenen Betrachtern ansehen konnte, der den zweidimensionalen Bildern eine visuelle Räumlichkeit verlieh: Bilder aus fernen Ländern, aber auch Genrebilder, Stilleben und Serien von Theaterinszenierungen und medizinische Aufnahmen – ein gigantisches Archiv, das die Welt in Bilder faßte. Die Bildwerdung der Wirklichkeit war eine photographische und die Photographie eine neue Technologie einer bildlich-archivalischen Aneignung der Welt.

Vilém Flusser folgte Oliver Wendell Holmes mehr als einhundert Jahre später in der Hochzeit der allgemeinen Medientheorie der 1980er Jahre mit der medientheoretischen Vision einer zukünftigen Menschheit, deren bevorzugter und mitunter einziger Zugang zur Wirklichkeit die Bilder des Computers seien, in denen die Welt bereits verschwunden *ist*. »Die Menschen werden, jeder für sich, in Zellen sitzen, mit Fingerspitzen an Tastaturen spielen, auf winzige Bildschirme starren und Bilder empfangen, verändern und senden.« (Flusser, 175) Das Universum der technischen Bilder ist eine Welt des Archivs, ein Archiv als Welt. In diesem Archiv der Bilder wird die Welt zu einer permanenten Verwandlung und Neuschöpfung der Wirklichkeit als solcher. »Die Stimmung, die dort herrschen wird«, so Flusser, »wird an jene gemahnen, die wir in unseren schöpferischen Augenblicken erleben. Die Stimmung des Aus-sich-Herausgehens, des Abenteuers, des Orgasmus. Das telematische Übergehirn wird eine immer weiter um sich greifende, sich erneuernde und verdichtende Aura von technischen Bildern ausstrahlen und ein universales Schauspiel abgeben.« (Flusser, 176) Und für den Photographen und Photographietheoretiker Floris Neusüss verwandelt sich auch die Alltagswelt in ein einziges großes Bildarchiv, das wir tagein, tagaus durchqueren: »Die ganze Stadt ist ein begehbares Archiv. Auf Schritt und Tritt gibt es Fotos zu sehen.« (Neusüss, 150)

Die höchst ambivalente Doppelgestalt des photographischen Archivs als Ort des Aufbewahrens und des Verschwindens zugleich zeigt vielleicht am eindringlichsten das Schicksal der Bilder in den Zeiten der stalinistischen Säuberungen: Damals wurde immer dann, wenn ein Regimekritiker oder auch ein gänzlich Unbeteiligter – denn die Kontingenz ist konstitutiv für das System des Terrors – umkam, auch sein Bild systematisch ausgelöscht. Es wurde auf den Bilder geschwärzt oder wegretuschiert, gestrichen oder mit dem Messer weggekratzt. So konnte es durchaus vorkommen, daß in einem Bild mit fünf Personen nacheinander vier der fünf zu verschwinden hatten. Dies galt dann auch für sämtliche Bilder des Ermordeten. Der bloße Besitz eines Bildes, auf dem er zu sehen ist, konnte seinerseits lebensgefährlich werden. Selbst in den Photoalben der Familienangehörigen hatte das Bild zu verschwinden. Und auch bei Photographen wie Alexander Rodtschenko finden sich Alben und Bücher, in denen die Bilder geschwärzt werden mußten. Selbst in den Archiven wurden diese Regeln befolgt, nur wurden hier alle Etappen der Auslöschung Bild für Bild sorgfältig dokumentiert, in verschlossenen Stahlschränken archiviert, in unzugänglichen Kellern deponiert, um die Macht der Bilder als Bilder der Macht aufzuzeichnen.

Nicht nur das Archiv ist ein Ort des Gedächtnisses, auch das Gedächtnis ist ein photographisches Archiv. Der Physiologe Draper faßte bereits im 19. Jahrhundert das Gedächtnis in die Metapher einer Ansammlung von Photographien – und dies vor allem deshalb, weil für ihn bereits die visuelle Wahrnehmung der Photographie gleicht. Von diesem riesigen Bildarchiv bemerken wir in der Alltagserfahrung nichts, aber in Träumen, Fieberanfällen, Halluzinationen und auch »während der feierlichen Momente des Sterbens« erscheint es wieder und gibt die Bilder frei: »Unser Geist kehrt sich dann nach innen ›und blickt auf die Ambrotypien, die er gesammelt hat – Ambrotypien, weil sie wirklich unvergängliche Eindrücke sind –, verbindet sie miteinander, wenn sie nun glücklich erscheinen, und gestaltet aus ihnen das Panorama eines Traumes.‹« (Draaisma, 125)

Literatur

Allgemeine Theaterzeitung in Wien, 23.6. 1841, zit. nach: Hans Frank, Vom Zauber alter Lichtbilder. Frühe Photographie in Österreich 1840-1860, Wien 1981, S. 84-88.

William C. Darrah, The World of the Stereographs, Gettysburg (Pennsylvania) 1977.

Douwe Draaisma, Ein Spiegel mit Gedächtnis, in: ders., Die Metaphernmaschine. Eine Geschichte des Gedächtnisses, Darmstadt 1999, S. 107-140

Vilém Flusser, Ins Universum der technischen Bilder, Göttingen 1985.

Nicola Hille, Die sowjetischen Fotoretuschen der 30er Jahre als politische Demozide. Einige Ausführungen zu den historischen und politischen Hintergründen der Bildmanipulation im Stalinismus, in: Dieter Mayer-Gurr (Hg.), Fotografie & Geschichte. Timm Starl zum 60. Geburtstag, Marburg 2000, S. 68-102.

Oliver Wendell Holmes, Soundings from the Atlantic, Boston 1864.

Siegfried Kracauer, Die Fotografie, in: Wolfgang Kemp (Hg.), Theorie der Fotografie II, 1912-1945, München 1979, S. 101-112.

Floris Neusüss (Hg.), Photo recycling Photo. Ein Bermuda-Dreieck für die Fotografie, Kassel 1982.

Abbildung:

G. P. Goldstein, Rede Lenins am 5. Mai 1920 und eine retuschierte Aufnahme desselben Bildes, in: Haus der Geschichte der Bundesrepublik Deutschland (Hg.), X für U. Bilder, die lügen, Bonn ^{3}2003, S. 30.

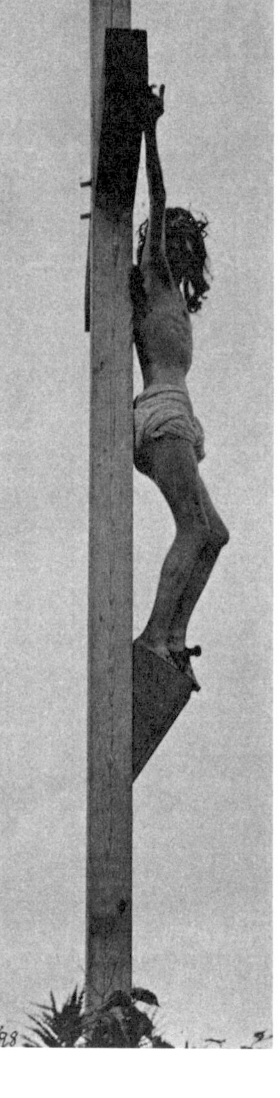

Auferstehung

»Die Photographie hat etwas mit Auferstehung zu tun.«

Barthes, 92

»Vor ungefähr zwei Jahren«, berichtet im Jahr der Jahrhundertwende und der *Traumdeutung* der seinerzeit berühmteste amerikanische Kunstkritiker Sadakichi Hartmann den deutschen Lesern in der *Photographischen Rundschau* über den amerikanischen Photographen F. Holland Day, »verfiel er plötzlich auf die Idee, den Versuch zu machen, einige Scenen aus dem Leben Christi photographisch darzustellen. Er zog mit einem halben Dutzend Modellen und sonstigem Zubehör nach einem einsam gelegenen Dorfe in der Nähe von Boston, liess eine Grabkammer bauen und ein Kreuz aufrichten und arbeitete angestrengt den ganzen Sommer hindurch.« (Hartmann, 90f.) Ein wenig bedauernd muß Hartmann mitteilen, daß die Pleinair- nicht an die Qualität der Atelieraufnahmen heranreichte, »obwohl er seine Modelle und landschaftlichen Hintergründe geschickt gewählt hatte«, hoffte aber gleichwohl, daß sein Ehrgeiz ihn nicht ruhen läßt, um so später zu zeigen, daß »auch die Photographie solche Darstellungen meistern kann.«

Nun ist der Gegenstand kein Gegenstand unter anderen und die Konkurrenz mit der Malerei zwar ein Topos der Kunstkritik, wenn sie sich denn überhaupt mit der Photographie beschäftigte, das Motiv dieser Motivwahl aber so von der Macht der Metapher durchdrungen wie das Verfahren selbst. Der Photograph zieht mit seinen Jüngern aus seinem Atelier, um dort den Kreuzweg in Szene zu setzen und in Bilder zu bannen, die sowohl mit der Kunst auf Augenhöhe sind als auch die besondere Kraft der Photographie in Szene setzen und in Bilder fassen sollen. Die Photographie sollte nicht nur die Konkurrenz mit der Malerei siegreich überstehen, sondern zudem für eine Auferstehung im Bild sorgen. F. Holland Day konnte dabei eine Deutungstradition aufnehmen, für die die Photographie, wie es bereits frühe Texte der Photographiegeschichte zeigen, eine Überwindung der Zeit und ein Garant des Überlebens, eine technisch garantierte Form des ewigen Lebens im Bild darstellte. Und andere Photographen werden an ihn anknüpfen: So finden sich etwa Selbstportraits als Christus der tschechischen Avantgardephotographen Josef Vachal (1906) und Frantisek Drtikol (1914), und insbesondere Joel-Peter Witkin hat dieses Thema aufgegriffen und fortgeführt. Auch wurden bereits im 19. Jahrhundert Aufnahmen der Festspiele in Oberammergau als Originalphotographien und später als Postkarten vertrieben. Die Photographien waren dabei nicht nur visuelle Devotionalien von Schauspielen, die die Passion nachstellten und in Momentaufnahmen bannten, die an klassische Vorbilder aus der bildenden Kunst angelehnt waren, sondern auch Bilder, die dezidiert subversiv mit der Tradition umgingen, indem sie gekreuzigte nackte Frauen, Puppen oder homosexuell codierte nackte Männer ins Bild bannten oder aber Szenen des Alltags (O'Brien), familiäre Konstellationen, politische Embleme mit der christlichen Tradition assoziierten und nicht zuletzt den Künstler-Photographen als Christus und somit als Erlöser inszenierten. Auch wenn Photographien als »Reliquien« (Corpus Christi, 25) oder unabweisbare Zeugnisse angesehen werden, so verweist dies auf eine christliche Tradition: »Es geht«, so formuliert etwa Philippe Dubois, »ontologisch so vor wie Johannes und sagt uns: ›Das habe ich gesehen, das habe ich berührt: Nun ist es an Euch, zu sehen und mit den Augen zu berühren.‹«

(Dubois, 75) Die Photographie findet in der christlichen Tradition eine Vielzahl von Motiven vor, bei deren Aufnahme es auch um die Photographie als Metapher geht.

Wenn also F. Holland Day die Kreuzigung in Bilder zu bannen versucht, so geht es gleich um vielerlei Einsätze eines Spiels, das nur als Bild gewonnen werden kann: Es geht um die Kunst und ihre Geschichte, um den Kunstwert der Photographie, um die Inszenierung des Künstlers als messianische Gestalt, um die gesellschaftlich autorisierte Verbildlichung des Leids und nicht zuletzt um die Photographie und ihre Metapher: die Auferstehung im Bild. An dieser hatte sich bereits 1839 der Photopionier Johann Carl Enslen versucht, als er mit Hilfe der Photographie »eine himmlische, mit Sternen umgebene, von Strahlen gebildete Erscheinung Christi am Kreuze« abbildete – und so, wie der Rezensent der *Leipziger Allgemeinen Zeitung* notiert, »recht eigentlich Licht aus Licht sendet. Ein ebenso inniger als geistvoller Gedanke.« (Oettermann, 123) William Henry Fox Talbot unternahm im gleichen Jahr eine photographische Versuchsreihe, bei der er sein Verfahren an verschiedenen Gegenständen testete. Darunter war ein Christuskopf »vollständig mit einem Heiligenschein aus strahlendem Licht, der seine Unsterblichkeit anzeigt, auf eine Glasplatte gemalt.« (Batchen, 108) Talbot fertigte ein Negativ und einige Kontaktabzüge an, die er mit unterschiedlichen Substanzen zu fixieren versuchte, um so das materielle Verschwinden der Bilder, das nach wie vor ein großes Problem darstellte, zu verhindern. »Das Bild, das entsteht«, kommentiert Batchen, »zeigt Christus in einem konstanten Zustand der Auferstehung, in dem sein Geist zwischen positiven und negativen Seinszuständen, lebendig und tot, abwechselt.« (Batchen, 108) Die Photographie erscheint bereits in ihren Gründerjahren als technische Auferstehung – und wird noch in der Zeit der digitalen Photographie in diesen

Kategorien beschrieben. Nun sind es aber die digitalen Bilder, die für die Auferstehung der analogen in anderer, immaterieller Erscheinungsform sorgen. Aus der Auferstehung wird die modernere Variante der Reanimation: »Durch das Scannen stirbt das Foto. Zugleich wird es elektronisch für ein zweites Leben konserviert und aufbereitet. Es ist jeder vorstellbaren Reanimation zugänglich.« (Jäger, 109)

Der italienische Philosoph Giorgio Agamben hat dieser Traditionslinie der Photographie eine überaus emphatische Auslegung gegeben, indem er in der Photographie den »Ort des Jüngsten Gerichts« erblickt: »sie stellt die Welt so dar, wie sie am letzten Tag, am Tag des Zorns erscheint.« (Agamben, 18) Eschatologie und Apokalypse, Auferstehung und Erlösung werden in einer Denkfigur verbunden, die dem Engel der Geschichte Benjamins den der Photographie zur Seite stellt: »Die Fotografie erhebt den Anspruch, daß man sich an all das erinnert, die Fotos zeugen von all diesen Namen, genau wie das Buch des Lebens, das der neue apokalyptische Engel – der Engel der Fotografie – in der Hand hält – am Ende der Tage, das heißt jeden Tages.« (Agamben, 22)

Literatur

Giorgio Agamben, Der Tag des Gerichts, in: ders., Profanierungen, Frankfurt/M. 2005, S. 18-22.

Roland Barthes, Die helle Kammer, Frankfurt/M. 1985.

Geoffrey Batchen, A Philosophical Window, in: History of Photography, Bd. 26, Nr. 2, Sommer 2002, S. 100-112.

Corpus Christi: Christus-Darstellungen in der Photographie 1850-2001, Ausstellungskatalog Hamburg 2004.

James Crump, F. Holland Day, ›Sacred‹ Subjects and ›Greek Love‹, in: History of Photography, Bd. 18, Nr. 4, Winter 1994, S. 322-333.

Philippe Dubois, Der fotografische Akt. Versuch über ein theoretisches Dispositiv, Amsterdam/Dresden 1998.

Sadakichi Hartmann, Ueber die amerikanische Kunstphotographie, in: Photographische Rundschau, 14. Jg., 1900, S. 88-93, S. 90f.

Gottfried Jäger, Analoge und digitale Fotografie: Das technische Bild, in: Hubertus von Amelunxen u. a. (Hg.), Fotografie nach der Fotografie, Dresden/Basel 1995, S. 108-110.

Darwin Marable, The Crucifixion in Photography, in: History of Photography, Bd. 18, Nr. 3, Herbst 1994, S. 256-263.

Abigail O'Brien, Die sieben Sakramente und der ritualisierte Alltag, hg. von Stephanie Rosenthal, Göttingen 2004.

Stephan Oettermann, Johann Carl Enslen (1759-1848). ... und zuletzt auch noch Photographie-Pionier, in: Silber und Salz. Zur Frühzeit der Photographie im deutschen Sprachraum. 1839-1860, Köln und Heidelberg 1989, S. 116-141.

Ulrich Pohlmann, Der Traum von Schönheit – das Wahre ist schön, das Schöne wahr, Fotografie und Symbolismus 1890-1914, in: Fotogeschichte, 15. Jg., 1995, Heft 58, S. 3-26.

Abbildung:

Fred Holland Day, Kreuzigung, 1898, in: Nissan N. Perez, Corpus Christi. Christusdarstellungen in der Fotografie, Heidelberg 2003, S. 87.

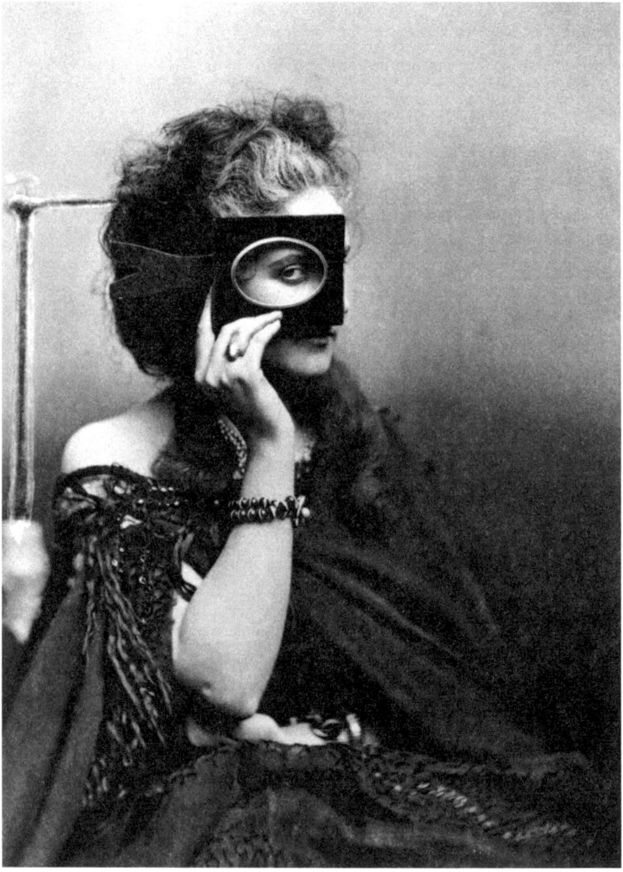

Auge

> »Denn schließlich hat die Photographie keineswegs zur Aufgabe, die Wände zu dekorieren, sondern das Auge bloßzulegen.«
>
> *Dotremont, 213*

Der Vergleich der Kamera mit dem menschlichen Auge geht weit in das präphotographische Zeitalter zurück. Bereits Kepler und Descartes verglichen das menschliche Auge mit einer Camera obscura: In René Descartes Schrift *La Dioptrique* schlug er dem Leser vor, in die Öffnung der Camera obscura das Auge eines Verstorbenen oder das eines geschlachteten Ochsen einzusetzen, um die Geheimnisse der Wahrnehmung zu entschlüsseln. Was im Inneren der dunklen Kammer erscheint, ist die perspektivische Wiedergabe der Außenwelt. Das Auge projiziert die Außenwelt in einen abgeschlossenen und isolierten Innenraum, ist eine, wie der amerikanische Kunsttheoretiker Jonathan Crary schreibt, »Verbindung zwischen Descartes' vollkommen getrennten res cogitans und res extensa, zwischen Beobachter und Welt« (Crary, 46), und macht so die Außenwelt für die Betrachtung des Verstandes verfügbar. Während bei Descartes und bis weit ins 19. Jahrhundert hinein dieser Vergleich dazu diente, für die menschliche Wahrnehmung eine mathematisch genaue Entsprechung mit der sichtbaren Wirklichkeit sicherzustellen, entdeckt gegen 1850 auch die physiologische Forschung das Vorbild der Kamera im Bau des Auges, beginnt nun aber die Unterschiede deutlicher zu profilieren. Auge und Kamera sind auch hier miteinander verwandt, und der Prozeß der menschlichen Wahrnehmung gleicht wiederum dem langsamen Entstehen eines photographischen Bildes. Georg Theodor Ruetes *Handbuch der Ophthalmologie* ist nur eines von zahlreichen Beispielen eines photographischen Blicks auf das menschliche Wahrnehmungsorgan: »Das Auge gleicht in Einrichtung und Wirkung seines optischen Apparates vollkommen einer sogenannten Camera obscura. Wie in dieser die vordere Objectivlinse von einem vor ihr befindlichen leuchtenden Gegenstand im Hintergrunde der Kammer auf eine matte Glastafel, oder die empfängliche Collodiumplatte des Photographen ein verkleinertes verkehrtes Bild entwirft, so entwirft das an der Stelle einer einfachen Linse im Auge vorhandene complicirte System brechender Medien ein verkleinertes verkehrtes Bild eines vor dem Auge befindlichen Objectes, von welchem aus Lichtwellen durch das Diaphragma der Iris dringen, auf die den Hintergrund des Auges austapezierenden Parthien der Retina.« (Ruete, 176) In Hermann von Helmholtz' *Handbuch der physiologischen Optik* wird wenige Jahre später der Vergleich schon deutlich weniger schmeichelhaft ausfallen. Die Entsprechung von Auge und Kamera ist für ihn nun Anlaß, die technische Unzulänglichkeit des Organs zu kritisieren. Das Auge ist der Kamera keineswegs aufgrund seiner anatomischen Organisation überlegen, ganz im Gegenteil: Das Auge ist der Kamera sogar technisch unterlegen, die Wahrnehmung ist es aber nicht. Die Photographien des Auges stellen nur das Zeichenmaterial bereit, das in der Wahrnehmung gelesen, geordnet und interpretiert wird. Helmholtz wird nicht müde, die technische Mängelliste des Auges zu ergänzen: Allein die Lücke des blinden Flecks ist so groß, »dass in ihr horizontal neben einander elf Vollmonde verschwinden könnten, oder ein 6 bis 7 Fuss entferntes menschliches Gesicht.« (Helmholtz, 24) Hinzu kommen die Farbenzerstreuung im Auge, der natürliche Astigmatismus, die Gefäßschatten und die entopischen Objekte, wie die sogenannten fliegenden Mücken, die *muscae volitantes*, sowie die »unvollkommene Durchsichtigkeit der Medien und so fort.« (Helmholtz, 28) Emil du Bois-Reymond berichtet von Helmholtz' »Äußerung, daß das Auge, trotz seiner bewundernswürdigen Leistungen, als optisches Werkzeug so voll arger Fehler sei, daß er einem Künstler, der ihm ein solches Instrument brächte, die Türe weisen würde.« (du Bois-Reymond, 19)

Die photographische Kamera kommt hier ungeschoren davon, und so nimmt es kaum wunder, daß die Photographie in der Zwischenkriegszeit als *foto-auge*, so der Titel eines der berühmtesten Bände der photographischen Avantgarde, ein weiteres Mal die im doppelten Sinn »objektive« Wirklichkeit ins Bild bannen soll. Die Photographie als »objektive Sehform unserer Zeit«, so der Titel eines Aufsatzes von Moholy-Nagy, gestattet uns, »die engen grenzen unseres auges« (Moholy-Nagy, 320) zu verlassen und die unverstellte »objektive« Wirklichkeit zu erkennen. Für Moholy-Nagy ist die Fotografie ein »Mehr-Sehen«, gerade weil der Apparat als *foto-auge* ein rein optisches Bild wiedergibt, während »unser Auge die aufgenommenen optischen Erscheinungen mit unserer intellektuellen Erfahrung durch assoziative Bindungen formal und räumlich zu einem Vorstellungsbild ergänzt. Daher besitzen wir in dem fotografischen Apparat das verläßlichste Hilfsmittel zu Anfängen eines objektiven Sehens.« (Moholy-Nagy, 128) Mit der Kamera verläßt der Mensch den Raum des Auges, mit ihr emanzipiert er sich von der Tradition. »Die Fotografie schenkt uns das symbolische Attribut, mit dem der Mensch der neuen Epoche ausgerüstet ist: das Objektiv wird zum Über-Auge.« (Goll, 185)

Mit Aufkommen der digitalen Photographie findet der Vergleich der Kamera mit dem Auge eine weitere Zuspitzung und nimmt eine neue Wendung. Ein weiteres Mal dient das Auge zur Beschreibung der Photographie. Nun aber reicht die Optik allein nicht aus. »Sehen fängt«, so der holländische Wissenschaftshistoriker Douwe Draaisma, genauso wie die digitale Photographie »mit Optik an und endet mit elektronischen Impulsen« (Draaisma, 107). Sehen ist wie das Photographieren eine Verbindung von analoger Optik und neuronaler bzw. digitaler Codierung.

Literatur

Emil du Bois-Reymond, Gedächtnisrede auf Hermann von Helmholtz, in: Abhandlungen der Königlichen Akademie der Wissenschaften zu Berlin, Jg. 1896, Gedächtnisrede II.

Jonathan Crary, Techniken des Betrachters. Sehen und Moderne im 19. Jahrhundert, Dresden/Amsterdam 1996.

Christian Dotremont, Les développements de l'œil, in: Points de repère, Nr. 1, 1950, Galerie Saint-Laurent, Bruxelles, abgedr. in: Edouard Jaguer, Les mystères de la chambre noire, Paris 1982, S. 213.

Douwe Draaisma, Ein Spiegel mit Gedächtnis, in: ders., Die Metaphernmaschine. Eine Geschichte des Gedächtnisses, Darmstadt 1999, S. 107-140.

Iwan Goll, Die alte Fotografie (1931), in: Wolfgang Kemp (Hg.), Theorie der Fotografie II, 1912-1945, München 1979, S. 184-188.

Georg Hauberrißer, Das menschliche Auge und der photographische Apparat, in: Der Photograph, 1921, Nr. 44, S. 173f., 177-179 und 183.

Hermann von Helmholtz, Der optische Apparat des Auges, in: ders., Populäre Wissenschaftliche Vorträge, Zweites Heft, Braunschweig 1871, S. 3-98.

Edwin Hoernle, Das Auge des Arbeiters, in: Der Arbeiter-Fotograf, [Teilreprint der Ausgabe 1926-1932], hg. von Joachim Büthe u. a., Köln 1977, S. 110-113.

Laszlo Moholy-Nagy (1), fotografie ist lichtgestaltung, in: Bauhaus, 1928, Nr. 1, S. 2ff., zit. nach: Krisztina Passuth, Moholy-Nagy, Weingarten 1986, S. 319-322.

Laszlo Moholy-Nagy (2), Malerei, Fotografie, Film, München 1925, Reprint Passau ^{2}1978.

Georg Theodor Ruete, Lehrbuch der Ophthalmologie, o. O. ^{2}1854.

K. Schloemilch, Das Auge als photographischer Apparat, in: Die photographische Kunst im Jahre 1902, S. 129-143.

Abbildung:
Mayer & Person, Comtesse de Castiglione, um 1864, in: Freddy Langer (Hg.), Fotografie! Das 19. Jahrhundert, München/Berlin/New York 2002, S. 48.

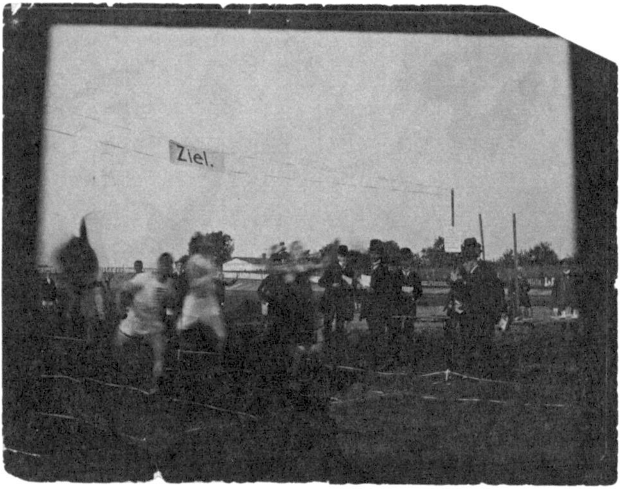
Ziel.

Augenblick

»Gegenwart, das Leben des Augenblicks«

Willi Warstat, 77

Es ist gar nicht leicht, den »photographischen Augenblick« genau festzulegen. Im 19. Jahrhundert gab es höchst unterschiedliche zeitliche Bestimmungen: Hatten die ersten Photographen den photographischen Augenblick noch mit mehreren Minuten angegeben, die dann immerhin zu Sekunden wurden, so reduzierte sich aufgrund der höheren Lichtempfindlichkeit der Platten und der Entwicklung von lichtstärkeren Objektiven die mögliche Verschlußzeit auf unter eine Zehntelsekunde. Bis in die 1880er Jahre dauerte der »photographische Augenblick«, während dem die Porträtierten stillstehen mußten, ungefähr drei Sekunden. (Peters, 170) Der Photograph Skaife definierte hingegen bereits 1860 die Momentaufnahme als Bild, »welches in einer zehntel Sekunde oder weniger erzeugt wird.« (Skaife, 130) Diese Zeit markierte zugleich eine physiologische Schwelle, da das Wahrnehmungsbild auf der Retina etwa eine Zehntelsekunde bestehenbleibt. Dieses Phänomen wurde von den zeitgenössischen Theoretikern als »Flüchtigkeit der Bilder der Augen« (Janssen, 481) oder aber als »Dauerhaftigkeit der Retinabilder« (Marey, 298) bezeichnet. In der Tat ist die Bestimmung der Wahrnehmungsspur, des Augenblicks abhängig vom Standpunkt des Beobachters und kann gleichermaßen als Flüchtigkeit oder Dauer beschrieben werden. Der Astronom Jules Janssen, der es beruflich vorrangig mit der Beobachtung von wenig mobilen stellaren Konstellationen zu tun hat, schreibt dem Auge eine

Flüchtigkeit zu, da das Einzelbild nach einer Zehntelsekunde gelöscht und durch ein anderes ersetzt werde, was zu einer Unschärfe bei der Beobachtung führe. Der Physiologe Étienne Jules Marey, der sich der Analyse von Bewegungen widmete, beschreibt um 1880 das Phänomen hingegen als Persistenz, da das Auge die Bewegungsabläufe verschleift und als Kontinuität wahrnimmt. Schnelle Bewegungen können vom Auge nicht wahrgenommen werden: Es sieht keine Pistolenkugeln im Flug und auch nicht den Aufprall eines Tropfens auf der Wasseroberfläche. Marey wie Janssen erkannten jedoch, daß die Photographie technische Möglichkeiten bereitstellte, um dieses physiologische Handicap des Auges zu korrigieren. Der amerikanische Photograph Eadweard Muybridge, dem als erstem Ende der 1870er Jahre des 19. Jahrhunderts Momentaufnahmen von galoppierenden Pferden gelangen, arbeitete erst mit 12 und später mit 24 fest installierten Kameras, die durch auf dem Boden der Laufbahn angebrachte Kontakte ausgelöst wurden. Die Aufnahmen des Pferdes Occident zeigten, daß bei schnellen Bewegungen für einen Augenblick keiner der vier Hufe den Boden berührt, und belehrten das abendländische Auge, daß es sich bei seiner Wahrnehmung des Phänomens getäuscht hatte. Mit dieser vermeintlich marginalen Entdeckung löste er eine heftige Diskussion über die Frage aus, ob die Maler weiterhin ihren Augen trauen oder ob sie die Photographie zur realistischen Darstellung heranziehen sollten. Die physiologisch-photographische Lehrstunde über Wahrnehmung, Bewegung und Gedächtnis führte zu einer Reflexion über die Wahrnehmung und Repräsentation der Wirklichkeit insgesamt. Exemplarisch ist ein Gespräch mit dem Maler Auguste Rodin, der auf die Frage, ob der Maler, der entgegen der Erkenntnisse der Photographie an seiner traditionellen Darstellung des galoppierenden Pferdes festhalte, lüge, antwortete: »Nein, der

Künstler hat recht, und die Photographie lügt; denn in Wirklichkeit steht die Zeit nicht still: und wenn es dem Künstler gelingt, den Augenblick einer mehrere Augenblicke lang sich abspielenden Gebärde hervorzubringen, so ist sein Werk ganz sicher minder konventionell als das wissenschaftlich genaue Bild, worin die Zeit brüsk aufgehoben ist.« (Rodin, 224) Rodins Kritik trifft dabei durchaus den Kern der unterschiedlichen Verfahren von Muybridge und Marey. Während Muybridge in der Tat die Bewegung in eine Sequenz von Einzelbildern zerlegte, die einer vorher festgelegten zeitlichen Folge gehorchen, überführt Marey die Bewegung in ein einziges Bild, das die Gleichzeitigkeit des Ungleichzeitigen veranschaulicht und zugleich die Gesetze des Lebens festhalten soll.

Auch der Gründer der bis heute berühmtesten Photoagentur *Magnum*, Henri Cartier-Bresson, ist auf der Suche nach dem Leben, wenn er photographiert. Allerdings gilt sein Augenmerk nicht physiologischen Fragen, sondern der Bildreportage, der Pressephotographie oder, um den Titel seines berühmten wie programmatischen Aufsatzes aufzunehmen, dem entscheidenden Augenblick. Cartier-Bressons Text ist eine Art Programmschrift der Photoreportage, die erst seit Beginn des 20. Jahrhunderts eine zentrale Rolle in der illustrierten Presse eingenommen hat. Die Bildreportage hält nun Einzug in die Printmedien und kommt als dezidierte und zugleich komponierte Bildsequenz zur bisherigen Konzentration auf das Einzelbild hinzu. »Die Bildreportage«, resümiert Cartier-Bresson, »ist eine fortlaufende Handlung im Kopf, im Auge und im Herzen; sie stellt Fragen oder hält ein Ereignis oder Eindrücke fest.« (Cartier-Bresson (1), 13) Als Folge von Einzelbildern hat sie zur Aufgabe, die entscheidenden Augenblicke einer Handlungsfolge im Bild zu bannen und dann dem Betrachter zu vermitteln. Wiederum geht es um die Frage nach dem »photographischen

Augenblick«, um die photographische wie visuelle Strukturierung eines zeitlichen Ablaufs, der sich in wenigen Bildern konzentrieren soll. »Der Photograph zeigt lediglich die Zeiger der Uhr, aber er wählt den Augenblick.« (Cartier-Bresson, 37) Bei diesem Versuch, das Wesentliche einzufangen, ist der Photograph mit dem Phänomen konfrontiert, daß die Wirklichkeit sich ihm nur als flüchtige, verschwindende darbietet und sein (photographisches) Gedächtnis bei der Auswahl der Bildmotive auch immer die bereits aufgenommenen Bilder zu erinnern hat. Die Flüchtigkeit der Wahrnehmungsbilder auf der Retina, die bei Marey zur Grundlage seiner photographischen Arbeit wurde, wird nun zur Flüchtigkeit der Wirklichkeit selbst: »Was für uns Photographen verschwindet, bleibt für immer verschwunden.« (Cartier-Bresson (1), 16) Die Lösung für das Problem des Sich-Entziehens der phänomenalen Wirklichkeit ist nun für Cartier-Bresson der entscheidende Augenblick, den der Photograph im Rhythmus des Geschehens zu antizipieren hat. »Fotografieren heißt, in einem Augenblick, im Bruchteil einer Sekunde das Faktum und die strenge Form, die es ausdrückt und bedeutsam macht, zu registrieren.« (Cartier-Bresson (2), 82)

Der russische Photograph Alexander Rodtschenko hat dem Augenblick eine weitreichendere Bestimmung gegeben. In seinem Text »Gegen das synthetische Portrait, für den Schnappschuß« aus dem Jahr 1928, erblickt Rodtschenko im Schnappschuß ein ausgezeichnetes »Beispiel für die erste große Konfrontation zwischen Kunst und Fotografie, ein Kampf zwischen der Ewigkeit und dem Augenblick« (Rodtschenko, 80), den der Augenblick gewonnen habe. Die Photographie hat nicht nur den Augenblick entdeckt, sondern jede Form von überzeitlicher Darstellung in der Kunst obsolet gemacht. Das gilt dann auch für das Porträt Lenins, das auf keinen Fall – und, da es um jede Form von Darstellung überhaupt geht, auch nicht als Gemälde oder Biographie – eine Form von Überzeitlichkeit oder Allgemeinheit beanspruchen kann. »Es muß festgestellt werden, daß es mit dem Auftreten von Fotografie keine allgemeine unveränderliche Bildnisvorstellung mehr geben kann. Und weiter, ein Mensch ist nicht nur eine Einheit, er ist vielgestaltig und dialektisch.« (Rodtschenko, 81) Oder, in den Worten Cartier-Bressons: »In der Photographie ist, wie anderswo auch, der Augenblick seine eigene Frage und gleichzeitig seine Antwort.« (Cartier-Bresson, 74)

Literatur

Henri Cartier-Bresson (1), Auf der Suche nach dem rechten Augenblick. Aufsätze und Erinnerungen, Berlin/München 1998.

Henri Cartier-Bresson (2), Die Erfindung nach der Natur, in: Wolfgang Kemp (Hg.), Theorie der Fotografie III, 1945-1980, München 1983, S. 82f.

Jules Janssen, Œuvres Scientifiques, hg. von Henri Dehérain, 2 Bde., Paris 1929/1930, Bd. I.

Étienne Jules Marey, Le Mouvement, Paris 1894.

Ursula Peters, Stilgeschichte der Fotografie in Deutschland, 1839-1900, Köln 1979.

Auguste Rodin, Die Bewegung in der Kunst. Gespräch mit Paul Gsell, in: Sprung in die Zeit. Bewegung und Zeit als Gestaltungsprinzip in der Photographie von den Anfängen bis zur Gegenwart, Ausstellungskatalog, Berlin 1992, S. 223f.

Alexander Rodtschenko, Gegen das synthetische Portrait, für den Schnappschuß (1928), in Wolfgang Kemp (Hg.), Theorie der Fotografie II, 1912-1945, München 1979, S. 79-82.

Jens Ruchatz, Momentaufnahme und Kunst: eine historische Begegung, in: Fotogeschichte, Bd. 17, 1997, S. 3-22.

Willi Warstat, Die Künstlerische Photographie. Ihre Entwicklung, ihre Probleme, ihre Bedeutung, Leipzig und Berlin 1913.

Abbildung:
Anon., o. T., ca. 1920, Sammlung Stiegler.

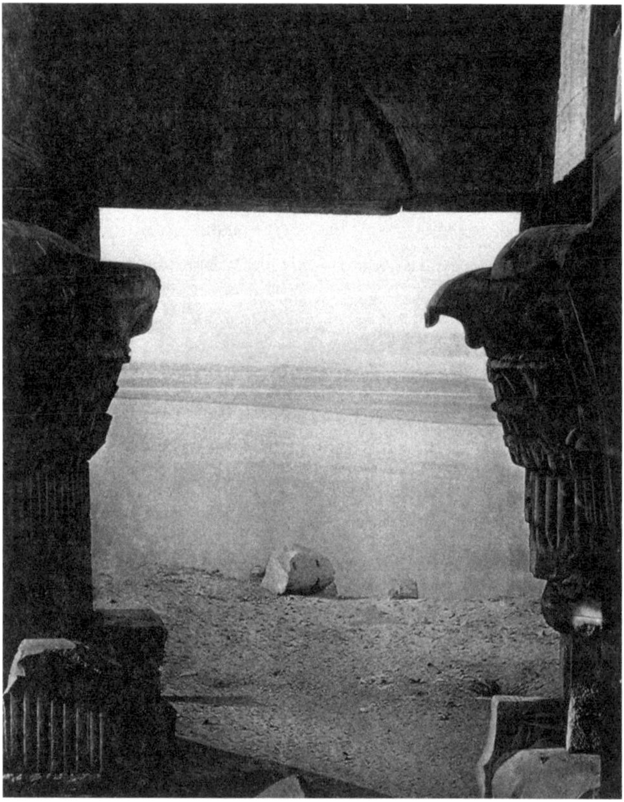

Auslöschung

»Nicht der Mensch tritt in seiner Fotografie hinaus, sondern die Summe dessen, was von ihm abzuziehen ist. Sie vernichtet ihn, indem sie ihn abbildet, und fiele er mit ihr zusammen, so wäre er nicht vorhanden.«

Kracauer, 108

»Man photographiert Dinge, um sie aus dem Sinn zu verscheuchen«, (Kafka, nach Janouch, 28) lautet eine oft zitierte Bemerkung Franz Kafkas zur Photographie. Thomas Bernhards letzter Roman *Auslöschung* macht dagegen in der Photographie nicht nur die »menschenfeindlichste aller Künste« (Bernhard, 25) und das »größte Unglück des zwanzigsten Jahrhunderts« (Bernhard, 39) aus, sondern auch ein höchst effizientes Verfahren, die Wirklichkeit auszulöschen und durch Bilder zu ersetzen – allerdings durch Bilder, die wir nicht mehr loswerden, selbst wenn wir sie vernichten: »Es ist natürlich unsinnig zu glauben, wenn ich die Fotografie mit den spöttischen Gesichtern meiner Schwestern zerreiße, daß ich dann von ihren spöttischen Gesichtern befreit bin. Wenn ich die Fotografie vernichte, indem ich sie einfach einheize. Sie mit der Schere in Tausende von kleinen Schnitzeln zerschnetzele. Sie wären dann nur mit einer um so größeren Intensität meine Quälgeister.« (Bernhard, 246) Die Photographie ist das effizienteste Mittel der Auslöschung der Realität, indem sie, so Bernhards Roman, »eine pervers verzerrte Welt« (Bernhard, 29) festhält, die aber »für den Großteil der Menschheit die gewünschte und ideale ist.« (Bernhard, 128)

Die Ausstellung »Photo recycling Photo oder Die Fotografie im Zeitalter ihrer technischen Reproduzierbarkeit«, die im Juni 1982 während der *documenta 7* in Kassel gezeigt wurde, geht genau von diesem Theorem einer Auslöschung der Wirklichkeit durch, mit und in der Photographie aus: »Im Bermuda-Dreieck Fotografie aus Fotograf, Fotomodell/motiv und Fotokamera gehen unsere eigenen Bilder von der Welt verloren. Sie werden dort zwischen den künstlichen, bunten Partikeln, in die dort die Welt zerfällt, zerrieben« (Neusüss, 150), heißt es programmatisch im Katalog. Angesichts der Tatsache, daß die Welt bereits »einmal real und einmal in unzähligen Foto-Facetten gespiegelt, existiert« (Neusüss, 150), ist Recycling das Gebot der Stunde: Recycling, um die Photographie, nun selbstreflexiv gespiegelt und theoretisch reflektiert, im Bermuda-Dreieck der Photographie verschwinden zu lassen und um, ähnlich wie bei Bernhard, der Auslöschung mit Auslöschung zu begegnen.

Für Jean Baudrillard ist dieser Prozeß irreversibel, da die Photographie gerade durch die Auslöschung das ist, was sie ist, und sie diese Eigenschaft mit der Schrift teilt. Schrift und Lichtschrift sind Zeichen der Auslöschung. »So wie die Fotografie Auslöschung konnotiert, den Tod des Dargestellten, was ihr ihre Intensität verleiht, so verleiht dem Geschriebenen, egal ob Fiktion oder Theorie, gerade die Leere seine Intensität, das filigrane Nichts, die Illusion des Sinns, die ironische Dimension der Sprache – sie entspricht der der Tatsachen selbst, die niemals das sind, was sie sind.« (Baudrillard, 180)

Literatur

Jean Baudrillard, Das radikale Denken, in: Short Cuts, Frankfurt/M. 2003, S. 173-191.

Thomas Bernhard, Auslöschung, Frankfurt/M. 1986.

Renate Heyne (Hg.), Kunst und Fotografie. Floris Neusüss und die Kasseler Schule für Experimentelle Fotografie 1972-2000, Marburg 2003.

Gustav Janouch, Gespräche mit Franz Kafka, Frankfurt/M. und Hamburg 1961.
Siegfried Kracauer, Die Fotografie, in: Wolfgang Kemp (Hg.), Theorie der Fotografie II, 1912-1945, München 1979, S. 101-112.
Floris M. Neusüss, Photo recycling Photo, Kassel 1982.

Abbildung:
Anon., Blick vom Ombos-Tempel auf den Nil, Ägypten, um 1875, in: Alles Wahrheit! Alles Lüge! Photographie und Wirklichkeit im 19. Jahrhundert, Köln 1997, S. 274.

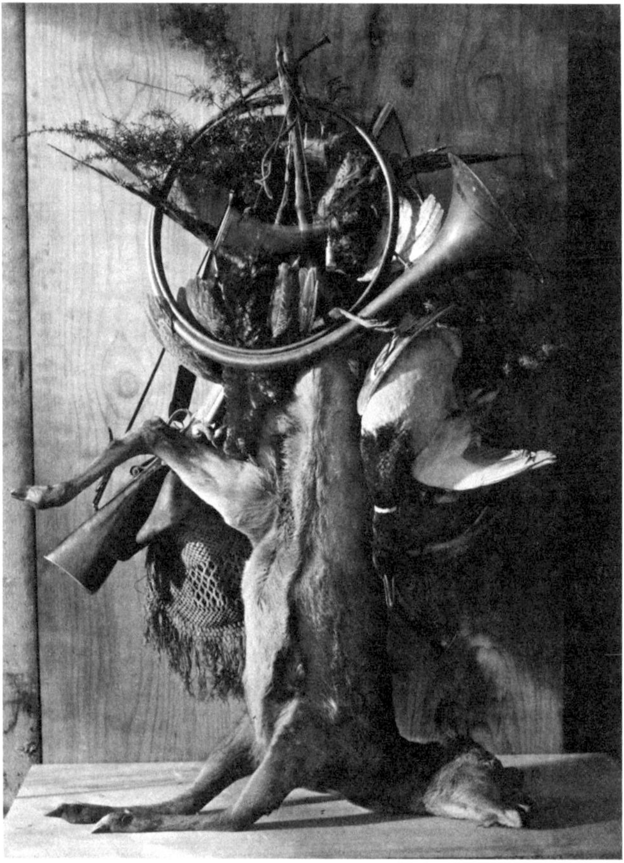

Beute

> »Dennoch hat der Photograph zu erkennen, daß er sowohl Opfer als auch Jäger ist.«
>
> *Hill, 198f.*

Der ausgemusterte Kaufmann Arnold Rose, so beschreibt es Ernst Wicherts Erzählung »Ein kleines Bild« aus dem Jahr 1875, nimmt gleichwohl als Krankenpfleger am Deutsch-Französischen Krieg 1870/71 teil und trägt als »Beutestück« (Wichert, 192) aus einem verlassenen Haus eine Photographie eines jungen Mädchens, die ihn fasziniert, mit nach Hause. Dort beginnt die Photographie allmählich ein Eigenleben zu entwickeln und erscheint Rose auch als Lichtbild, wenn er die Augen schließt, das aber verschwindet, als die Photographie abhanden kommt. Als er später nach Frankreich zurückkehrt und sich als Photodieb offenbart, schlägt der Vater der Dargestellten ihm einen Tausch vor, den er ablehnen muß: seine Tochter gegen Elsaß und Lothringen. Arnold Rose dagegen bietet das Bild gegen das Original und bleibt seinerseits damit erfolglos. Am Ende siegt aber die magische Bildwirkung und die Beute über ihren Dieb: »Wir sehen zurück bis auf das erste noch unbewußt Gemeinsame, das gleichsam wie ein Samenkorn in der Erde liegt und auf Sonnenschein und Regen wartet.« (Wichert, 327f.) Die Photographie erscheint hier als ambivalente Beute, die den Hunger nach dem Besitz der Abgebildeten weckt und den Jäger auf eine besessene Suche nach dem Original schickt.

Rudolf Arnheim hat der Photographie als Jagd eine Auslegung gegeben, die in der Kamera »ein Gewehr und einen Jagdhund, zu einer handlichen Einheit kombiniert« (Arnheim (1), 18) erblickt, der es aber keineswegs auf das

Erlegen der Beute, sondern auf die Entdeckung ihrer Kostbarkeit ankommt. In dem Besitz der Photographie liegt, wie auch bei Wicherts Lichtbild, ein Glücksversprechen. Photographien sind, so Arnheim, »die Beute eines Jägers, der in der Welt des real Existierenden nach dem Ungewöhnlichen Ausschau hält und etwas von außerordentlicher Güte aufspürt. [...] Mit einem derartigen Bild verkündet der Photograph die Botschaft, daß sich mitten unter uns etwas von übermenschlicher Güte findet – etwas, das wie wir ein lebendiges Wesen und nicht ein Platonisches *eidos* ist.« (Arnheim (2), 53f.) Henri Cartier-Bressons Beschreibung der Photographie als Jagd war deutlich nüchterner. Die Schönheit der Jagd liegt bei ihm in der Schönheit des Erlegens des Objekts, bei dem es auf den richtigen Augenblick ankomme, will die Photographie nicht zahllose Bilder produzieren, die nicht als Beute taugen: »Es ist wie bei einem Jäger, der will, daß die Beute schön fällt und nicht mit eingeknickten Beinen im Busch verendet. Ich habe immer versucht, instinktiv den richtigen Moment zu erwischen.« (Cartier-Bresson, 31)

Cartier-Bressons Theorie des richtigen Moments hat eine Verbindung des Augenblicks und der Dauer im Visier. Die Beute, die der Photograph – wenn denn sein Jagdzug Erfolg hat – mit nach Hause trägt, ist ein Bild, das einen präzise zu fassenden historischen Moment festhält und zugleich diesen in eine bildliche Komposition bannt, die ihm eine überzeitliche Bedeutung verleihen soll. Wenn nun der Photograph wie auch der spätere Betrachter die Photographien ansehen, so soll sich ihnen die Magie des Augenblicks gerade dadurch vermitteln, daß die Bilder Kompositionsregeln gehorchen, die den Moment unvergänglich gemacht haben.

Diese metaphysisch grundierte Unschuld der photographischen Beute ist allerdings keineswegs selbstverständlich – und zudem ausschließlich auf den Photographen und den Betrachter, nicht aber auf mögliche »Opfer« bezogen. Gerade diese geraten in dem Moment in den Blick, in dem sich Momentphotographie auf die Jagd nach dem Augenblick macht und zugleich das »Schießen« der Photographien zur gängigen Metapher wird.

Für den unschuldigen Spaziergänger steigt mit der Einführung neuerer Kameramodelle mit kurzen Verschlußzeiten die Gefahr, zum Opfer zu werden. Photographische »Raubüberfälle« (Fernphotographie, 66) sind fortan unvermeidlich. Und so warnt bereits 1864 eine Zeitung vor den mit Kameras bewaffneten Jägern: »Der böse Photograph ist auf der Lauer; er betrachtet Sie, er erwartet Sie und sein Objektiv ist auf Sie gerichtet. Verdoppeln Sie schnell Ihre Schritte, oder es ist um Sie geschehen; Sie werden sonst von diesen Gesichts-Jägern aufgeschnappt und zu einem elenden Preis verkauft, und wer weiß, in welche Gesellschaft Sie geraten!« (Stenger, 75)

Vilém Flusser hat diese weitverbreitete Assoziation von Photographie und Jagd als anthropologische Konstante ausgemacht, die eine historische Klammer zwischen dem Menschen der Gegenwart und dem paläolithischen Jäger und Sammler darstellt: »Betrachtet man die Bewegungen eines mit einem Fotoapparat versehenen Menschen [...], dann gewinnt man den Eindruck eines Lauerns: Es ist die uralte pirschende Geste des paläolithischen Jägers in der Tundra.« (Flusser, 31) Die pirschenden Photographen laufen in einer »künstlichen Taiga« herum, können aber doch nur diejenigen Beutestücke mit nach Hause bringen, die in den Kategorien des Apparates bereits vorgesehen sind.

Genau diese stehen auch im Mittelpunkt einer der zahllosen Anleitungen zum Photographieren. Hans Windischs *Kleinbild-Jagd auf Dinge und Menschen* – eines der vielen photographischen Handbücher – bietet einen Verhaltenskodex des photographischen Waidmannes und eine technische Handreichung, die aus dem rein instinktiv-imitativen Photographen einen technisch aufgeklärten Jäger machen: »Ein Mann hat eine Kamera. Vielleicht weil andere auch eine Kamera haben. Er schießt damit umher. Vielleicht weil andere auch damit umherschießen.« (Windisch, 15) Das allein genügt aber nicht: »Alle erfolgreiche Fotografie ist eine einzige Jagd nach dem Stoff« (Windisch, 4 und 22), und wer bei den nunmehr üblich gewordenen »Treibjagden nach dem Stoff« (Windisch, 24) erfolgreich sein will, benötigt technisches Know-how, einen Sinn für die möglichen Gegenstände, ein Wissen um die Gesetze der Komposition und nicht zuletzt Geduld, denn: »Der beste Jäger hat die meiste Geduld.« (Windisch, 49)

Und die beste Beute ist diejenige, die später plötzlich wieder zu leben beginnt, weil sie formvollendet erlegt wurde: Von einer »Rettung der Dinge, indem sie reifend zu sich selbst kommen, aufgehoben durch den Fotografen«, (Kammann, 137) spricht etwa Uwe Kammann und formuliert damit zugleich einen Grundzug der Photographietheorie. Die Photographie ist eine besondere Beute: Sie tötet nicht etwa, sondern verleiht im Gegenteil dem Aufgenommenen neues Leben und bringt ihn erst im Bild zum Sprechen.

Literatur

Anon., Fernphotographie, in: Prometheus, 3. Jg., 1892, S. 66f.

Rudolf Arnheim (1), Warum knipsen die Leute?, in: ders., Die Seele in der Silberschicht, Frankfurt/M. 2004, S. 17-19

Rudolf Arnheim (2), Glanz und Elend des Photographen, in: ebd., S. 46-55.

Henri Cartier-Bresson. »Man muß nichts beweisen, man will nichts sagen, es ist einfach geschehen.« Gespräch mit René Burri, in: Süddeutsche Zeitung Magazin, 31. 7. 1998, S. 30-33.

Vilém Flusser, Für eine Philosophie der Photographie, Göttingen 1983.
Paul Hill, zit. nach: Floris Neusüss, Fotografie als Kunst. Kunst als Fotografie, Köln 1979.
Uwe Kammann, Eugen Batz. Spuren und Strukturen, in: Rainer K. Wick (Hg.), Das Neue Sehen, Von der Fotografie am Bauhaus zur Subjektiven Fotografie, München 1991, S. 131-144.
Erich Stenger, Die Photographie in Kultur und Technik. Ihre Geschichte während hundert Jahren, Leipzig 1938.
Ernst Wichert, Ein kleines Bild, in: Die Gartenlaube, 1875, S. 189-192, 209-214, 225-228, 245-248, 277-282, 293-296, 325-332.
Hans Windisch, Kleinbild-Jagd auf Dinge und Menschen, 41.-60. Tsd., Harzburg 1940.

Abbildung:
Adolphe Braun, Jagdstilleben mit Hirschkuh, 1867, in: Ulrich Pohlmann und Johann Georg Prinz von Hohenzollern (Hg.), Eine neue Kunst? Eine andere Natur! Fotografie und Malerei im 19. Jahrhundert, München 2004, S. 121.

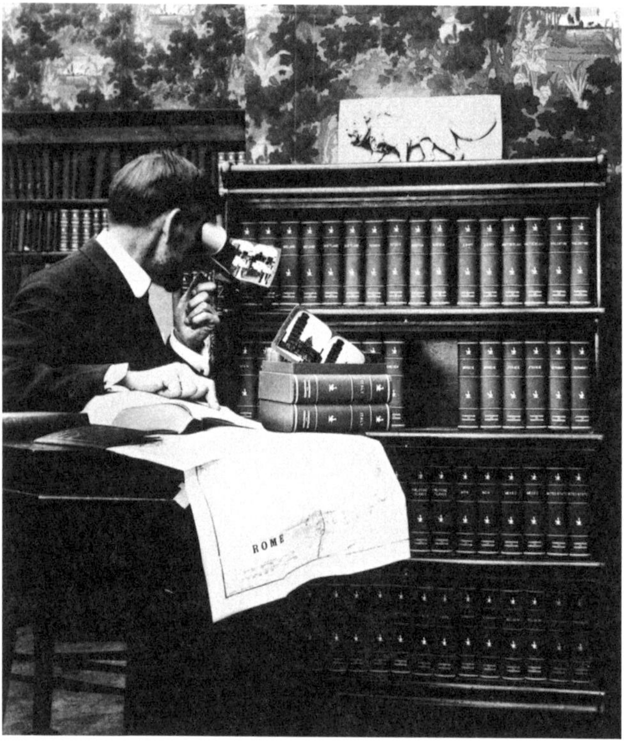
ROME

Bibliothek

> »Fotografie ist für den Künstler ein Wörterbuch, das ihn bei seinen Übertragungen der Sprache der Natur leitet.«
>
> *Claudet, 345*

Bereits Eugène Delacroix spricht von der Photographie als einem Wörterbuch der Natur (zit. in: Kracauer (1), 67 und (2), 30), das allerdings, gerade weil es so genau ist, eine Sprache aufnimmt, die falsch ist und unter der Hand die Wirklichkeit durch eine Kopie ersetzt. (Delacroix, 1143 f.) Genau diese Aufzeichnungsgenauigkeit macht allerdings für andere Beobachter aus der Photographie eine Enzyklopädie der sichtbaren Welt. So schreibt etwa 1852 Louis de Cormenin in seiner begeisterten Besprechung der Veröffentlichung von Maxime du Camps Orientaufnahmen, die von seiner Reise mit Gustave Flaubert stammen: »Die Photographie hat das Land der Nekropolen ausgegraben und stellt es uns in einer vollständigen Enzyklopädie vor: Monumente, Landschaften, Tiere, Pflanzen, Bilder aus der Vogelperspektive finden sich dort in jedem ihrer Aspekte, ihrer Haltungen, mit der gesamten Spannung der Wahrheit und Kraft ihrer Ansichten eingefangen.« (Cormenin, 125) Die Strapazen der Reise, von denen Flaubert und Du Camp noch ausführlich wie anschaulich zugleich berichten, werden bald der Vergangenheit angehören, da die Photographie eine ganze Bibliothek enzyklopädischer Aufnahmen bereitstellen werde und man nun eine behagliche Zimmerreise antreten könne, um die Wunder ferner Länder in originalen Ansichten betrachten und erkunden zu können. Das Stereoskop, das Mitte des 19. Jahrhunderts zu einem regelrechten Massenmedium wird und bald in kaum einem bürgerlichen Haushalt mehr fehlt, gestattet es zudem, diese Bilder in dreidimensionale Ansichten zu verwandeln. Eine Augsburger Broschüre aus dem Jahr 1858 preist diese neue Erfindung als Zimmerreise in der eigenen Bibliothek: »Mit diesem einfachen (Stereo-)Apparate können Sie Wanderungen im Zimmer unternehmen und sich bald auf einen Schweizer Gletscher oder in eine wildromantische Gebirgsgegend, bald an die lieblichen Ufer des Rheins und der Elbe versetzen oder Ihren Blick an den großartigen Schöpfungen der Baukunst weiden.« (Das Stereoskop, 150) Und Oliver Wendell Holmes imaginiert bereits eine gigantische Photothek, die alle Formen und alle Dinge, alle Bauwerke und alle Sehenswürdigkeiten, alle Sehhäutchen der sichtbaren Welt und alle für das Kameraauge sichtbaren Sterne des Himmels versammelt. Die Photographie ist vor allem eine Bibliothek: eine Sammlung von auf Papier aufgefangenen Sehhäutchen der Welt: »Welch unerschöpflicher Band von Gedichten, den ich in dieser kleinen Bibliothek aus Glas und Pappe aufbewahre! [...] Jeder nur denkbare Gegenstand der Natur und der Kunst wird uns bald die Schuppen seiner Oberfläche überlassen. [...] Die Konsequenz dessen wird sein, daß es bald eine enorme Sammlung von Formen geben wird, die in Bibliotheken klassifiziert und aufbewahrt werden, wie es heute noch für Bücher gilt. Die Zeit wird kommen, daß derjenige, der irgendeinen Gegenstand, ob es sich nun um einen natürlichen oder um ein Artefakt handelt, zur Kaiserlichen, National- oder Stadtbibliothek gehen wird, und dort nach ihrer Haut, ihrer Form fragt, so wie er nach einem Buch in irgendeiner Bibliothek fragen würde.« (Holmes, 162)

William Henry Fox Talbot, einer der Erfinder der Photographie, war da noch etwas zurückhaltender, visionierte aber bereits 1839 eine Revolution des Buchmarkts durch photographische Bibliotheken. Talbot schreibt am 21. 3.

1839 an Herschel, daß nun »jeder sein eigener Drucker und Verleger« sein könne, da die Photographie »es armen Autoren ermöglicht, in ihrer eigenen Handschrift ein Faksimile ihrer Werke anzufertigen.« (Buckland, 50)

Literatur

Antoine Claudet, Die Fotografie in ihrer Beziehung zu den schönen Künsten, in: Zeitschrift für Fotografie und Stereoskopie, Jg. 1, Nr. 11, Dezember 1860, S. 343-348.

Louis de Cormenin, A propos de l'Égypte, Nubie, Palestine et Syrie, de Maxime du Camp (1852), in: André Rouillé, La photographie en France, Paris 1989, S. 124f.

Eugène Delacroix, Le dessin sans maître, par Élisabeth Cavé, in: Revue des deux mondes, Bd. 20, 1850, S. 1139-1146.

Oliver Wendell Holmes, The Stereoscope and the Stereograph, in: ders., Soundings from the Atlantic, Boston 1864, S. 124-165; dt. Teilübersetzung in: Wolfgang Kemp (Hg.) Theorie der Fotografie I, 1839-1912, München 1980, S. 114-121.

Siegfried Kracauer (1), Geschichte – vor den letzten Dingen, Frankfurt/M. 1973.

Siegfried Kracauer (2), Theorie des Films. Die Errettung der äußeren Wirklichkeit, Frankfurt/M. 1984 [engl. EA 1960].

Das Stereoskop und die Lichtbilder als die schönsten Eroberungen des fortschreitenden Erfindergeistes, Verlag G. Geiger, Augsburg 1858, in: Ursula Peters, Stilgeschichte der Fotografie in Deutschland, 1839-1900, Köln 1979, S. 150.

William Henry Fox Talbot, zit. nach Gail Buckland, Fox Talbot and the Invention of Photography, Boston 1980.

Abbildung:

Underwood & Underwood, Man in Study Looking Through Stereo Viewer, ca. 1900, in: Maureen C. O'Brien und Mary Bergstein (Hg.), Image and Enterprise. The Photographs of Adolphe Braun, London 2000, S. 99.

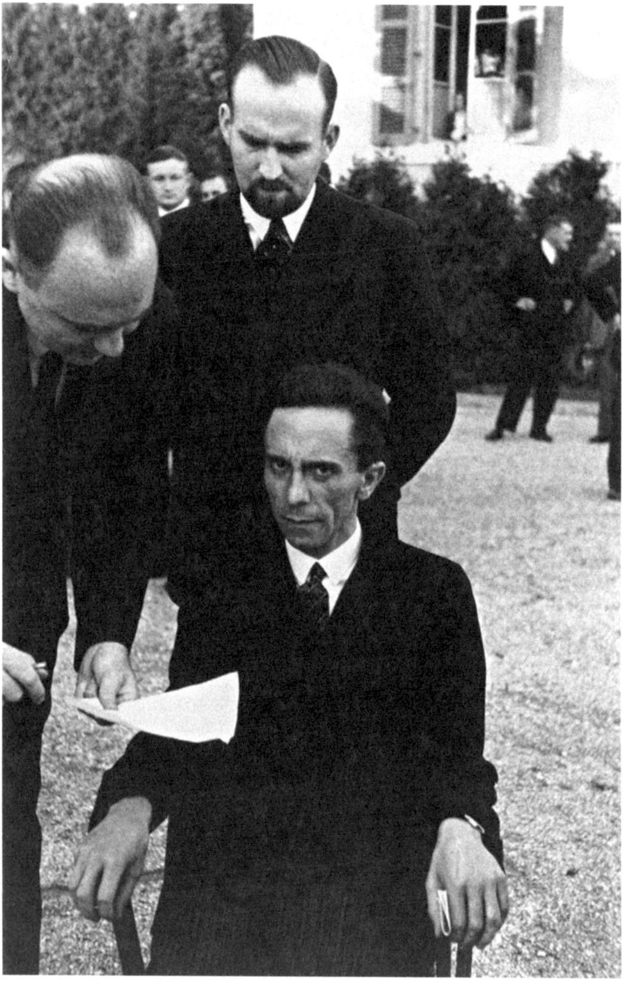

Blick, böser

> »Die Fotografie ist unser Exorzismus. Die primitive Gesellschaft hatte ihre Masken, die bürgerliche ihre Spiegel. Wir haben unsere Bilder.«
>
> *Baudrillard (1)*

Photographie wird oft als eine Form der Verhexung, aber auch des Exorzismus wahrgenommen. So schreibt etwa Edgar Morin über die Photographie: »Gleich kommt das Vögelchen raus. Seltsame Formel, die vielleicht mehr bedeutet als eine List, um den Blick der Kinder auf das Objektiv zu lenken, nämlich eine Art naiven Exorzismus, eine magische Restitution, die der rudimentären Furcht vor einem schlimmen Zauber entspricht.« (Morin, 41) Der Vogel, daran erinnert Morin, ist die Seele, die festgehalten und zugleich befreit wird. Diese Ambivalenz des photographischen Exorzismus, des bösen Blicks der Photographie findet sich bereits in den frühen Dokumenten der Photographiegeschichte. Dort droht der böse einäugige Blick des Apparates dem Abgebildeten seine Seele zu rauben und in ein starres, totes Lichtbild zu verwandeln. So wollen es auch die allermeisten Texte zur Ästhetik der Photographie im 19. Jahrhundert, die genau diesen Verlust des Lebens in den »seelenlosen« Bildern in einer monotonen Lamentatio beklagen. Wenn nun der Photograph Gustav Fritsch neue Kameramodelle beschreibt, die es gestatten, unbemerkt Aufnahmen anzufertigen, so nimmt er gleich mehrere Aspekte dieses bösen Blicks auf. Bisher sei die immobile, fertig installierte Kamera eine technische Reinkarnation der Medusa gewesen, die ihre Opfer versteinere, habe »der Apparat auf seine Opfer wie eine Art Gorgonenhaupt« gewirkt, der alles »in erzwungene

Stellungen« erstarren ließ (Fritsch, 179). Die neuen sogenannten Detektivkameras, die wie eine Pistole an einem Schulter- oder Hüftgurt getragen werden, erlauben hingegen ungehinderte mobile »photographische Attentate« (Fritsch, 184), die »von der Umgebung gänzlich unbeachtet« (Fritsch, 179) bleiben. Der böse Blick des Photographen werde dadurch ungleich wirkungsvoller.

Alfred Eisenstaedt wurde bei seiner Aufnahme, die wie kaum eine zweite den bösen Blick ins Bild faßt, bemerkt. Als er im September 1933 Joseph Goebbels unbemerkt aufnehmen will, richtet dieser seinen Blick auf den Photographen. »Plötzlich«, berichtet Eisenstaedt, »blickte er mich an und ich nahm ihn auf. Sein Ausdruck wurde ein anderer. Hier sind die Augen des Hasses. War ich ein Feind? [...] Ich wurde oft gefragt, wie ich mich fühlte, als ich diese Menschen aufnahm. Natürlich nicht so gut, aber, wenn ich eine Kamera in meiner Hand habe, kenne ich keine Angst.« (Eisenstaedt, 61)

Ernst Jünger hat der Photographie eine Reihe von Texten gewidmet, in denen er den Konnex von Technisierung, Krieg, Wahrnehmung und Beschleunigung herausstellt. Hier wird der böse Blick der Photographie zu einer regelrechten Eroberung der sichtbaren Welt, zu einer Kriegstechnik als Wahrnehmungstechnik. »Die Photographie ist also«, schreibt er in »Über den Schmerz«, »ein Ausdruck der uns eigentümlichen, und zwar einer grausamen, Weise zu sehen. Letzten Endes liegt hier eine Form des Bösen Blickes, eine Art von magischer Besitzergreifung vor.« (Jünger, 183) Photographie ist eine andere technische Form der Aneignung, ohne aber dabei ihren bellizistischen Grundzug zu verleugnen. Dies werde, so Jünger, insbesondere an Orten deutlich, an denen »eine andere kultische Substanz lebendig ist«. Mekka zu photographieren, so Jüngers Beispiel, bedeutet Mekka zu kolonialisieren. Photographieren bedeutet immer, etwas mit dem eigenen Blick zu belegen, es zu verwandeln und sich anzueignen. Der böse Blick der Photographie nimmt das Fremde in Besitz.

Allerdings kann er auch, wie Jean Baudrillard nachdrücklich betont, den Blick des Photographen in Besitz nehmen. Der böse Blick schlägt auf die Wahrnehmung des Photographen zurück, der in der black box der Kamera verschwindet und dort auch die Wirklichkeit verschwinden läßt. »Selbst den Blick löscht der Fotoapparat aus, denn er ersetzt ihn durchs Objektiv, das seinerseits Helfershelfer des Objekts und also Umkehrung des Sehens ist. Wenn man einen Tag lang durch eine Stadt läuft und fotografiert, sieht man diese Stadt nicht mehr. Und diese Auslöschung des Subjekts, seine Schrumpfung zur black box, die Rückentwicklung seines Sehens zu dem unpersönlichen Sehen des Apparates, das ist magisch.« (Baudrillard (2), 124)

Literatur

Jean Baudrillard (1), Photographies – Car l'illusion ne s'oppose pas à la réalité, elle en est une autre plus subtile, qui enveloppe la première du signe de sa disparition, Chalon s. Saône 1998.

Jean Baudrillard (2), Videowelt und fraktales Subjekt, in: ders. u. a., Philosophien der neuen Technologie, hg. Ars Electronica, Berlin 1989 S. 113-131.

Alfred Eisenstaedt, Eisenstaedt on Eisenstaedt, New York/London/Paris 1985.

Gustav Fritsch, Über einige Apparate zur Geheimphotographie und über photographische Vergrösserungen, in: Polytechnisches Journal, 2. Jg., 1888, S. 177-193.

Ernst Jünger, Über den Schmerz, in: ders., Blätter und Steine, Hamburg [2]1941 [EA 1934], S. 157-216.

Edgar Morin, Der Mensch und das Kino, Stuttgart 1958.

Abbildung:

Alfred Eisenstaedt, Geneva, September 1933, in: Eisenstaedt on Eisenstaedt, New York/London/Paris 1985, S. 61.

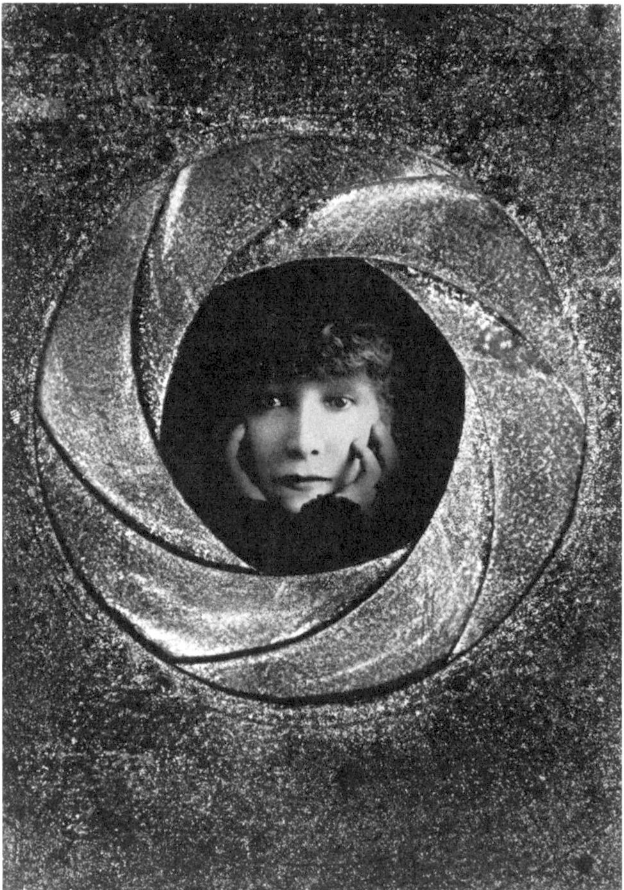

Blickfalle

> »Wenn der fotografische Apparat in erster Linie ein Werkzeug ist, dann ist er ein Werkzeug, das als Falle wirkt. Ganz wie das Auge, das zur gleichen Zeit betrügt und bewaffnet, ist er eine Bilderfalle, eine Lichtfalle.«
>
> *Ubac, 250*

In den Büchern des Medientheoretikers Paul Virilio finden sich zahlreiche Hinweise auf Photographen: Virilio bezieht sich durchweg auf den französischen Physiologen Marey, was nicht überraschen wird, da Marey wie kein zweiter Photographie und Geschwindigkeit zusammenführte, aber auch auf den französischen Photographen Henri Lartigue, was wiederum durchaus verwundern mag, da er in keiner Weise Protagonist der dromologischen Revolution ist, die Virilio skizziert. Lartigue ist auch kein Kronzeuge der Ablösung einer chronologischen Abfolge, die auf einer extensiven Zeit und der Ordnung des Sonnentages beruhte, durch eine chronoskopische oder dromoskopische Sichtbarkeit, für die eine intensive Zeit und die absolute Lichtgeschwindigkeit der Photonen konstitutiv ist. Lartigue ist vielmehr Beleg einer bewußten Veränderung der Dauer seiner Empfindung, einer Ablösung der Empfindung von der Erlebniszeit, die es ihm ermöglichte, »da und doch abwesend« zu sein. Dies wird möglich, indem er seinen Körper in einen Photoapparat, in eine *Blickfalle* verwandelt. Lartigue erläutert diesen Begriff so: »Es ist etwas, das ich als kleines Kind machte. Ich schloß die Augen halb und ließ nur einen kleinen Schlitz offen, durch ihn betrachtete ich intensiv das, was ich sehen wollte. Dann drehte ich mich dreimal um die eigene Achse und glaubte so das Angeschaute eingefangen zu haben. Ich dachte, es wäre mir in die Falle gegangen und ich könnte es beliebig lange behalten, und zwar nicht nur das Gesehene, sondern auch Gerüche und Geräusche. Mit der Zeit bemerkte ich natürlich, daß das nicht funktionierte, und da erst habe ich technische Hilfsmittel verwendet, um dasselbe zu erreichen...« (Virilio 1986, S. 11) Die Photographie ist die technische Konsequenz dieser kindlichen Annahme, ist eine *Blickfalle*, die er einsetzen konnte, auch ohne durch das Objektiv zu blicken. Sie ist nicht nur, wie der Nestor der Medientheorie Marshall McLuhan betont, Extension des Körpers, sondern ersetzt auch die Bewegung des Körpers, die für die Wahrnehmung konstitutiv ist. »Jacques-Henri Lartigue«, schreibt Virilio, »der sein Objektiv als Auge seines Gedächtnisses bezeichnete, brauchte zum Photographieren nicht einmal durch den Sucher gucken, er wußte auch so, was seine Leica sah, selbst wenn er sie am ausgestreckten Arm hielt, so daß der Apparat gleichzeitig die Augen- und Körperbewegungen ersetzte.« (Virilio 1989, 41) Norbert Bolz zitiert seinerseits den amerikanischen Photographen Richard Avedon, der wiederum seine phomtographische Arbeit auf eine Kindheitserfahrung zurückführt: »seine Photographien seien Fortsetzungen des kindlichen Augenzwinkerns: ein Versuch, die Welt anzuhalten.« (Bolz, 32)

Literatur

Norbert Bolz, Das große stille Bild im Medienverbund, in: ders., Ulrich Rüffer (Hg.), Das große stille Bild, München 1996, S. 16-41.
Henri Lartigue, L'œil de la mémoire. 1931-1985, Paris 1986.
Raoul Ubac, Die Lichtfalle, in: Wolfgang Kemp (Hg.), Theorie der Fotografie II, 1912-1945, München 1979, S. 250-252.
Paul Virilio, Ästhetik des Verschwindens, Berlin 1986.
Ders., Die Sehmaschine, Berlin 1989.

Abbildung:
Downey, Sarah Bernhardt, London, um 1890, in: Michel F. Braive, Das Zeitalter der Photographie. Von Niépce bis heute, München 1965, S. 5.

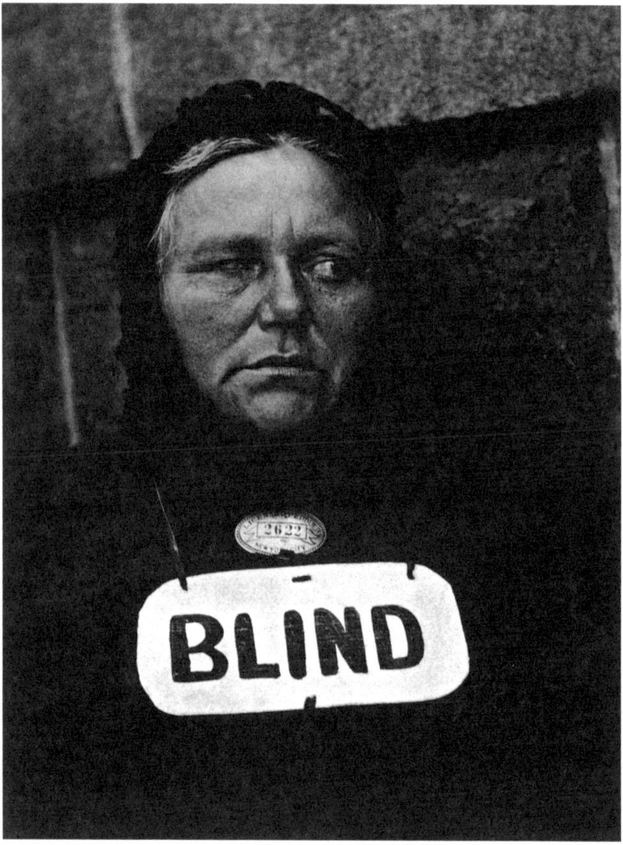
2622
BLIND

Blindheit

»Im visuellen Zeitalter ist Blindheit an der Tagesordnung.«

van der Keuken, 26

Evgen Bavčar ist ein blinder Photograph; und ein erfolgreicher Photograph, der in mehreren Büchern über seine Arbeit berichtet und dabei seine Geschichte zu einer Reflexion über die Photographie als solche nutzt. »Ich bin«, so schreibt er, »eine Dunkelkammer hinter einer anderen Dunkelkammer, in welche ein schwacher Schimmer fällt.« (Bavčar/Aue, 53) Bavčar berichtet auch von der Verwunderung, die seine Geschichte und sein Beruf allenthalben hervorrufen, scheint doch der Photograph alles, nur nicht blind sein zu können.

In der Geschichte der Photographie gibt es zumindest ein Bild, das nicht nur die Blindheit zum Gegenstand hat, sondern auch in eigentümlicher Weise das Sehen der Photographie auf die Probe und in Frage stellt: Paul Strands Bild »Blind Woman«. Es findet sich in der allerletzten Ausgabe der legendären amerikanischen Photozeitschrift *Camera Work* und markiert zugleich einen Endpunkt ihrer programmatischen Ausrichtung. Wenn Alfred Stieglitz explizit den besonderen Charakter der Bilder unterstreicht (»In their presentation we have intentionally emphasized the spirit of their brutal directness.« (Stieglitz, 36)), so geht es ihm genau um diesen Endpunkt der piktorialistischen Bewegung, für die in eigentümlicher Weise eine spezifische Blindheit der Photographie konstitutiv war. Weite Teile der Kunstphotographie der Jahrhundertwende nehmen gerade von dem gegenüber der Photographie erhobenen Vorwurf ihren Ausgang, sie zeige eine krude, unverstellte und oberflächliche Wirklichkeit, sei aber blind, was die Tiefe der Erscheinungen anbetrifft. So beschreibt etwa Joseph von Eichendorff seine Sicht der Photographie: »Solch Daguerreotyp-Portrait giebt freilich jedes Härchen und jede Warze wieder, aber das materielle Licht erkennt eben nur den Leichnam; der geistige Lichtblick des Künstlers kann erst das Wunderbare im Menschen, die Seele befreien und sichtbar machen.« (Eichendorff, 477) Die piktorialistische Photographie reagiert auf diese Vorwürfe, indem sie ihrerseits versucht, mit Hilfe von besonderen Techniken und Aufnahmeverfahren die Darstellungsgenauigkeit zurückzunehmen und mittels Unschärfe oder auch einer an der Malerei ausgerichteten Komposition eine Einflugschneise für die Einbildungskraft des Betrachters in den Bildern selbst zu eröffnen. Die piktorialistische Photographie ist in diesem Sinne eine Form von inszenierter Blindheit, da sie die Aufzeichnungsmöglichkeiten bewußt einschränkt. Als »blindness and insight«, um den amerikanischen Dekonstruktivisten Paul de Man zu zitieren, sollen die Photographien gerade die Augen öffnen, indem sie ein Idealbild zu zeigen versuchen, also etwas, was eben nicht zu sehen ist.

Paul Strands »Blind Woman« ist die bildliche Umsetzung eines dezidierten Bruchs mit dieser Tradition, die ohnehin seit einiger Zeit bereits schleichend erodierte. Strands Aufnahme steht im Zusammenhang einer ganzen Serie von Bildern, bei denen die Unsichtbarkeit des Photographen von entscheidender Bedeutung war. Im Herbst 1916 streifte er durch die Straßen New Yorks, um eine Idee umzusetzen, die ihn seit einiger Zeit umgetrieben hatte: »Menschen auf der Straße zu photographieren, ohne selber gesehen zu werden.« (Hambourg, 34) Sehen ohne gesehen zu werden, und damit zugleich das Sehen der Photographie in ein Bild zu fassen, das die Blindheit zum Gegenstand hat – das ist das Programm Strands, der seinerseits, als er viele Jahre später zu dieser Aufnahme und insbesondere zu seinem sozialen Engagement befragt wird, eine gewisse soziale Blindheit seinerseits kaum verhehlt. »Ich mußte wohl eines gehabt haben«, erinnert sich der 85jährige Strand an diese Aufnahme, um dann das Gesicht der blinden Frau zu beschreiben: »Ich finde, daß das Gesicht der Frau unvergeßlich ist... Sie verkaufte Zeitungen und [um ihren Hals] trug [sie] ihre Arbeitserlaubnis... Sie war blind, nicht halbblind.« (Strand, zit. nach: Hambourg, 37)

Strands Aufnahmen stehen im Zusammenhang einer Bewegung der Photographietheorie, die um 1920 der Tradition anlastet, sie habe die Menschen blind für die Welt der Erscheinungen gemacht. »Wir verstehen nicht, die Natur zu finden«, schreibt so programmatisch der russische Avantgardephotograph Alexander Rodtschenko, »und vermögen es nicht einmal, sie zu sehen, um sie andern zu zeigen. Im Grunde genommen sind wir einfach blind und sehen nur das, was uns seit Generationen überliefert worden ist. Jede neue Sicht löst eine Revolution aus. Wir sind an Schablonen gewöhnt – an eine gelbe Sonne, einen blauen Mond, einen hellblauen Himmel usw.« (Rodtschenko, 73) Der Photographie komme die Aufgabe zu, uns die Augen zu öffnen und uns von unserer Blindheit zu kurieren.

Insbesondere die neuen – und schnell kanonisch gewordenen – Formen der Bildkomposition (starke Auf- oder Untersicht, Betonung der Vertikalen, Verwendung der Vogelperspektive, extreme Nahsicht etc.) sind für ihn Konsequenz des pikturalen Versuchs, mit den tradierten Perspektiven der Kunst, die unsere Wahrnehmung bestimmen und die Wirklichkeit verstellen, aufzuräumen. Die Photographie eröffnet nicht nur eine neue Perspektive auf die Wirklichkeit, sie ist als neue Perspektive Wirklichkeitserschließung sui generis. Insbesondere die Zentralperspektive ist für Rodtschenko – wie auch für viele Photographen der Avantgarde – eine visuelle Materialisierung der Regeln der Kunst, die die Wirklichkeit verstellen und den Menschen blind für seine Umwelt machen. Sie ist die »schwere Hand« der Tradition der bildenden Kunst, die auf jeder Form der Wahrnehmung lastet und zugleich einen eigentümlichen Schleier über alle Bilder legt. Sie ist eine Art Augenklappe, die den Menschen blind für seine unmittelbare Umgebung macht. Die Photographie des Neuen Sehens ist genau dies: Sie soll dem Menschen die Augen öffnen und ihn überhaupt erst Sehen lernen. Die Photographie ist Sehschule im emphatischsten Sinn des Wortes: Die Photographie führt den Blinden ins Licht und zeigt ihm die Welt mit neuen Augen. Sie schließt die Augen auf. Sie ist eine visuelle Revolution: »Wir, die wir gewöhnt sind, das Gewöhnliche und Anerzogene zu sehen, müssen die Welt des Sichtbaren enthüllen. Wir müssen unsere visuelle Denkweise revolutionieren. Wir müssen den Schleier von den Augen reißen, der ›vom Nabel aus‹ genannt wird.« (Rodtschenko, 159)

Literatur

Evgen Bavčar, Walter Aue, Jahre des Lichts. Bilder eines blinden Fotografen, Berlin 1991.

Joseph von Eichendorff, Geschichte der poetischen Literatur Deutschlands, in: Sämtliche Werke (hg. Wolfram Mauser), Bd. IX, Regensburg 1970.

Maria Morris Hambourg, Paul Strand, Circa 1916, New York 1998.

Johan van der Keuken, Abenteuer eines Auges. Filme, Fotos, Texte, Basel und Frankfurt/M. [2]1992.

Max Kozloff, Über den Kamera-Blick, in: Wolfgang Kemp (Hg.), Theorie der Fotografie III, 1945-1980, München 1983, S. 261-273.

Alexander Rodtschenko, Aufsätze, Autobiographische Notizen, Briefe, Erinnerungen, Dresden 1993.
Alfred Stieglitz, Camera Work, Nr. 49/50, 1917.

Abbildung:
Paul Strand, Blind Woman, New York, 1916, in: Aperture Masters of Photography. Paul Strand, Köln 1997, S. 13.

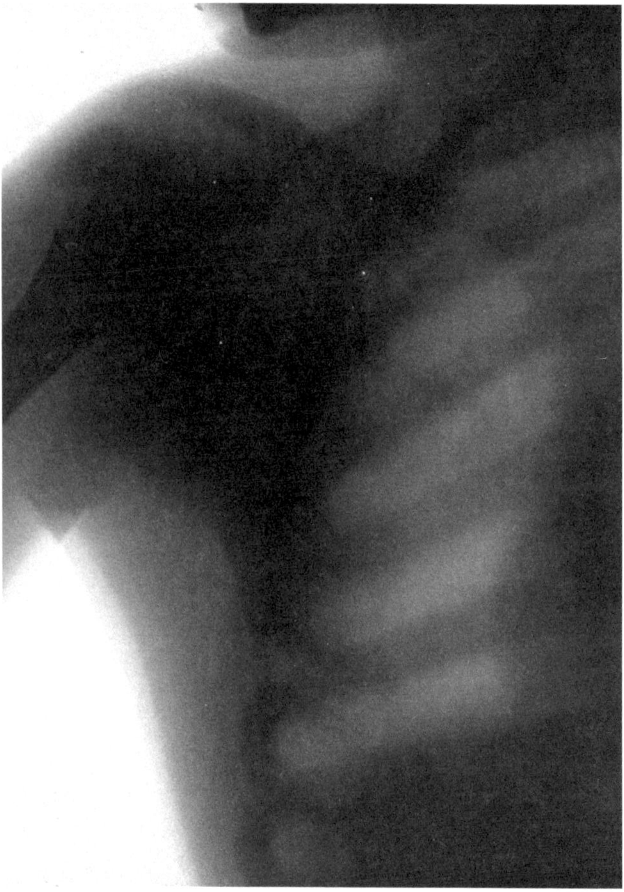

Dokument

> »Die Fotografie ist die Möglichkeit einer Wiedergabe, die den Zusammenhang wegschminkt. Der Marxist Sternberg [...] führt aus, daß aus der (gewissenhaften) Fotografie einer Fordschen Fabrik keinerlei Ansicht über diese Fabrik gewonnen werden kann.«
>
> *Brecht, 443 f.*

Wenn man die Photographien als kulturelle und nicht als natürliche Zeichen bestimmt, verwandelt sich plötzlich auch der Begriff des »Dokuments« in eine Metapher. Auch wenn man den durchaus erstaunlichen Befund ernst nimmt, daß der Begriff der dokumentarischen Photographie erst Ende der 1920er Jahre in der photographischen Literatur in einem Artikel über Flahertys Film *Moana* erscheint (Lugon, 14), empfiehlt es sich, die Photographie als Dokument im allgemeinen und die Dokumentarphotographie im besonderen als historische und nicht als ontologische Kategorie zu deuten (Solomon-Godeau, 54).

Während im 19. Jahrhundert eine Bestimmung der Photographie als Dokument eine reine Tautologie dargestellt haben dürfte, da im Verständnis der Deutung dieser Zeit Photographien nicht nur Dokumente, sondern die bildliche Wirklichkeit sui generis *sind*, bedarf es zu Beginn des 20. Jahrhunderts bereits bestimmter Inszenierungsstrategien, um eine Photographie als dokumentarische auszuweisen und von anderen Photographien abzusetzen. Die dokumentarische Photographie muß eine eigene Bildsprache entwickeln, um überhaupt als dokumentarische gelesen zu werden. Die Photographie als Dokument ist Ergebnis einer Rhetorik der Bilder. Olivier Lugon hat den besonderen Zug dieses photographischen Stils als »clarté« ausgemacht: als Schärfe, Genauigkeit, Helligkeit, Verständlichkeit und Lesbarkeit der Bilder. Die dokumentarische Photographie der 1930er und 1940er Jahre zeichnet sich zudem durch eine Neutralität und Nüchternheit, ja Unpersönlichkeit und Distanziertheit der Bilder aus, hinter denen der Photograph zurückzutreten, zu verschwinden versucht. Der englische Photograph Humphrey Spender, der seit den 1930er Jahren in der Gruppe *Mass Observation* eine photographische Ethnographie Englands unternahm, beschreibt so seinen eigenen Blick als den eines Spions oder Außerirdischen, der in ein fremdes Leben eindringt (Wells, 91). Gleichwohl zielten diese unpersönlichen, dokumentarischen Bilder auf eine spezifische Performanz: Die Bilder sollten eine unmittelbare Evidenz und eine Bedeutung haben, die sich dem Betrachter unmittelbar »auferlegt« (Stott, 14), sollten zu einer unanzweifelbaren Realität werden, die visuell als Faktizität wahrgenommen wird und zugleich den Betrachter emotional bewegen soll. Auch mit der Veränderung der bildlichen Inszenierung dieser vermeintlichen Authentizität, die in der Zeit um 1940 auf eine sichtbare Involvierung des Photographen, der zum Zeugen wird und vom Gesehenen Zeugnis ablegt, setzt, verändert sich dieser Grundzug nicht. Die Bilder, für die nun durchaus auch eine Unschärfe, eingeschränkte Ausschnitte oder subjektive Perspektiven charakteristisch sein können, zielen nach wie vor auf die visuelle Evidenz der Photographie und ihre besondere Performanz.

In der Photographietheorie der 1970er und 1980er Jahre wurde die Photographie als Dokument einer radikalen Kritik unterzogen und der »effet de réel« (Barthes) der Bilder als »ideologischer Effekt« ausgemacht. Der intendierte Affekt der Betrachter ist in dieser Deutung ein Effekt der Ideologie einer Photographie als »Fakten-Maschine«, die dazu dient, »das Auge des Betrachters ideologisch zu naturalisieren« (Sekula, 125) und ihn in einen passiven Betrachter zu verwandeln, der wie ein Voy eur die Bilder konsumiert. Die Photographie als Dokument ist in dieser Deutung eine Metapher, die dazu dient, kulturelle Konstrukte als natürliche Bilder auszugeben.

Literatur

Bertolt Brecht, [Durch Fotografie keine Einsicht], in: Der Dreigroschenprozeß. Ein soziologisches Experiment, in: ders.: Große kommentierte Berliner und Frankfurter Ausgabe, hrsg. von Werner Hecht u. a., Bd. 21, Schriften 1, Frankfurt/M. 1992, S. 448-514, S. 443f.

Sabine Breitwieser (Hg.), Martha Rosler. Positionen in der Lebenswelt, Köln 1999.

Victor Burgin (Hg.), Thinking Photography, London 1982.

Olivier Lugon, Le style documentaire. D'August Sander à Walker Evans, 1920-1945, Paris 2001.

Allan Sekula, Den Modernismus demontieren, das Dokumentarische neu erfinden. Bemerkungen zur Politik der Repräsentation. In: Hubertus von Amelunxen (Hg.), Theorie der Fotografie IV, 1980-1995, München 2000, S. 120-129.

Abigail Solomon-Godeau, Wer spricht so? Einige Fragen zur Dokumentarfotografie, in: Herta Wolf (Hg.), Diskurse der Fotografie, Fotokritik am Ende des fotografischen Zeitalters, Bd. 2, Frankfurt/M. 2003, S. 53-74.

Willam Stott, Documentary Expression and Thirties America, London 1973.

John Tagg, The Burden of Representation. Essays on Photographies and Histories, Amherst 1988.

Liz Wells (Hg.), Photography: A Critical Introduction, London und New York [3]2004.

Abbildung:
Röntgenaufnahme, um 1910, Sammlung Stiegler.

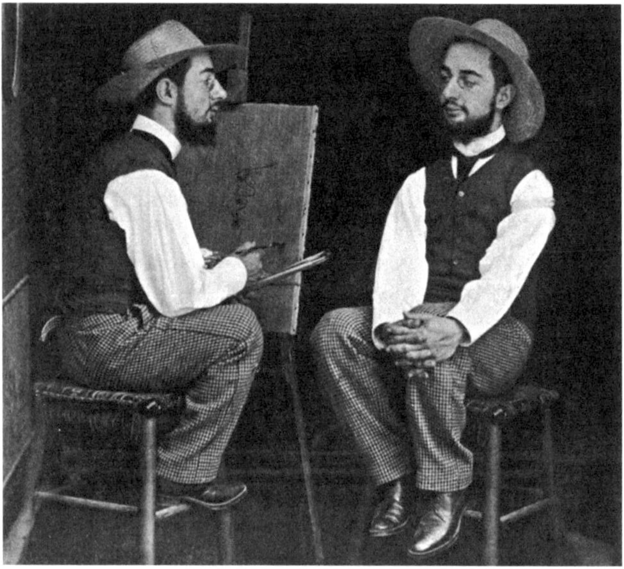

Doppelgänger

»Auch das fotografische Bild läßt, bildlich gesprochen, das Reale nur im Gewand seines Doppelgängers zu.«

Geier, 216

Michel Foucault hat einige wenige der über 350 Texte, die in den vier Bänden der *Dits et Ecrits* versammelt sind, der Photographie gewidmet. Seine Präsentation einer Ausstellung des Malerphotographen Formanger mit dem schönen Titel »Die photogene Malerei« skizziert dabei eine programmatische Geschichte der Photographie, die in der Deutungsperspektive Foucaults eine besondere Gestalt annimmt. Es sind nicht die Bildleistungen der Avantgarde und auch nicht die klassischen Bilder des 19. Jahrhunderts und noch weniger die zeitgenössischen Aufnahmen, die Foucault besonders faszinieren, sondern vielmehr die ansonsten meist despektierlich behandelten Kunstphotographien der Jahrhundertwende. Diese Aufnahmen, die zwischen Malerei und Photographie oszillieren, eröffnen zugleich einen Raum der Verschiebung und Übertragung und nicht zuletzt das Reich des Doppelgängers. Foucault ist fasziniert von der »Freiheit der Übertragung, der Verschiebung, der Transformationen, der Ähnlichkeiten und des Anscheins, der Reproduktion, der Verdoppelung und der Fälschung« (Foucault, 871) dieser Bilder, in denen er ein noch nicht diskursiv festgelegtes und normiertes Bilderfest entdeckt: ein Reich der Zeichen, das ein »rohes Sein der Bilder« offenlegt, in dem eine andere Ordnung vorstellbar wird. Die Photographie ist dabei nicht nur Doppelgänger der Malerei, sondern bereits eo ipso ein Doppelgängerbild. Es verdoppelt die

Wirklichkeit – aber nicht als dieselbe, sondern als ein Double, das die Herrschaft des Identischen untergräbt, sich unter der Hand in allerlei andere Bildordnungen einschmuggelt und so »jene Gleitbewegungen von Bildern« (Foucault, 872) einleitet, die, so Foucault, den visuellen Spielen ihre Würze geben.

Foucault generalisiert mit dieser Deutung der Photographiegeschichte eine recht weitverbreitete Praxis und macht sie als Metapher theoriefähig: Bereits im 19. Jahrhundert war es ein beliebtes Spiel, mit Hilfe von allerlei Tricks Doppelgängerbilder anzufertigen, auf denen der Dargestellte seinem Double gegenüberstand, mit ihm Schach spielte oder sogar (in Antizipation einschlägiger Filme) kämpfte. Auch in der spiritistischen Photographie der zweiten Jahrhunderthälfte bevölkerten die Doubles die Bilder und wirkten nicht selten realer als ihre Vorbilder, denen so vor Augen geführt wurde, welches Schicksal sie ereilen würde und bereits ereilt hatte – verwandelt die Photographie, so wollen es einige Beobachter, doch ihrerseits die Dargestellten in Doppelgänger. Zwischen Romantik und Psychoanalyse, E. T. A. Hoffmann und Rank unternimmt die Photographie eine technische Materialisation des Doppelgängers und knüpft dabei an die Tradition an. Die Photographie, so der französische Kulturtheoretiker und Soziologe Edgar Morin, »gelangt in das eigentliche Herrschaftsgebiet des Doubles, wenn sie sich von den okkultistischen Praktiken mit Beschlag belegen läßt, dort wo die archaische Magie unversehrt und unverstümmelt in eine fortdauernde, vielfach verzweigte Geheimwissenschaft übersetzt wird. Die Photographie spielt genau die Rolle einer Stellvertretung, eines Anknüpfungspunktes oder eines Einflußbereiches für den Doppelgänger.« (Morin, 40)

Literatur

Michel Foucault, Die photogene Malerei, in: ders., Dits et Ecrits. Schriften. Zweiter Band, Frankfurt/M. 2002, S. 871-881.
Manfred Geier, Der fotografierte Augenblick. Ein Gespräch mit Lucia Wienaliez über das Zeitproblem in der Fotografie, in: Fotovision. Projekt Fotografie nach 150 Jahren, Hannover 1988, S. 216-220.
Edgar Morin, Der Mensch und das Kino, Stuttgart 1958.

Abbildung:
Maurice Guilbert, Toulouse-Lautrec, Frankreich, um 1890, in: Michel F. Braive, Das Zeitalter der Photographie. Von Niépce bis heute, München 1965, S. 262.

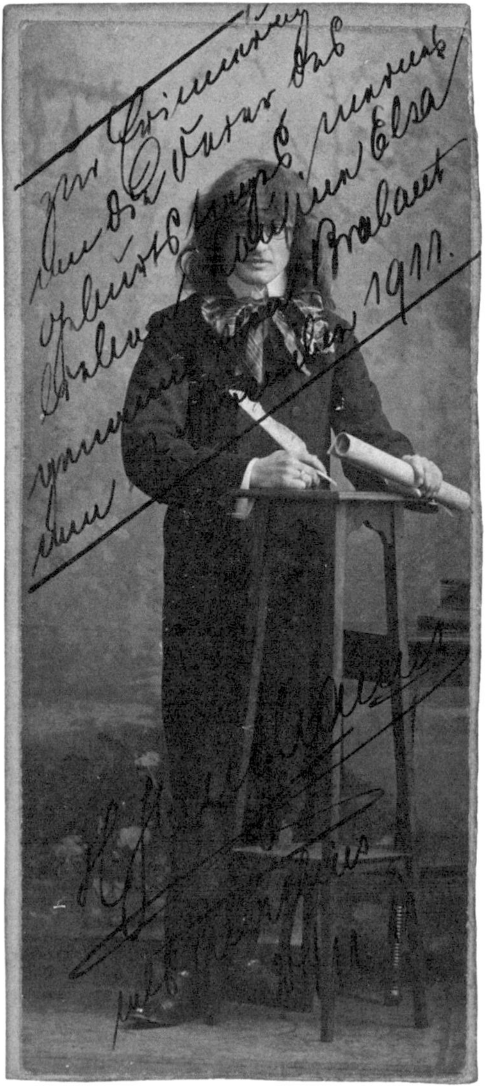

Écriture automatique

»écriture automatique ist tatsächlich Gedankenphotographie.«

Breton

Das Konzept der Photographie als automatisches Schreiben erscheint erstmals in Lewis Carrolls Erzählung »Photography Extraordinary« aus dem Jahr 1855, um sich dann im Surrealismus in ein eigentümliches Doppelbild zu verwandeln: Photographie soll Schrift, Schrift soll Photographie werden. Einerseits zielt eine der wenigen Bemerkungen André Bretons zur Photographie auf eine photographische Aufzeichnung der Gedanken. Im Vorwort zu einem Katalog einer Ausstellung Max Ernsts im Jahr 1921, das dann in *Les Pas Perdus* wiederaufgenommen wurde, heißt es: »Die seit Ende des neunzehnten Jahrhunderts aufgetauchte *écriture automatique* ist tatsächlich Gedankenphotographie.« (Breton, zit. nach: Poivert, 122) Andererseits bestimmt Man Ray umgekehrt die Photographie als Schreiben: »Ich versuche, meine Fotografie automatisch zu machen, mich meines Fotoapparats wie einer Schreibmaschine zu bedienen.« (Man Ray, 7)

Der amerikanische Photograph Minor White hat diese Metapher wiederaufgenommen, um seinerseits in der Photographie eine *écriture automatique* zu entdecken, die die Bedeutung suspendiert und die Gegenstände als psychische Resonanz wahrnehmbar macht. Die Photographie zeigt nicht die Welt, wie sie ist, sondern macht die Innenwelt des Betrachters sichtbar: »Indem man den Gegenstand von seinen Bedeutungen befreit und indem man dann durch die Lektüre des schieren Formgefüges die Wege des Unbewußten so sicher aufspürt, wie das beim automatischen Schreiben geschieht. Wenn man die Bedeutung der Träume zerschlägt, bleiben Symbole übrig, die wie Träume gedeutet werden können.« (White, 65) Dies gilt dann idealiter umgekehrt auch für den Betrachter, der ebenfalls in den Bildern und in sich die Welt der Gefühle und Symbole entdeckt.

In der Debatte über die digitale Photographie verwandelt sich die *écriture automatique* in eine Kritik der Repräsentation, wie sie im Poststrukturalismus unternommen wurde. Die analoge Photographie soll dank des Automatismus der Aufzeichnung ein Beleg dafür sein, daß die Bedeutung immer das Ergebnis von normierenden Prozessen ist, die eine Herrschaftsfunktion haben: »Darüber hinaus paßt dieser Automatismus hervorragend in die poststrukturalistische Feindseligkeit gegenüber dem Konzept einer autorkontrollierten Bedeutung: Photographie kann als eine Art automatischen Schreibens bezeichnet werden.« (Mitchell, 28)

Bei Jean Baudrillard, dem Vordenker einer Theorie der generalisierten Simulation, kommt auch diese Freiheit der Übertragung abhanden: Für ihn wird jede Form von Wahrnehmung bereits zum Effekt einer *écriture automatique* der Welt, die alles in Schrift und Programm verwandelt. Die Photographie hingegen ist Widerstand gegen diesen Automatismus der Verwandlung: »Gegen die *écriture automatique* der Welt: die automatische Deprogrammierung der Welt.« (Baudrillard, 144) Sie soll und kann, gerade indem sie das Verschwinden des Gegenstands aufzeichnet, die Simulation *aufzeigen*: »Wenn es eine Hoffnung gibt, diesen Prozeß zu bannen, dann liegt sie darin, die Wesen sich selbst ein wenig rätselhafter zu machen, einander ein wenig fremder. So geht es im photographischen Akt nicht darum, sie zum Objekt zu nehmen, sondern sie Objekt werden zu lassen – das heißt, sie als das zu nehmen, was sie sind. Wenn es ein Geheimnis der Illusion gibt, dann ist es das, die Welt als die Welt zu nehmen und nicht als ihr Modell; der Welt ihre formale Macht zur Illusion wiederzugeben, was voll und ganz dasselbe ist, wie auf immanente Weise wieder ›Ding unter den Dingen‹ zu werden.« (Baudrillard, 139)

Literatur

Jean Baudrillard, Das perfekte Verbrechen, München 1996.

André Breton, Exposition Dada Max Ernst, Ausstellungskatalog Galerie Au Sans Pareil, Paris 1921, unpag.

Lewis Carroll, Photography Extraordinary, in: Bruno's Revenge, and other stories, http://www.bibliomania.com/0/0/11/1943/frameset.html

William J. Mitchell, The Reconfigured Eye. Visual Truth in the Post-photographic Era, Cambridge/Mass. 1992, ^{3}1998.

Michel Poivert, Der unsichtbare Strahl. Die Strahlungsfotografie zwischen Wissenschaft und Okkultismus in: Im Reich der Phantome. Fotografie des Unsichtbaren, Ausstellungskatalog Mönchengladbach/Winterthur, Ostfildern-Ruit 1997, S. 120-128.

Man Ray, Brief an Katherine Dreyer vom 20. 2. 1921, zit. nach: J. H. Martin, Man Ray, Paris 1981, S. 79.

Minor White, Was ist Fotografie?, in: Wolfgang Kemp (Hg.), Theorie der Fotografie III, 1945-1980, München 1983, S. 65f.

Abbildung:
Carte de visite, ca. 1910, Sammlung Stiegler.

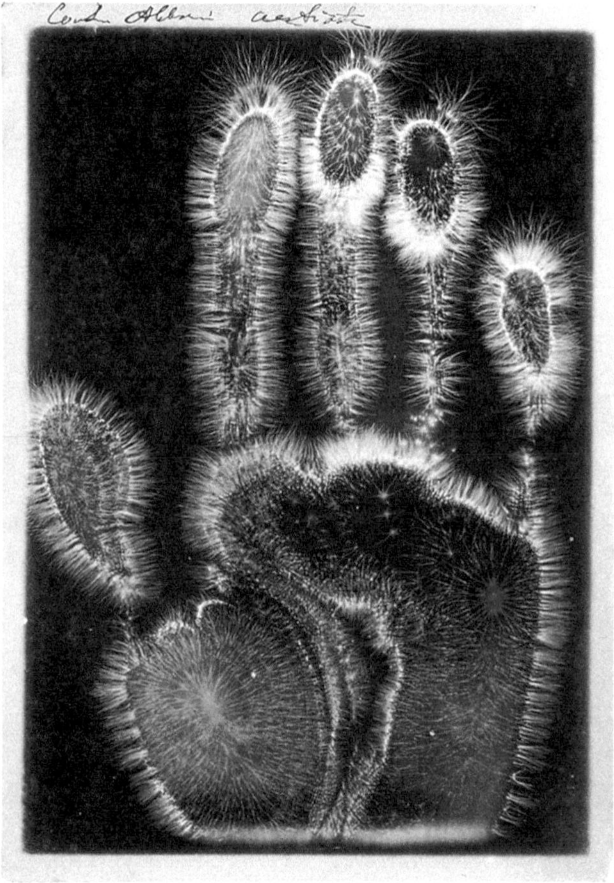

Eidola

> »Die Photographie ist, wörtlich verstanden, eine Emanation des Referenten. Von einem realen Objekt sind Strahlen ausgegangen, die mich erreichen, der ich hier bin; [...] Eine Art Nabelschnur verbindet den Körper des photographischen Gegenstandes mit meinem Blick: das Licht ist hier, obschon ungreifbar, doch ein körperliches Medium, eine Haut, die ich mit diesem oder jenen teile, die einmal photographiert worden ist.«
>
> *Barthes, 90f.*

»Nach Balzac besteht nun jeder Körper in der Natur aus einer Reihe von Spektren, aus unendlich vielen sich überlagernden Schichten, aus nicht endenden Rollen an Folien, in denen alle Sinne oder die Optik den Körper wahrnehmen. Der Mensch kann nun diese Häutchen nicht erzeugen [...] und die Photographie überrascht ihn, zieht ihm eine Schicht des Körpers ab und bewahrt sie auf. Daher kommt es für den Körper zu einem offenkundigen Verlust eines seiner Häutchen und mit ihm eines Teils seines konstitutiven Wesens.« (Nadar, 978) Honoré de Balzacs Furcht davor, sich photographieren zu lassen, wurde ironischerweise von dem berühmten französischen Photographen Nadar überliefert und hielt ihn zudem, wie eine erhaltene Daguerreotypie zeigt, keineswegs davon ab, sich einem Photographen auszuliefern (Rabb, 6-9). Balzacs Annahme, daß Photographien aufgefangene Sehhäutchen seien, die noch Roland Barthes 1980 in *Die helle Kammer* wiederaufnimmt, ist keineswegs so (esoterisch) singulär, wie es vielleicht den Anschein haben mag. Auch etwa Théophile Gautier teilt die Überzeugung, daß wir es bei der Photographie mit »einer gewissen fluiden Übertragung« (Gautier, 284) zu tun haben, und liefert damit zugleich eine Formel, die die spiritistische Photographie des 19. und frühen 20. Jahrhunderts aufnimmt, um darzulegen, daß, wenn wir es bei der Photographie mit einer physischen Übertragung zu tun haben, diese dann auch eine Evidenz der im Wortsinn physischen Präsenz des Abgebildeten sicherstellt. In den zeitgenössischen spiritistischen Texten gegen Ende des 19. Jahrhunderts ist dabei auch ausdrücklich von Eidola und »magnetischen Emanationen« die Rede (Glendinning, 132 und 139). In der spiritistischen Photographie, die sich mitunter explizit auf Balzac bezieht, dient die Theorie der Sehhäutchen als Beleg für ein physisches Erscheinen der unsichtbaren in der sichtbaren Welt; bei Roland Barthes wird sie zum physischen Erscheinen der vergangenen in der gegenwärtigen. Für ihn ist sie Ausdruck einer Photographietheorie, die die Bilder nicht nur als Spur, sondern als materielle, materialisierte Zeichen denkt, was Allan Sekula scharf als »Alchimie« kritisierte (Tagg, 3). Aber selbst Hans Finsler, einer der Hauptvertreter der Neuen Sachlichkeit, denkt die Photographie als ein Häutchen, das von dem Gegenstand abgezogen wurde: »Erst diese Zeugnisse der Vergangenheit zeigen, was für ein unschätzbares Mittel uns durch die Photographie gegeben ist, das Bild des Menschen festzuhalten, eine Schicht, einen dünnen Film von ihm abzulösen, der doch alles enthalten kann, was unser Auge wahrzunehmen vermochte oder vermocht hätte.« (Finsler, 169) Und bereits Oliver Wendell Holmes regte in der Mitte des 19. Jahrhunderts eine Sammlung dieser Häutchen an, die »wie die Blätter eines geschlossenen Buchs gebunden werden sollten«. (Holmes, 125) Die Photographien sind, so wollen es diese Deutungen, nicht einfach Bilder und auch keine schlichten Zeichen, sondern ein physisches Dokument, eine Haut, die dem Gegenstand abgezogen wurde. »Tatsächlich haben wir vor der Photographie den Eindruck, ein *Analogon*, ein *Eidolon* zu betrachten, dem nichts fehlte als die Bewegung.« (Morin, 39)

Literatur

Roland Barthes, Die helle Kammer, Frankfurt/M. 1985.

Hans Finsler, Das photographische Portrait (1943), in: Hans Finsler. Neue Wege der Photographie, Bern 1991, S. 269f.

Théophile Gautier, Exposition photographique (1856/1857), in: André Rouillé (Hg.), La Photographie en France. Textes & Controverses: une Anthologie. 1816-1871, Paris 1989, S. 282-285.

Andrew Glendinning (Hg.), The Veil Lifted. Modern Developments in Spirit Photography, London 1894.

Oliver Wendell Holmes, The Stereoscope and the Stereograph, in: ders., Soundings from the Atlantic, Boston 1864, S. 124-165; dt. Teilübersetzung in: Wolfgang Kemp (Hg.), Theorie der Fotografie 1, 1839-1912, München 1980, S. 114-122.

Rosalind Krauss, Das Photographische. Eine Theorie der Abstände, München 1998, S. 21-39.

Edgar Morin, Der Mensch und das Kino, Stuttgart 1958.

Nadar, Quand j'étais photographe, in: Nadar, 2 Bde., hrsg. von J.-F. Bory, Bd. 2, Paris 1979, S. 967-1284.

Jane M. Rabb (Hg.): Literature & Photography. Interactions 1840-1990. A Critical Anthology. Albuquerque 1995, S. 6-9.

John Tagg, The Burden of Representation. Essays on Photographies and Histories, London 1988.

Abbildung:

Jakob von Narkievicz-Jodko, o. T. (Elektrographie einer Hand), St. Petersburg, um 1895, in: Im Reich der Phantome. Fotografie des Unsichtbaren, Ostfildern-Ruit 1997, Abb. 27. (Auch abgebildet als Frontispiz in: Papus, Les rayons invisibles et les dernières expériences d'Eusapia devant l'occultisme, Tours 1896.)

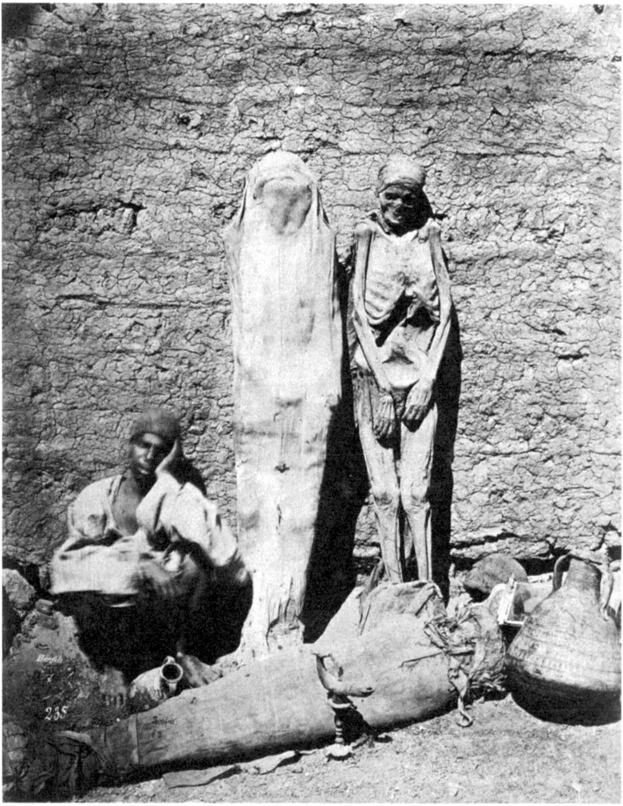
235

Einbalsamierung

> »Weil die Fotografie nicht, wie die Kunst, für die Ewigkeit produziert, balsamiert sie die Zeit ein, sie schützt sie einfach vor ihrem eigenen Verfall.«
>
> *Bazin, 63*

Der französische Filmtheoretiker André Bazin beginnt seinen berühmten Aufsatz »Die Ontologie des fotografischen Bildes« mit der Erinnerung daran, daß eine der wichtigsten anthropologischen Aufgaben der Kunst der Schutz gegen die Zeit gewesen sei, und verweist dabei insbesondere auf die Mumien des alten Ägypten. Als er dann auf die Photographie zu sprechen kommt, nimmt er genau diese Beschreibung als Metapher wieder auf und schreibt sie nun der Photographie zu: »Weil die Fotografie nicht, wie die Kunst, für die Ewigkeit produziert, balsamiert sie die Zeit ein, sie schützt sie einfach vor ihrem eigenen Verfall.« (Bazin, 63) Die Photographie ist eine Mumie und ist dank ihrer Objektivität, ganz wie jene der Pharaonen, eine körperliche, materielle Einbalsamierung. Wenn, so kann man seine Argumentation fortsetzen, nicht nur die Photographie eine »mumifizierte Zeit« darstellt, sondern der Film eine Serie von Photographien darstellt, so erweckt der Film die Mumien wieder zum Leben. Bazin nimmt damit eine Vorstellung auf, die der Schriftsteller Théophile Gautier im 19. Jahrhundert – unter explizitem Rückgriff auf die Photographie und die Mumien – in phantastische Erzählungen gefaßt hatte. Gautier versah die Gabe des *Avatar*, nach der man sich für eine bestimmte Zeit in andere Körper versetzen konnte, mit einer photographisch-spekulativen Grundlage, da seiner Ansicht nach die Lichtbilder »eine gewisse fluide Übertragung«

(Gautier, 194) und somit eine bildliche Inkarnation des Abgebildeten darstellen. Die Gabe des Avatar gestattet nun eine Art von realem *Bodyswitching*, die nicht nur die Bilder, sondern auch die Mumien beleben und ihnen so eine virtuelle Unsterblichkeit verleihen konnte. Bei Gautier kehren die Mumien als belebte Lichtbilder zurück. Bei McLuhan hingegen verwandeln die Lichtbilder die Dargestellten in Mumien: »Die Pharaonen des alten Ägypten wurden mit ihrem Bildnis begraben, wobei das offizielle Begräbnis des Herrschers seinem Ebenbild galt und der Körper letztlich ohne besondere Beachtung oder Bedeutung beigesetzt wurde. Damit ist sehr genau charakterisiert, was auch die Photographie macht: sie erhebt das Abbild einer Person zur Realität.« (McLuhan, 28) Dieser Verwandlung des Abbildes zur Realität kann man eine medienkritische Wendung geben. Kaum jemand hat dies radikaler als Günther Anders getan, der dabei auch auf die Metapher der Mumie zurückgreift. Photographien als Momentaufnahmen stellen dabei den Übergang zur Verwandlung der Welt zum Phantom und zur Matritze dar, da sie einerseits, indem sie den »vergänglichen Augenblick festhalten wollen, Bilder im legitimsten Sinne: nämlich Denkbilder« (Anders, 132) sind, andererseits aber die Verwandlung der Welt in ihr Abbild vorantreiben: Momentbilder sind »ihrer Bildfunktion nach Denkmäler, ja selbst Mumien« (ebd.), aber eben noch nicht Fernsehbilder, die zu reiner Gegenwart werden und zugleich die Gegenwart auslöschen. Photographien sind Residuen einer Zeit vor ihrem medialen Verschwinden, Mumien einer vergangenen Zeit.

Literatur

Günther Anders, Die Antiquiertheit des Menschen, Bd. 1, Über die Seele im Zeitalter der zweiten industriellen Revolution, München [7]1988, Erstausgabe 1956.

Carol Armstrong, Öl zu Wachs zu Silber: Sugimotos Portraitgalerie, in: SUGIMOTOPORTRAITS, Ostfildern-Ruit 2000, S. 44-53.

André Bazin, Die Ontologie der Fotografie, in: Wolfgang Kemp (Hg.), Theorie der Fotografie III, 1945-1980, München 1983, S. 58-64.

Théophile Gautier, Exposition photographique, in: L'artiste, Dez. 1856-März 1857, S. 193-195.

Marshall McLuhan, Das Foto, eine Ikone, in: European Photography, Nr. 22, April-Juni 1985, S. 27-29.

Abbildung:

Félix Bonfils, Der Antikenhändler und seine Ware, Ägypten, um 1875, in: DU, Heft 7/8, Juli/August 1992, Rom, Ägypten, Paris in alten Photographien 1850-1900. Sammlung Herzog, S. 81.

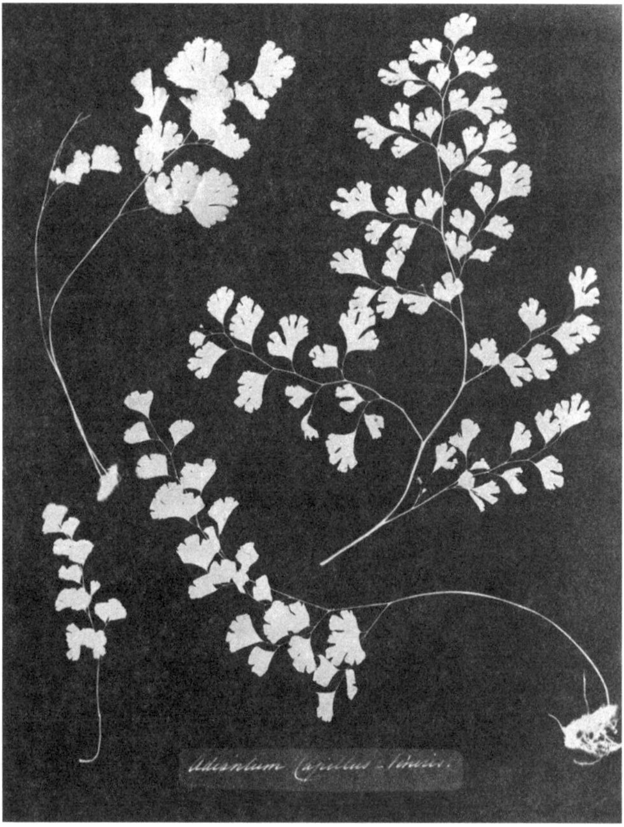
Adiantum Capillus - Veneris.

Fossilie

»Eine Photographie ist fossilisiertes Licht.«

Mitchell, 24

»Unter der Fotografie eines Menschen«, schrieb Siegfried Kracauer 1927, »ist seine Geschichte wie unter einer Schneedecke vergraben.« (Kracauer, 104) Allerdings ist die Geschichte ihrerseits eingefroren und zu einer Zeitschicht geworden, die nicht mehr in Gestalt einer Erzählung wiederbelebt werden kann. Dieses Bild einer eingefrorenen, erstarrten, fossilisierten Geschichte findet in der Theorie der Photographie allerdings auch eine Auslegung, die nicht das Verschwinden des Bezugs zur Gegenwart, sondern das Entdecken alter Zeitschichten betont. Die Bilder verwandeln dabei das Aufgenommene in Versteinerungen und Fossilien, die durch den Blick belebt werden. In ihnen wird die Geschichte, die in Bildschichten sedimentiert, als Naturphänomen lesbar. Die Archäologie des Blicks wird zur Paläontologie der menschlichen Kultur, die im Bild petrifiziert ist. »Die Fußspuren der Gedanken, der Leidenschaften, der Ambitionen werden alle in diesen fossilisierten Schatten aufbewahrt«, schrieb Oliver Wendell Holmes. (Holmes, 170) Und für Peter Wollen bewahren Photographien die Fragmente der Vergangenheit wie »Fliegen im Bernstein«. (Wollen, 355)

Im Zeitalter des Bildes sind aber nicht nur die Photographien archäologische Fundstücke, Fossilien oder Bernsteine mit Einschlüssen, sondern wird selbst das Gedächtnis zu einer archäologischen Grabung, die fossilisierte Aufnahmen ans Licht bringt. »Das Gedächtnis«, schreibt Walter Benjamin in der *Berliner Chronik*, »ist nicht ein Instrument zur Erkundung der Vergangenheit, sondern ihr Schauplatz. Es ist das Medium des Erlebten wie das Erdreich das Medium ist, in dem die toten Städte verschüttet liegen. Wer sich der eigenen verschütteten Vergangenheit zu nähern trachtet, muß sich verhalten wie ein Mann, der gräbt.« (Benjamin, 486) Und wenn man gräbt, so wird man gewahr, daß das Gedächtnis als »Platte des Erinnerns« (Benjamin, 516) einer Photographie gleicht und die Lebenszeit der Belichtungsdauer. Und auch das Erscheinen der Gedächtnisbilder beschreibt Benjamin als photographische Platten, denen »die Dämmerung der Gewohnheit der Platte jahrelang das nötige Licht versagt, bis dieses eines Tages aus fremden Quellen wie aus entzündetem Magnesiumpulver aufschießt und nun im Bilde einer Momentaufnahme den Raum auf die Platte bannt.« (Benjamin, 516)

Dies gilt auch für das öffentliche Gedächtnis: Für Fritz Hansen hat seit der Inflation die massenweise Verbreitung der Photographie eingesetzt, die als Inflation der Bilder dazu führen wird, daß wir binnen einer Generation »zuletzt dahin kommen, daß unser ganzes öffentliches und privates Leben wie eine Art Pflanzenabdruck ›paläontologisch‹ aufgestapelt wird.« (Hansen, 217) Wenn wir in diesen Bildschichten graben, werden wir vielleicht auch jene Aufnahmen von Man Ray finden, die er so beschreibt: »Aufgenommen im Moment optischer Zerstreuung und gefühlsmäßiger Aktivität, sind diese Bilder geronnene Rückstände lebender Organismen, durch Licht und chemische Elemente festgehalten.« (Man Ray, 246)

Literatur

Walter Benjamin, Berliner Chronik, in: ders., Gesammelte Schriften, hg. von Hermann Schweppenhäuser und Rolf Tiedemann, Frankfurt/M. 1972ff., Bd. VI, S. 465-519.
Fritz Hansen, Das Zeitalter des Bildes, in: Der Photograph, 1925, Nr. 55, S. 217.
Oliver Wendell Holmes, Soundings from the Atlantic, Boston 1864.
Siegfried Kracauer, Die Fotografie, in: Wolfgang Kemp (Hg.), Theorie der Fotografie II, 1912-1945, München 1979, S. 101-112.
William J. Mitchell, The Reconfigured Eye. Visual Truth in the Post-photographic Era, Cambridge/Mass. 1992, [3]1998
Man Ray, Das Zeitalter des Lichts, in: Wolfgang Kemp (Hg.), Theorie der Fotografie II, 1912-1945, München 1979, S. 245-247.
Peter Wollen, Feuer und Eis, in: Hubertus von Amelunxen (Hg.), Theorie der Fotografie IV, 1980-1995, München 2000, S. 355-360.

Abbildung:
Anna Atkins, Adiantum Capillus Venerum, England, vor 1854, in: Alles Wahrheit! Alles Lüge! Photographie und Wirklichkeit im 19. Jahrhundert, Köln 1997, S. 52.

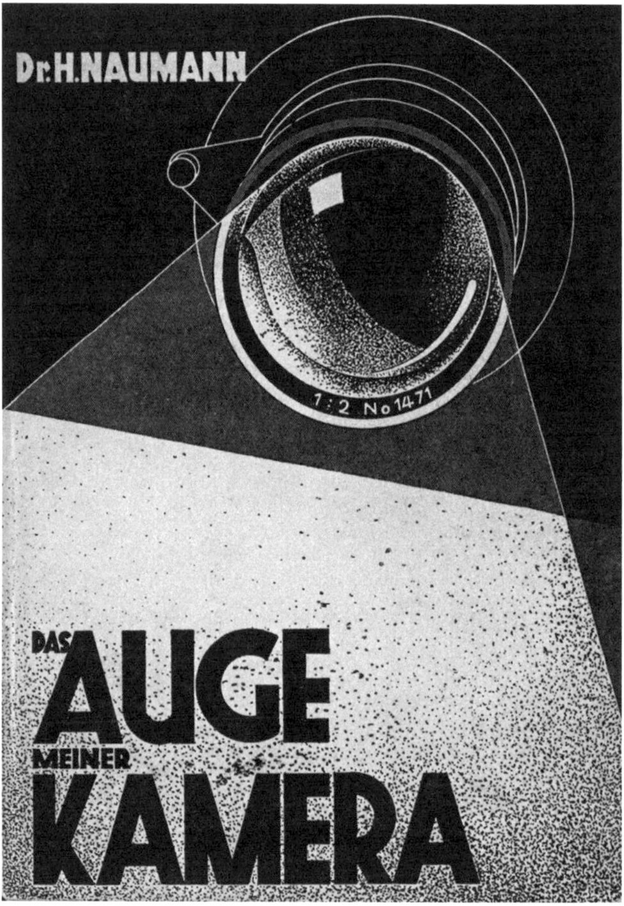
Dr. H. NAUMANN
1:2 No 1471
DAS AUGE MEINER KAMERA

Foto-Auge

»Das Daguerreotyp öffnet sein gläsernes Auge mit kupfernen Lidern.«

Gautier, zit. nach: Dröscher, 64

»Liebe Marsha«, schreibt André Kirchner an die Photographin Marsha Burns, »man könnte es für eine Übung des fotografischen Sehens halten: ein Auge zu schließen, um sich auf die Zweidimensionalität der einäugigen Kamera einzustellen. Ich vermute jedoch, daß unsere Augen, die schon so lange durch die Schule der untiefen Bilder gegangen sind, den Raum bereits bildmäßig erfassen. Die Überraschung blieb jedenfalls aus, als ich wegen einer Netzhautverletzung wochenlang eine schwarze Klappe über dem Auge trug.« (Kirchner, 11) Das photographische Auge hat bereits dem natürlichen seine Regeln auferlegt. Als Franz Roh und Jan Tschichold 1929 ihren epochalen Band *foto-auge* herausgaben, war das noch keineswegs der Fall. Ihr Buch, das – nach einem relativ kurzen Text von Franz Roh – 76 Beispiele des neuen photographischen Sehens präsentiert und dabei programmatisch mit einer Aufnahme Dsiga Vertovs endet, der seinerseits parallel zur Photographie eine theoretische Bestimmung des »Kinoglaz«, des Auges der Filmkamera, unternommen hat, zeigt noch eine durch das Foto-Auge veränderte und zu verändernde Welt. »unser buch will nicht nur sagen ›die welt ist schön‹, sondern ebenso: sie ist erregend, grausam und absonderlich«; es soll »wohlbehütete ästheten vors blasse köpfchen« (Roh/Tschichold, 5) stoßen.

Das Foto-Auge ist ein eigentümliches Organ voller Kälte und Teilnahmslosigkeit, das der Hauptvertreter der neusachlichen Photographie Albert Renger-Patzsch, auf den Franz Roh anspielte, in Rückgriff auf Ernst Jünger eindrücklich beschrieben hat: »Der hellsichtige Jünger schrieb schon in den 20er Jahren von der Photographie als einem unempfindlichen und unverletzlichen Auge, das ebenso unbeteiligt die Kugel im Flug festhält, wie den Menschen im Augenblick, in dem er von einer Explosion zerrissen wird.« (Renger-Patzsch (2), 135) Diese Bemerkung Ernst Jüngers stammt aus seinem – deutlich später entstandenen – Essay »Über den Schmerz«, in dem er recht ausführlich auf die Photographie eingeht. »Die Aufnahme«, heißt es dort, »steht außerhalb der Zone der Empfindsamkeit«, und man merke ihr an, daß »der Vorgang von einem unempfindlichen und unverletzlichen Auge gesehen ist.« (Jünger, 204) Das gilt auch für den Photographen, der wie etwa später Fritz Henle »mit den Augen eines Rolleigrafen« (Henle) auf die Welt blickt. Die Charakterisierung, die Renger-Patzsch vom Photographen gibt, weist diesem die Aufgabe zu, seinerseits zum Foto-Auge zu werden: Der Photograph »darf sich nicht vom Frühlingswind schmeicheln lassen, er darf nur mit einem Auge sehen, weil der Apparat mit seinem Objektiv keine plastischen Vorstellungen gibt. Er muß kalt und nüchtern abwägen, ob nach Berücksichtigung dieser Bedingungen noch etwas herauskommt, das Wert hat, aufgenommen zu werden.« (Renger-Patzsch (1), 102) Das gilt auch für seine Gefühle, die hinter den Eindrücken des Foto-Auges zurückzutreten haben. Der Photograph darf »in dem Augenblick, wo ihn etwas entzückt und hinreißt, sich nicht entzücken und hinreißen lassen, [muß] der einzig Nüchterne unter Trunkenen sein.« (Renger-Patzsch (1), 102) So hat das Foto-Auge auch seinen Ausdruck auf zahlreichen Umschlagabbildungen, wie auch jener zu Beginn dieses Eintrags, gefunden, die beredt Zeugnis davon ablegen, daß das Sehen ein photographisches geworden ist; ein mechanisches Auge, das mit seinen Sehstrahlen die Welt aufnimmt.

Literatur

Elke Dröscher, Kindheit im Silberspiegel. Daguerreotypien, Dortmund 1983.

Fritz Henle, Mit den Augen eines Rolleigrafen, Seebruck am Chiemsee 1964.

Ernst Jünger, Über den Schmerz, in: ders., Blätter und Steine, Hamburg ^{2}1941 [EA 1934], S. 157-216.

André Kirchner, Hier und dort. Fotografie, Ausstellungskatalog, Berlin 1986.

Albert Renger-Patzsch (1), Ketzergedanken über künstlerische Photographie, in: Photographie für alle, Nr. 5, 1925, S. 100-103.

Albert Renger-Patzsch (2), Vom Sinn der Photographie und der Verantwortlichkeit des Photographen [1965], in: Albert Renger-Patzsch, Fotografien 1925-1960, Bonn 1977, S. 131-136.

Franz Roh und Jan Tschichold, foto-auge, Stuttgart 1929 [Reprint London 1974].

Dziga Vertov, Schriften zum Film, München/Wien 1973.

Abbildung:

Umschlagabbildung von: Helmut Naumann, Das Auge meiner Kamera. Ein Buch über fotografische Optik, Halle/Saale 1937.

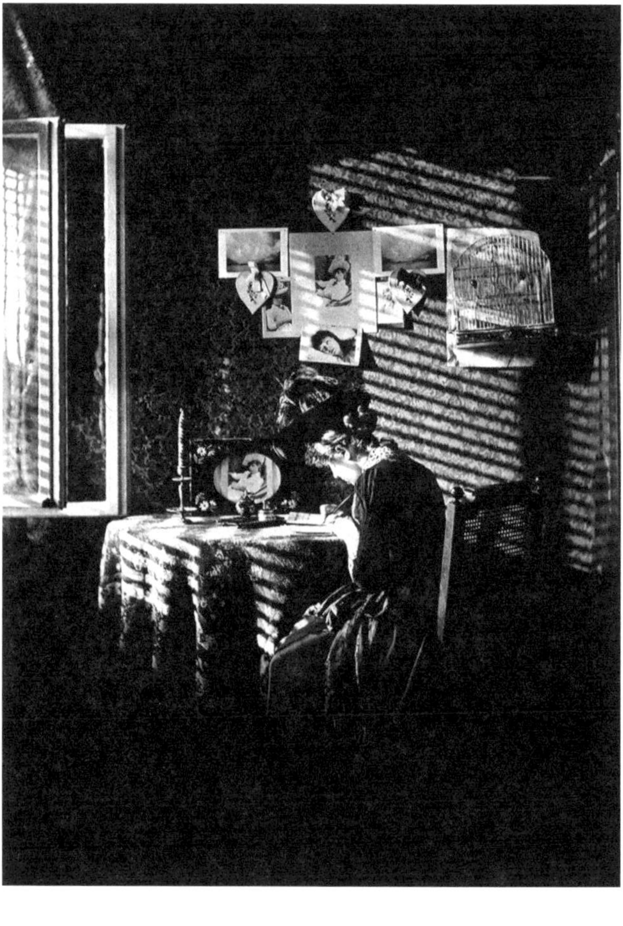

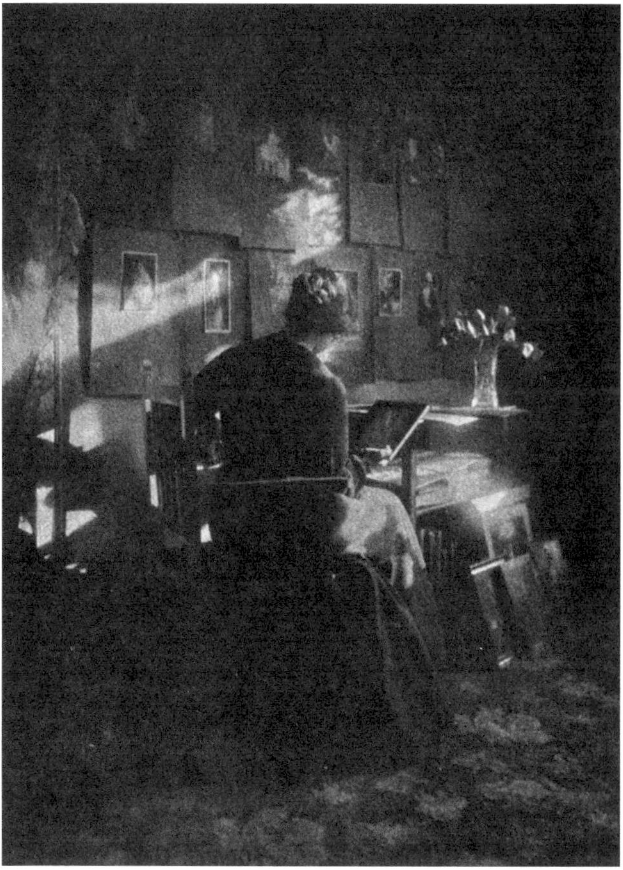

Gedächtnis

> »Weißt Du noch? Wo warst Du im vorigen Sommer? Wann hast Du Deine Erholungsreise gemacht? Du weißt es nicht genau, denn das beste Gedächtnis versagt. *Bleibende Erinnerungen verschafft Dir ein KODAK.* Er allein ist ein zuverlässiger Berichterstatter, der alle Deine glücklichen Stunden im Bild festhält.«
>
> *Kodak-Werbung aus dem Jahr 1926*

Die Photographie wurde schon früh als »Spiegel mit einem Gedächtnis« angesehen. Aber auch das Gedächtnis wird zur Photographie: Der Wissenschaftshistoriker Douwe Draaisma zitiert in seinem Buch über die Metaphern des Gedächtnisses einen Text, der 1839, also noch im Jahr der Bekanntgabe der Erfindung der Photographie, vor der Veränderbarkeit und Manipulierbarkeit der Bilder der Camera obscura warnte. (Draaisma 123f.) Kurz darauf hatte sich diese Einschätzung radikal gewandelt, und die Bilder der Camera obscura wurden zu Modellen des Gedächtnisses. »Nach 1839 wurde das menschliche Gedächtnis eine lichtempfindliche Platte, präpariert für die Aufnahme, Fixierung und Reproduktion visueller Erfahrung.« (Draaisma, 124) Michael Ende nahm dieses Bild in seiner *Unendlichen Geschichte* auf, wo Erinnerungsbilder in einem riesigen Archiv von Photoplatten gelagert sind, dem wir sie im Moment der Erinnerung entnehmen können, und der amerikanische Philosoph George Santayana – um eine seriösere Quelle anzuführen – bewunderte in der Photographie dieses neue visuelle Gedächtnis, »einen Speicher all der Fakten, die das Gehirn notwendigerweise vergessen oder verwechseln muß. [...] Die Fotografie ahmt das Gedächtnis nach, so daß ihr Produkt, das fotografische Bild, in die Funktion eintritt, die das geistige Auge nur unvollkommen erfüllt.« (Santayana, 253) Auch das »photographische Gedächtnis«, von dem wir noch heute sprechen, erscheint als neue Begriffsprägung erstmals 1868 bei Maudsley, der den Fall eines Mannes schildert, der in der Lage war, einen gelesenen Text in umgekehrter Richtung zu wiederholen. (Draaisma, 134) Doch während das Aufkommen des Films im letzten Jahrzehnt des 19. Jahrhunderts diesen zur neuen Leitmetapher der Gedächtnistheorie macht, entdeckt die Photographie, daß sie nicht nur ein herausragendes technisches Medium des Gedächtnisses ist, wie es etwa die Familienalben mit ihren Geschichten in Bildern zeigen, sondern daß auch die Bilder ein Gedächtnis haben, das nicht länger auf die Kunst verweist, wie es bis dahin in der Regel der Fall war. Photographien bilden ein eigenes Bildgedächtnis aus, das sich auf Photographien bezieht und Bilder in Bildern in Erinnerung ruft. Dieses Gedächtnis kann mitunter – und vielleicht ist das sogar die Regel – die Gedächtnisfunktion der Photographie als solche zum Gegenstand haben. Das Gedächtnis der Bilder zeigt sich am deutlichsten in den Bildern des Gedächtnisses. Photographien werden zu Medien des Gedächtnisses. Und in den Bildern erscheinen plötzlich wiederum Bilder, die auf Bilder verweisen.

Alfred Stieglitz' Porträtaufnahme von Paula aus dem Jahr 1889 zeigt ein Zimmer, das nicht nur wie eine Camera obscura erscheint, in die Lichtstrahlen fallen, sondern das in seiner Ausstattung und Einrichtung zahlreiche Attribute der Photographie aufnimmt: Diese Photographie wird so zu einer Metapher der Photographie überhaupt, zeigt uns, wie Rosalind Krauss formuliert, »was eine Photographie ihrem Wesen nach *ist*«. Wenn man das Bild genauer betrachtet, das ein subtiles Spiel mit Licht und Schatten inszeniert, findet man dort an die Wand geheftete Bilder, von denen sich eines ein zweites Mal als Kopie (oder als »zweites« Original) in einem Rahmen findet, der vor der Frau steht, die offenkundig für die Aufnahme Modell gestanden hatte, nun aber im Lichtstrahl (man könnte fast sagen »mit dem Lichtstrahl«) schreibt, um ihrerseits Bild zu werden, das eines Tages vielleicht seinen Platz an der Wand finden wird. Das Bild gewinnt seine kompositorische Strenge durch die Cadrierung oder Rahmung und verdoppelt ein weiteres Mal den Blick auf die Photographie und den Blick der Photographie. An der Wand finden sich weiterhin zwei Landschafts- oder Wolkenbilder, bei denen kaum zu erkennen ist, ob es sich um eines oder zwei Bilder handelt und ob es nicht vielleicht doch Zeichnungen oder Gemäldereproduktionen sind. Die Reproduzierbarkeit hat sie aber längst berührt. Eine Carte de Visite-Porträtaufnahme eines Mannes ergänzt dieses inszenierte Tableau photographischer Bilder und Embleme.

Wenige Jahre später findet sich in einer der bekanntesten deutschsprachigen Photozeitschriften, der *Photographischen Rundschau*, wenige Seiten nach einem Bericht über die Ausstellung der amerikanischen Photo-Secession in Pittsburg, auf der auch Aufnahmen von Stieglitz gezeigt wurden, eine Photographie eines kaum bekannten dänischen Photographen, der nun die Perspektive umdreht, aber offenkundig Stieglitz in Erinnerung ruft: Das Licht fällt nun von unten nach oben, die Frau hat dem Betrachter den Rücken zugedreht und schaut nach rechts – nun aber auf eine Photographie, die wir nicht erkennen können. Das Zimmer ist voller Bilder, die sämtlich im Stil der amerikanischen Photo-Secession oder der deutschen Amateurphotographie gehalten sind. Nur schreibt die Frau nicht länger im Licht, sondern betrachtet im Licht Photographien, betrachtet im Licht der Photographie Bilder, die wiederum auf Bilder verweisen, die mit Fug und Recht Gedächtnisbilder heißen können.

Literatur

Rudolf Arnheim, Warum knipsen die Leute? (1950), in: ders., Die Seele in der Silberschicht, Frankfurt/M. 2004, S. 17-19.

Douwe Draaisma, Ein Spiegel mit Gedächtnis, in: ders., Die Metaphernmaschine. Eine Geschichte des Gedächtnisses, Darmstadt 1999, S. 107-140.

Michael Ende, Die unendliche Geschichte, Stuttgart 1979.

Siegfried Kracauer, Die Fotografie, in: Wolfgang Kemp (Hg.), Theorie der Fotografie II, 1912-1945, München 1979, S. 101-112.

Rosalind Krauss, Stieglitz' Äquivalente, in: dies., Das Photographische. Eine Theorie der Abstände, München 1998, S. 127-137.

George Santayana, Das fotografische und das geistige Bild (ca. 1905), in: Wolfgang Kemp (Hg.), Theorie der Fotografie I, 1839-1912, München 1979, S. 251-259.

Susan Sontag, Über Fotografie, München 1978.

Abbildungen:

Alfred Stieglitz, Sunlight and Shadows, Paula, Berlin, 1889, in: Aperture Masters of Photography. Alfred Stieglitz, Köln 1997, S. 19; und Niels Fischer, Kopenhagen, ca. 1903, in: Photographische Rundschau und Photographisches Centralblatt, 18. Jg., 1904, S. 192; auch in: Photographie zwischen Daguerreotypie und Kunstphotographie, Hamburg 1987, S. 77.

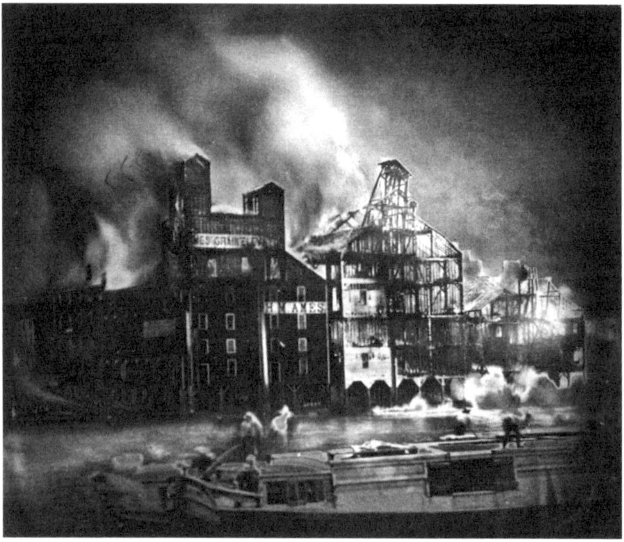
AMES

Geschichtsschreiberin

> »Das Thema ›Fotografie und Geschichte‹ ist eine der gefährlichsten und zugleich begeisterndsten Herausforderungen, vor die wir gegenwärtig gestellt sind.«
>
> *Flusser, 17*

Vilém Flusser hat diese Herausforderung gleichwohl mit wenigen begrifflichen Strichen gelöst. Die Photographie stellt eine Zäsur der Geschichte dar, die mit ihr in eine neue Phase eintritt – die Nachgeschichte, die Posthistoire. Von daher gilt es die Geschichte vor und nach der Photographie zu unterscheiden. Vor ihr war sie als eine »sich verzweigende Strömung anzusehn, welche einem nicht ersichtlichen Ozean – der ›Fülle der Zeiten‹ – zufließt.« (Flusser, 13) Nach ihr ist sie ein Strom, »welcher über einen künstlich in ihn eingeführten Damm stürzt, um im Stausee der Fotografien und anderer technischer Bilder zu stagnieren.« (Flusser, 13) Zugleich gilt es aber auch die Geschichtlichkeit der Bilder selbst zu beschreiben. Auch hier formuliert Flusser pointiert: »Und ›Fotografie‹ ist ein Bild, welches die Geschichte festhält, ihr Vorgehen staut, und dadurch erlaubt, sie abrufbar und widerrufbar zu machen.« (Flusser, 13) Die Photographie trennt zwei Bewegungen: Das Schwimmen im Fluß der Geschichte wird zum Sich-Drehen im Stausee der Bilder, in den die Photographie fortwährend neue Bilder einspeist.

Auch Roland Barthes hatte in *Die helle Kammer* die Photographie als Zäsur bestimmt: »Das Auftreten der PHOTOGRAPHIE – und nicht, wie gesagt worden ist, das des Films – schafft die Zäsur, die die Geschichte der Welt spaltet.« (Barthes, 97) Mit Aufkommen der Photographie ist der Zweifel an der Existenz der Vergangenheit verschwunden, mit ihr hat die Geschichte ihre Historikerin gefunden. Diese Gewißheit beschreibt bereits Heinrich Heine in seinem Buch *Lutetia*: »Ein ehrliches Daguerreotyp muß eine Fliege ebensogut wie das stolzeste Pferd treu wiedergeben, und meine Berichte sind ein daguerreotypisches Geschichtsbuch, worin sich jeder Tag selbst abkonterfeite, und durch die Zusammenstellung solcher Bilder hat der ordnende Geist des Künstlers ein Werk geliefert, worin das Dargestellte seine Treue authentisch durch sich selbst dokumentiert.« (Heine, 254f.) Heine nimmt damit eine weitverbreitete Vorstellung auf, nach der die Photographie künftigen Generationen ein getreues Bild der Gegenwart übermitteln wird: »Durch die Photographie wird der Nachwelt ein getreues Bild unserer Zeit vermittelt. Die Studenten der Zukunft werden die Möglichkeit haben, die wirkliche Haut und die wirklichen Augen derjenigen zu sehen, deren Leben und Handeln im Text nachgespürt wird, obwohl ihre Haut und ihre Augen längst zu Staub verfallen sind, während die Studenten die Seiten der Geschichte umschlagen.« (American Journal of Photography, 148)

Siegfried Kracauer zitiert in seinem letzten, Fragment gebliebenen Buch *Geschichte – vor den letzten Dingen* Heine in durchaus programmatischer Weise, um dann seinerseits »bedeutsame Analogien« zwischen der Geschichte und der Photographie (Kracauer, 66) auszumachen, zugleich aber das Spiegelmodell der Photographie wie der Geschichte zu kritisieren: »In Wahrheit gibt es überhaupt keinen Spiegel.« (Kracauer, 68) In der Geschichte wie der Photographie haben wir es mit einem Gegenstand zu tun, der »teils geformt, teils amorph« (75) ist. »Es besteht folglich eine fundamentale Analogie zwischen Geschichtsschreibung und den photographischen Medien: Wie der Photograph ist der Historiker nicht willens, über seinem Vorverständnis seine Aufnahme-Verpflichtung zu vernachlässigen und das Rohmaterial, das er zu gestalten sucht, vollständig zu verzehren.« (Kracauer, 74)

Literatur

American Journal of Photography, Bd. 1, 1858/59, S. 148, zit. nach: Robert Taft, Photography and the American Scene. A Social History, 1839-1889, New York 1964.

Roland Barthes, Die helle Kammer, Frankfurt/M. 1985.

Vilém Flusser, Im Stausee der Bilder. Fotografie und Geschichte, in: Jörg Boström (Hg.), Dokument und Erfindung. Fotografien aus der Bundesrepublik Deutschland. 1945 bis heute, Berlin 1989, S. 13-17.

Heinrich Heine, Lutetia. Berichte über Politik, Kunst und Volksleben, in: Werke und Briefe, hg. Hans Kaufmann, Bd. 6, Berlin und Weimar 1972, S. 231-584.

Siegfried Kracauer, Geschichte – vor den letzten Dingen, Frankfurt/M. 1973, S. 65-78.

Bernd Stiegler, Zeigen Fotografien Geschichte?, in: Fotogeschichte, Heft 95, 2005, S. 3-14.

Abbildung:

George N. Barnard, Brennende Getreidesilos, 5. Juli 1843, in: Freddy Langer (Hg.), Fotografie! Das 19. Jahrhundert, München/Berlin/New York 2002, S. 23.

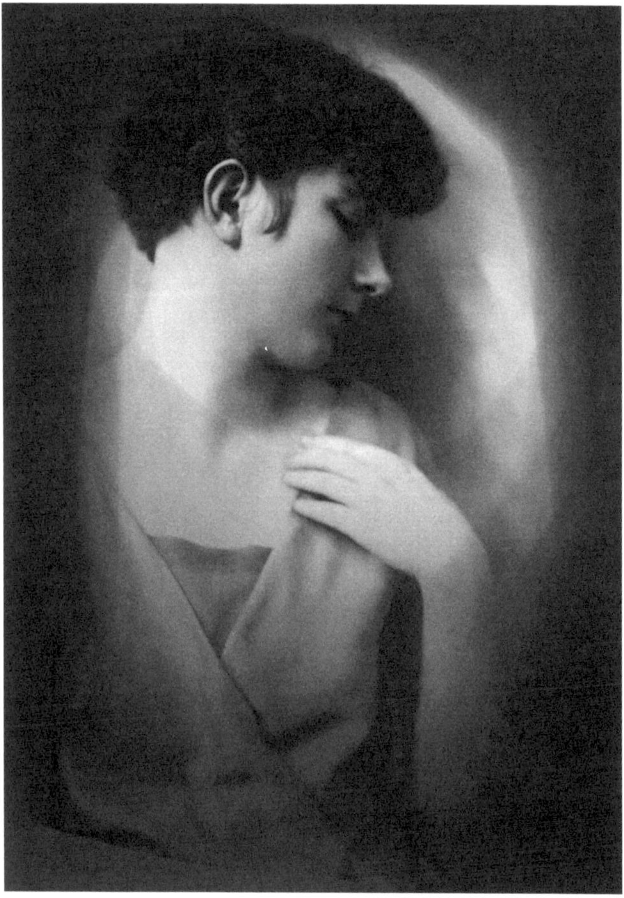

Göttin

»this cool young goddess, born of art and science«

Emerson, 6

Die lichtbringende, lichtspendende, lichteinfangende und lichtaufzeichnende Photographie wurde im 19. Jahrhundert auf zahllosen Rückseiten von Carte de Visite- oder Carte de Cabinet-Photographien, auf denen oft Werbungen von Photoateliers abgedruckt wurden, als Gott oder Göttin dargestellt. Dabei erwies sich die Photographie durchaus als polymorphes Wesen, das allerlei Gestalten annehmen konnte: Athene, Apoll, Helios sind einige wenige ihrer Erscheinungsweisen. Und mitunter blickte den Betrachter der Photographien von der Rückseite der Karten ein göttliches Sonnenauge an, das sprach: »Solem certissima signa sequentur.« (Starl 17)

Und so beschreibt auch eine der ersten Besprechungen des neuen Mediums die Photographie als Göttin: »Man sieht, daß hier die Natur selbst, die schaffende, auch wieder als Reflector gewaltet habe; denn so treu, so genau, so fehlerfrei und zugleich so höchst einfach schön, vermag nur sie, die keines Tuschs und keiner Reißfeder bedarf, abzubilden. Wer hätte geglaubt, daß es dem Menschen möglich werden könnte, den Strahl der Sonne dienstbar zu machen, und gewissermaßen als Crayon zu benutzen? Und doch hat die Wissenschaft, die göttliche Pallas unserer Tage, dies Wunder vollbracht. Die Wissenschaft hat einen Arm der freien Kunst entwaffnet; was sonst der Willkür des Künstlers überlassen war, es wird jetzt nach einem festen und unwandelbaren chemisch-optischen Verfahren getrieben.« (Allg. Theater-Zeitung) Die technische Erfindung der Daguerreotypie als glückliche Liaison von Optik und Chemie, die hier der Schutzgöttin der Künste und der Wissenschaften Pallas-Athene anbefohlen wird, stellt eine Wiederholung der Schöpfung im Bild dar, ersetzt die Wirklichkeit durch ihr technisches Abbild, ohne daß eine entscheidende Differenz zwischen beiden bestünde – so zumindest die Wahrnehmung der Zeitgenossen.

Ihrem eigentümlichen Wesen, selbst als Göttin immer schon eine Doppelgestalt zu sein, hat der Photograph und Photographietheoretiker Peter Henry Emerson ein unvergeßliches Zeugnis ausgestellt: Sein Buch *Naturalistic Photography for Students of the Arts*, das als einer der zentralen Texte der Photographietheorie der Jahrhundertwende die Unschärfe hoffähig gemacht hat, erschien zwischen 1889 und 1899 in drei Auflagen. Der nüchterne Vermerk »Third Edition, revised, enlarged and re-written in parts« der Ausgabe kurz vor der Jahrhundertwende verdeckt dabei die eigentümliche Tatsache, daß sich binnen zehn Jahren die Hauptthese des Buches in ihr Gegenteil verkehrt hat, ohne daß das theoretische Grundgerüst hätte abgerissen und neu aufgebaut werden müssen: Während die erste Ausgabe noch vehement für die Aufnahme der Photographie zu den *fine arts* eintritt, ist davon in der dritten Ausgabe keine Rede mehr – diese Nobilitierung wird ihr strikt verwehrt bleiben. Dem gottgleichen Charakter der Photographie hat dies keinen Abbruch getan: Selbst in der dritten Auflage durchzieht sein Buch das Bild der Göttin, die allerlei Gestalten annehmen kann: Mal ist sie eine »little goddess« (Emerson, 7), mal eine »pretty goddess« (Emerson, 10), um dann wieder eine »light-bearing goddess« (Emerson, 15) zu werden. Aber welches Attribut auch das treffendste sein mag, ihre wichtigste Eigenschaft ist eine andere: Sie muß sich, obwohl sie das Fernste (das Weltall) und das Nächste (die Bakterien und die bizarre Wunderwelt der Mikroben) erobert hat, opfern und ihr vermeintlich Eigenstes aufgeben, um der Wahrheit nahe zu kommen und die Wahrheit ins Bild fassen zu können. Sie hat nicht länger ihren Gegenstand in der vermeintlichen Objektivität der Dingwelt, sondern in dem Blick auf sie. Sie hat eine neue Welt im Bild zu erschaffen: die Welt der Wahrnehmung.

Literatur

Allgemeine Theater-Zeitung, Wien, 29. 8. 1839, zit. nach: Hans Frank, Vom Zauber alter Lichtbilder. Frühe Photographie in Österreich 1840-1860, Wien 1981, S. 21.

Peter Henry Emerson, Naturalistic Photography for Students of the Arts, 1889, [3]1899, Reprint beider Ausgaben: New York 1972.

Timm Starl, Die Rückseite, in: Fotogeschichte, Bd. 1, Heft 2, 1981, S. 13-32.

Abbildung:
Porträtaufnahme, um 1910, unleserlich signiert, Sammlung Stiegler.

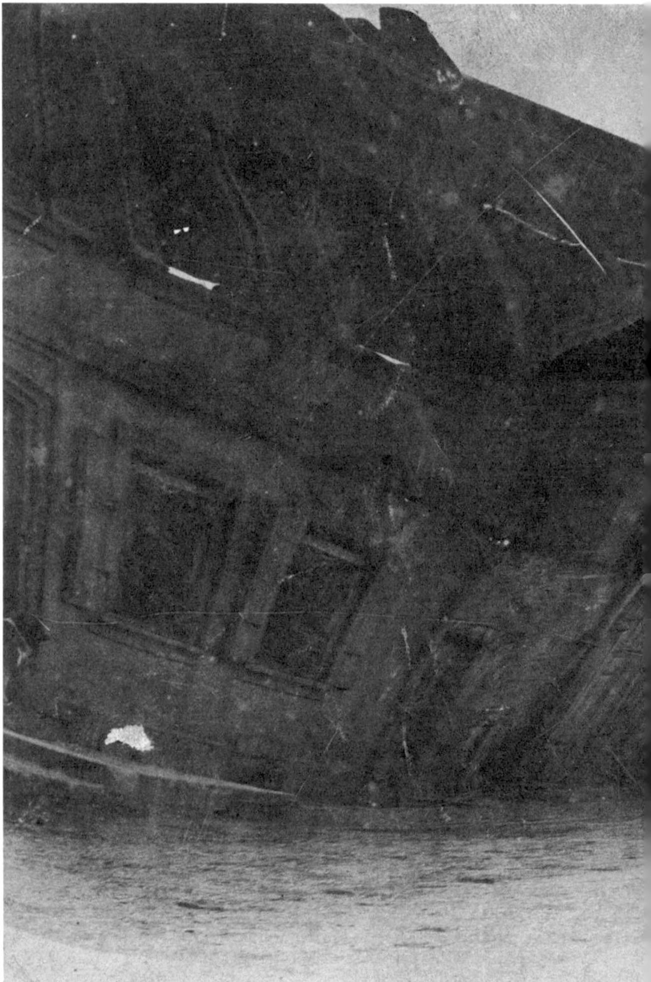

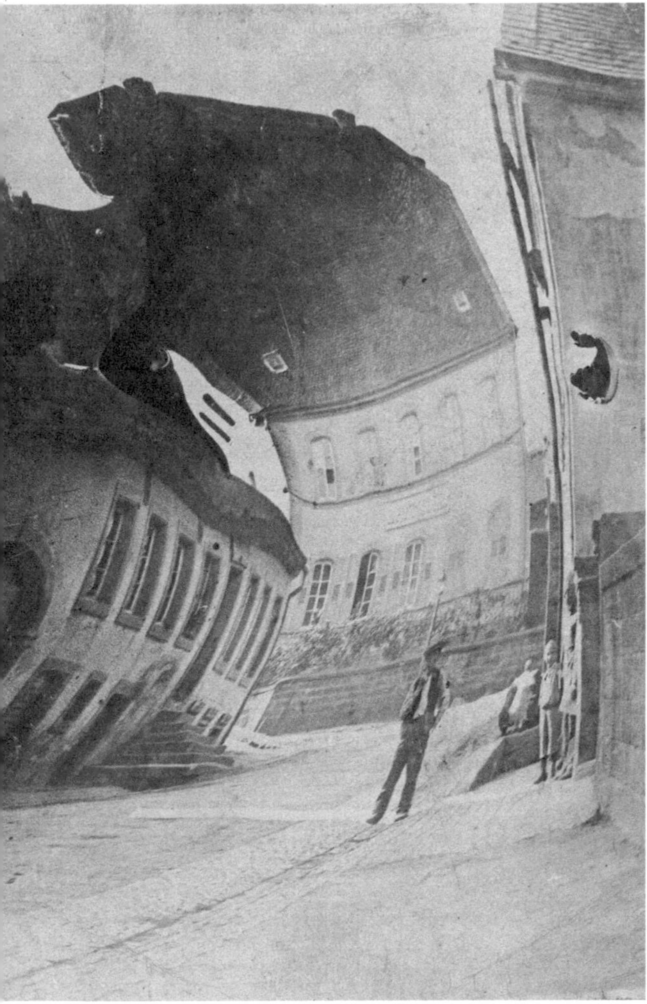

Halluzination, wahre

> »Nur noch in der fotografischen Halluzination einer reproduzierbaren Bildhaftigkeit wird die Realität vorgespiegelt, deren Präsenz zur reinen Illusion zu werden scheint.«
>
> *Geier, 220*

Der französische Historiker, Kunstheoretiker, Schriftsteller und Philosoph Hippolyte Taine notiert nach einem Besuch bei Gustave Flaubert: »Er sieht mit geschlossenen Augen zu viele Dinge; sein Kopf ist ein Photoapparat, er imaginiert die kleinste Unebenheit des Parketts ebenso wie die großen Linien seines Zimmers. Daher weiß er nicht, was er zuerst sagen soll, wenn er zu schreiben beginnt; er bringt zu viele Dinge hinein und ist dann gezwungen zu reduzieren. Er macht aus fünfzig Seiten vier.« (Taine, 231) Gerade diese photographieartige Wahrnehmung Flauberts, dessen Gehirn sich in eine Kamera verwandelt, in der bei geschlossenen Augen die Bilder der Außenwelt aufgezeichnet sind, fasziniert Taine. Einige Zeit später schreibt er an Flaubert und bittet um Auskunft darüber, wie er das Verhältnis von Imagination und Halluzination erfährt.

»Ich benötige jene besonderen Fälle von übersteigerter Sinnlichkeit, um die Imagination und die Bilder zu untersuchen. Ich hole Erkundigungen bei solchen Menschen ein, die über diese übersteigerte Sinlichkeit verfügen, und Sie sind einer von diesen«, schreibt er ihm, um dann sogleich einige Fragen zu präzisieren: »1. Wenn Sie sich sehr genau eine Landschaft, eine Figur, die Gestalt und das Gesicht Emmas ausgedacht haben, [...] gibt es dann Momente, in denen Sie die intensive Vorstellung mit den realen Gegenständen verwechseln? [...] 2. Ist es passiert, daß Sie, nachdem Sie sich mit großer Intensität und über einen langen Zeitraum eine Figur oder einen Ort vorgestellt haben, von diesem besessen werden, so als würde es sich um eine Halluzination handeln, bei der die Figur ein Eigenleben gewinnt und in Ihrem Wahrnehmungsfeld erscheint? 3. Erinnern Sie sich, wenn Sie im Alltag eine Mauer, einen Baum oder ein Gesicht betrachtet haben, genau, vollständig und gänzlich die Oberfläche mit ihren Unebenheiten? Oder sehen Sie vielmehr eine besondere Geste, einen besonderen Lichteffekt, also drei oder vier Fragmente? 4. Sie kennen sicher jene intensiven, aber stillen Bilder und jene friedlichen Halluzinationen, die dem Schlaf vorhergehen. Wenn man nach dem Essen einschläft oder wenn man schlummert, kann man sie leicht bemerken, da sie noch dem Bewußtsein zugänglich sind. Unterscheiden sich die Intuition oder die Einbildungskraft des Romanciers, so wie Sie sie wahrnehmen, sehr von diesen in ihrer Intensität? Oder liegt der Unterschied eher darin, daß diese Bilder oder Halluzinationen auf der Schwelle des Schlafes nicht willentlich und unorganisiert sind?« (Flaubert, 312, Anmerkung zum Brief 1390)

Taine interessiert sich gerade für diesen besonderen, photographischen Fall der Imagination, da sie seiner Ansicht nach in exemplarischer Weise zeigen könne, daß die Halluzination, um die es sich dabei handelt, sich nicht von der normalen Wahrnehmung unterscheidet, die immer eine »wahre Halluzination« ist, »ein innerer Traum, der mit den äußeren Dingen im Einklang ist« (Taine (2), Bd. 2, 12f.) und der, wie es in seinem Buch *De l'intelligence* heißt, »die Außenwelt nur als Simulakren, als Erscheinungen oder Trugbilder« (Taine (2), Bd. 2, 12f.) wahrnimmt. Die literarische Imagination unterscheidet sich dabei nur graduell von der Photographie, die selbst zugleich eng mit der Wirklichkeit verbunden und radikal von ihr getrennt ist. Auch die Photographie ist eine »wahre Halluzination«.

Gustave Flaubert nimmt in seiner Antwort an Taine diesen Vergleich mit der Photographie explizit auf: »1. Ja immer. Das Innenbild ist für mich genauso wahr wie die objektive Realität der Dinge – und das, was mir die Wirklichkeit in kurzer Zeit geliefert hat, unterscheidet sich nicht länger von den Verschönerungen oder den Veränderungen, die ich den Eindrücken gegeben habe. 2. Die eingebildeten Figuren suchen mich heim, verfolgen mich, – oder vielmehr bin ich es, der in ihrer Haut steckt. [...] Die dritte Frage ist am schwierigsten zu klären. Ich glaube, daß die Erinnerung grundsätzlich, was auch immer man sagen mag, idealisiert, und das heißt auswählt. Aber vielleicht idealisiert auch das Auge? Nehmen Sie unser Erstaunen gegenüber einer Photographie. Das ist niemals das, was man gesehen hat. Die künstlerische Einbildungskraft ähnelt in der Tat Halluzinationen, die dem Traum vorhergehen, durch ihre Flüchtigkeit – es läuft etwas vor Ihren Augen vorbei – also muß man sich gierig darauf stürzen.« (Flaubert, 312)

Ein halbes Jahrhundert später bringt André Bazin diesen Sachverhalt auf den Punkt – allein nimmt nun die surrealistische Literatur den Platz der realistischen ein. Hier wie dort ist aber die Photographie als wahre Halluzination das Paradigma der (literarischen) Einbildungskraft: »Die logische Unterscheidung zwischen dem Imaginären und dem Realen wird mehr und mehr aufgehoben. Jedes Bild muß als Objekt empfunden werden und jedes Objekt als Bild. Die Fotografie war eine bevorzugte Technik des surrealistischen Schaffens, weil sie ein Bild herstellen konnte, das Bestandteil der Natur war, eine wahre Halluzination.« (Bazin, 63 f.)

Literatur

André Bazin, Ontologie des fotografischen Bildes (1945), in: Wolfgang Kemp (Hrsg.), Theorie der Fotografie II. 1945-1980, München, 1983, S. 58-64.

Gustave Flaubert, Œuvres complètes, hg. Club de l'Honnête Homme, Paris 1973-1975, Bd. 14.

Manfred Geier, Der fotografierte Augenblick. Ein Gespräch mit Lucia Wienaliez über das Zeitproblem in der Fotografie, in: Fotovision. Projekt Fotografie nach 150 Jahren, Hannover 1988, S. 216-220.

Hippolyte Taine (1), Sa vie et sa correspondance, 4 Bde., Bd. 2, Le critique et le philosophe, Paris 1904.

Hippolyte Taine (2), De l'intelligence, 2 Bd., Paris 1900.

Abbildung:
Anon., ca. 1890, Sammlung Stiegler.

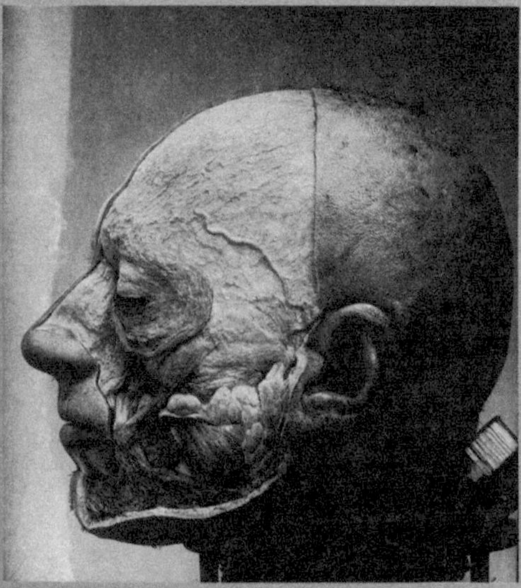

Gesichtsmuskeln durch Formalin-Alcohol-Injection fixirt.

Vorlesung über Kunst-Anatomie W.S. 1904/5.

präp. Topuse.

Haut, Häutung

> »Das Wort ›Film‹ bedeutet ›Haut‹ und wird von dem angelsächsischen Wort ›Felmen‹, das ist Haut auf abgekochter Milch, abgeleitet.«
>
> *Stenger, 35*

Die spiritistischen Photographen Ende des 19. Jahrhunderts tragen als Trophäe die Haut des Geistes heim in die nüchterne Welt des Sichtbaren. Doch bereits einer der ersten – und zugleich originellsten – Kommentatoren der neuen Erfindung der Photographie, Oliver Wendell Holmes, der als Publizist, vor allem aber als Jurist Berühmtheit erlangte, unternimmt eine neue Deutung des antiken Mythos von Marsyas und Apoll, in dem es nun gerade um die Häutung geht, am Leitfaden der Photographie: »Es gibt einen Mythos«, schreibt er in seinem Buch *Soundings of the Atlantic*, »den Lord Bacon in *Wisdom of the Ancient* nicht interpretiert hat, und zwar die Häutung des Marsyas durch Apoll. Allgemein verbreitet und akzeptiert ist die Version, daß ein junger Hirte Minervas Flöte gefunden hat und naiv genug war, um einen musikalischen Wettkampf mit dem Gott der Musik einzugehen. Natürlich wurde er besiegt, und der Sieger fesselt ihn an einen Baum und häutet ihn bei lebendigem Leibe. Aber der Gott des Gesangs war ja gleichzeitig der Gott des Lichts, und daher zeigt eine kurze Reflexion die wahre Bedeutung dieser scheinbar grausamen Geschichte. Apoll, der mit seinem jungen Rivalen zufrieden war, bindet Marsyas an eine eiserne Stütze (der Baum im Mythos) und photographiert ihn bzw. nimmt ein Sonnenbild von ihm auf. Diese dünne Schicht oder Haut aus Licht und Schatten wurde auf absurde Weise als Oberhaut oder Lederhaut des jungen Hirten gedeutet. Die menschliche Entdeckung der Kunst der Photographie ermöglicht uns, diesen Fehler zu korrigieren, den wichtigen Aspekt der Annäherung Apolls an die Jugend wieder zu berücksichtigen und den Charakter des Apoll zu verteidigen. Es gibt einen Flecken weniger auf der Sonne, seit uns Prometheus, Daguerre und die Abenteurer, die ihnen folgten, durch ihren Diebstahl aus dem Himmel ermöglicht haben, diese alte Legende zu verstehen. Wir häuten jetzt unsere Freunde und benutzen dazu den Sonnenstrahl, der auch bei Marsyas benutzt wurde. Die ganze Welt muß ihn benutzen, Könige und Königinnen zusammen mit dem Rest der Welt.« (Wendell Holmes, 166f.)

Apoll, der Gott der Musik und des Lichts, hat, so Oliver Wendell Holmes, eine subtilere, deutlich weniger blutrünstige (aber gleichwohl überaus folgenreiche Form) der Häutung vorgenommen, als es uns der antike Mythos nahelegt. Apoll hat den Baum wie eine Kopfstütze, die in den Photoateliers in der Mitte des 19. Jahrhunderts zur Grundausstattung gehörte, verwendet, damit Marsyas nicht vor lauter Zittern aus Angst (oder Entzücken) das Bild verwackelt, und ein Sonnenbild, eine Photographie von ihm angefertigt. Die Photographie schließt allerdings die Häutung nicht aus, im Gegenteil: Sie ist die Form der Häutung im medientechnischen Zeitalter und seit Mitte des 19. Jahrhunderts zur Kulturtechnik geworden. Mit dem 19. Jahrhundert beginnt die Zeit der medientechnisch induzierten Häutung des Menschen. Wenn wir photographieren, so tun wir es Apoll gleich: Wir häuten unser Gegenüber. Wir häuten uns und unsere Freunde, ziehen ihnen dank der Kraft des Lichts die Haut ab und bannen diese in ein Bild. Photographien sind Trophäen der Häutung, Photoalben sind Hautarchive. »Von einem Häutchen zum anderen. Von einem Film zum anderen: *pellicula*.« (Raulff, 408)

Literatur

Oliver Wendell Holmes, Soundings from the Atlantic, Boston 1864.

Ulrich Raulff, Ein Etwas oder ein Nichts, in: Floris Neusüss in Zusammenarbeit mit Renate Heyne, Das Fotogramm in der Kunst des 20. Jahrhunderts, Köln 1990, S. 406-410.

Ursula Renner-Henke und Manfred Schneider (Hg.), Häutungen: Lesarten des Marsyas-Mythos, München 2006.

Erich Stenger, Geschichte der Photographie, Deutsches Museum. Abhandlungen und Berichte, 1. Jg., Heft 6, Berlin 1929.

Abbildung:

Anatomische Aufnahme, 1904/05, in: Ins Innere des Bilderbergs. Fotografien aus den Bibliotheken der Hochschule der Künste und der Technischen Universität Berlin, Göttingen 1988, S. 60.

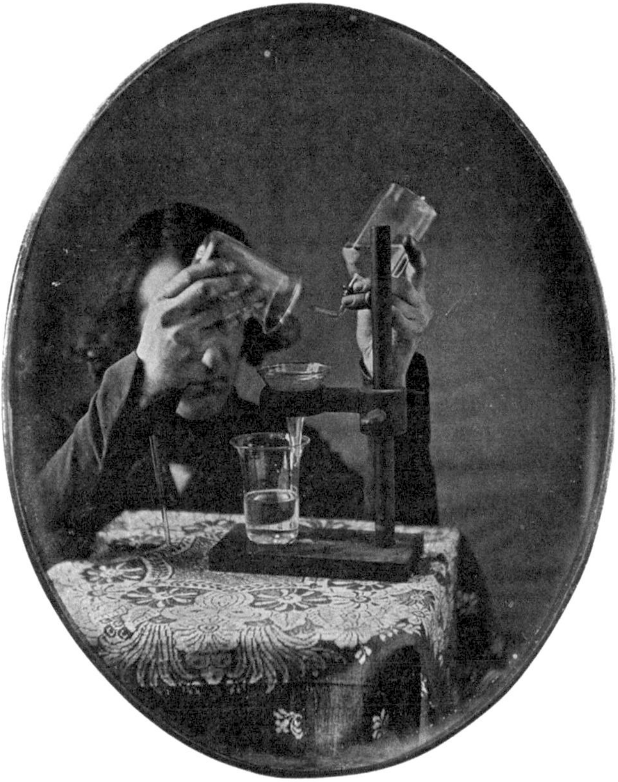

Kunst, schwarze

»In jenen Zeiten, da Menschen unter der Anklage der schwarzen Magie verbrannt wurden, wäre der Fotograf zweifelsohne auch zum Opfer geworden, hätte es ihn schon gegeben.«

Coburn, 56

»Die Fotografie ist tatsächlich die Teufelskunst unserer Zeit.«

Bernhard, 243

William Henry Fox Talbot spricht in einem der ersten Artikel, die überhaupt zur Photographie erschienen sind, von einer »natürlichen Magie« (Talbot) und gibt damit eine Deutung vor, der viele der frühen Besprechungen folgen. Als Herschel 1841 Talbots Bericht über die Kalotypien erhält, antwortet er ihm in einem Brief vom 16. März 1841: »*Das kommt nicht mit rechten Dingen* as the German say.« (Nickel, 133) In korrekterer englischer Sprache betont dies auch eine Besprechung des *Athenaeum* vom 2. August 1845, die von einer »wunderbaren Illustration der modernen Schwarzkunst« und von Hexerei spricht. (Nickel, 133) Die Photographie ist demnach mit der Alchimie verwandt: Beide suchen in der »der Dunkelheit ihrer Labore nach den Geheimnissen, welche die Natur nur diejenigen entdecken läßt, die mit leidenschaftlicher und beständiger Liebe forschen. Aber eines Tages offenbart sich ihnen dann durch ihre Experimente, die sie geduldig fortgesetzt haben, die vollständige Offenbarung der unbekannten Phänomene.« (Durieu, 26) Während zu Beginn der Photographiegeschichte der Akzent eindeutig auf der magischen Bildproduktion liegt und hier die Natur in ihrer technischen Ausdrucksgestalt nicht anders denn als magisch zu fassen ist, verwandelt sich allmählich auch der Photograph in einen Magier. »Metaphorisch betrachtet, kam die Arbeit in der Dunkelkammer den okkulten Praktiken eines Bildmagiers nahe, der, wie das Porträt Coburns von Day veranschaulicht, mit Hilfe der ›black art‹ geheimnisvolle Bildwelten erschafft.« (Pohlmann, 9) F. Holland Day hingegen photographierte umgekehrt Coburn als Christus. (Keller, 261) Und beide wurden in einem Artikel in *Camera Work* in ein metaphysisch-magisches Ensemble integriert, das für alle Protagonisten der amerikanischen Photo-Secession Vorbilder findet. Hier ist es ein Tintenklecks, der sich in Silhouetten verwandelt: in Alfred den Großen, Steichen, Käsebier, die »Madonna der Linse« und in Coburn, den Parsifal der neuen Kunst: »Parsifal! Pouting because the Grail eludes him!« (Kerfoot, 31)

Der Photograph unternimmt nicht nur eine magische Aufzeichnung, sondern auch eine magische Verwandlung der Gegenstände. So bezeichnet etwa Max Morise Man Ray als Alchimisten, der Gegenstände des täglichen Bedarfs in Luxusgegenstände verwandelt. Pierre Bost nimmt diese Bestimmung auf, um Man Ray in seinem Vorwort zu *Électricité* als »Zauberer« zu charakterisieren, der sich »Geistererscheinungen« genähert und das Unsichtbare ergriffen habe. Und Pierre Bertonati überträgt die Alchimie auf die gesamte Photokunst der Avantgarde und stellt fest, »daß der photographische Prozeß sich durch alle die neohermetischen Komponenten mit dem alchimistischen Prozeß verbindet; dies ist bereits durch die Beschaffenheit des Apparats bedingt, durch die geschlossene Form, innerhalb deren das Opus entstehen muß, die Verwendung von Silbersalzen, ferner durch das rezeptive, weibliche, lunare Element, die Natur des Objektives (Kristall im altgriech. = Salz Christi: durch welches wir die große Wahrheit erfahren können; schließlich durch die besondere

Form der Linse (Mandorla), die aus dem Zusammentreffen zweier Kugeln besteht: für die Symbolik Element des Übergangs von den immanenten zur transzendenten Welt.« (Bertonati, 8) Das Negativ dieser magischen Verwandlung der Welt ist der Doppelgänger, der die Photographie heimsucht und die Wirklichkeit durch ihr Doppel, ihr Double, ersetzt. Die Photographie »gelangt in das eigentliche Herrschaftsgebiet des Doubles, wenn sie sich von den okkultistischen Praktiken mit Beschlag belegen läßt, dort wo die archaische Magie unversehrt und unverstümmelt in eine fortdauernde, vielfach verzweigte Geheimwissenschaft übersetzt wird. Die Photographie spielt genau die Rolle einer Stellvertretung, eines Anknüpfungspunktes oder eines Einflußbereiches für den Doppelgänger.« (Morin, 40)

Der letzte Alchimist der Photographiegeschichte ist ein Theoretiker: Es handelt sich um Roland Barthes, dessen Emanationstheorie laut John Tagg aus dunkler Vorzeit stamme, eine moderne Theorie der Photographie hingegen »bedürfe daher keiner Alchimie, sondern eines Bezugs auf die Geschichte, da das Wesen der Photographie außerhalb des Kontextes der Geschichte unbestimmt ist.« (Tagg, 3)

Barthes' Theorie der Emanation stelle eine Naturalisierung der Geschichte dar, die er hingegen an anderer Stelle – nämlich in seinem Buch *Mythen des Alltags* – einer radikalen Kritik unterzogen habe. Der natürlichen Magie des chemischen Anteils des photographischen Verfahrens stellen diese theoretischen Positionen, die im weitesten Sinne als diskursanalytisch gefaßt werden können, eine Analyse der Optik der gesellschaftlichen Verhältnisse gegenüber. Ihnen geht es um Perspektiven und nicht um Aufzeichnung, um Normierungen von Blickweisen und nicht um die eigentümliche Magie des Erscheinens der Abzüge. Historisierung statt metaphorischer Ontologisierung, Geschichte statt Alchimie – das sind die Formeln dieser diskursanalytisch-kulturwissenschaftlichen Neuorientierung der Photographietheorie. Der metaphorische Gehalt der photographischen Tradition als Alchemie erweist sich in dieser Deutungsperspektive als ideologische Besetzung der photographischen Bilder, die eben technisch und historisch, nicht aber in Kategorien einer natürlichen Magie zu fassen seien. Die Photographie kann sich ihres alchimistischen Erbes als Schwarze Kunst nur dann entledigen, wenn sie ihre metaphorischen Implikationen historisch wendet und Alchimie in technisch indizierte Chemie verwandelt.

Literatur

Thomas Bernhard, Auslöschung, Frankfurt/M. 1986.

Emilio Bertonati, Das experimentelle Photo in Deutschland. 1918-1940, Ausstellungskatalog Galleria del Levante, München 1978.

Alvin Langdon Coburn, Die Zukunft der bildmässigen Fotografie (1916), in: Wolfgang Kemp (Hg.), Theorie der Fotografie II, 1912-1945, München 1979, S. 54-58.

Eugène Durieu, Procès verbal de la Séance du 25 janvier 1855 de la Société française de photographie, in: Bulletin de la Société française de photographie, Bd. I, 1855, S. 22-30.

Ulrich F. Keller, The Myth of Art Photography: A Sociological Analysis, in: History of Photography, Bd. 8, Nr. 4, Oktober-Dezember 1984, S. 249-275.

J. B. Kerfoot, Black Art. A lecture an necromancy and the Photo-Secession. In: Camera Work, Nr. 8, Oktober 1904, S. 29-31.

Edgar Morin, Der Mensch und das Kino, Stuttgart 1958.

Max Morise, Les Yeux Enchantés, in: La Révolution Surréaliste, Heft 1, 1924, S. 26f.

Douglas R. Nickel, Talbot's Natural Magic, in: History of Photography, Bd. 26, Nr. 2, Sommer 2002, S. 132-140.

Ulrich Pohlmann, Der Traum von Schönheit – das Wahre ist schön, das Schöne wahr, Fotografie und Symbolismus 1890-1914, in: Fotogeschichte, 15. Jg., 1995, Heft 58, S. 3-26.

Man Ray, Électricité, Paris 1931.
John Tagg, The Burden of Representation. Essays on Photographies and Histories, London 1988.
William Henry Fox Talbot, On Photogenic Drawing, in: Saturday Magazine, Bd. XIV, Nr. 435, 1839, S. 138-139.

Abbildung:
Robert Cornelius, Selbstporträt mit Laborinstrumenten, Daguerreotypie, Amerika, 1843, in: The George Eastman House Collection, Geschichte der Photographie. Von 1839 bis heute, Köln u. a. 2005, S. 57.

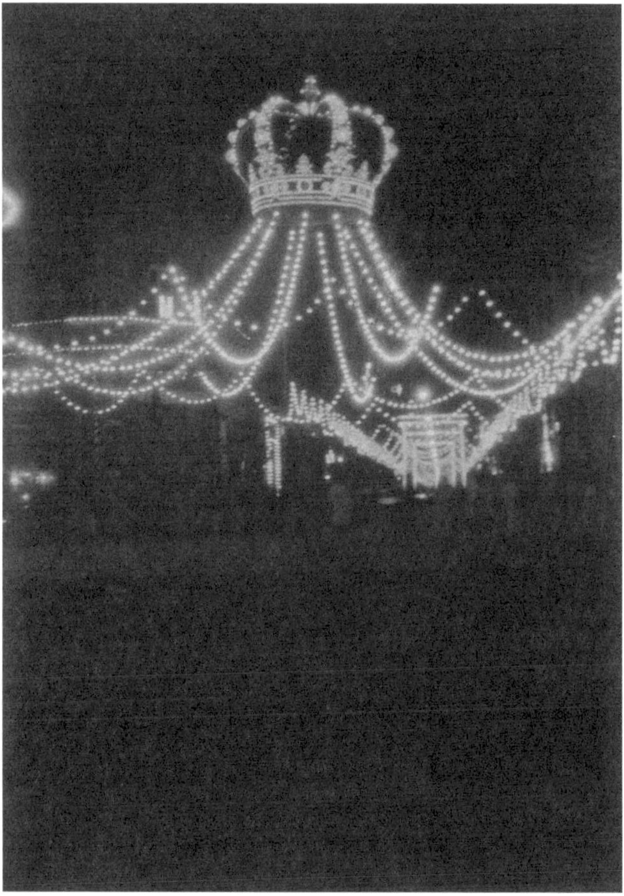

Licht-Schrift

»Hier in der Fotografie aber ein starres Gesetz: das des Lichtes.«

Goll, 186

Viele der frühen Berichte über die Erfindung der Photographie unterstreichen, daß erstmals die Sonne selbst zur Künstlerin geworden sei: sie schreibe und zeichne mit dem Licht Bilder, die vollkommener sind, als es die Menschenhand vermöchte. Die Photo-Graphie sei im Wortsinn Licht-Schrift, eine »Kunst, in der das Licht seine eigene Metapher hervorbrächte.« (Damisch, 139) Dementsprechend bemühen die Berichterstatter auch die antike Mythologie, um die besonderen Bilder ins rechte Licht zu rücken: »Wenn irgendein Maler des Altertums auf die Erde käme und die Wunder der Photographie sähe, würde er ausrufen: ›Apollo, du bist mit Recht der Gott der Sonne und der Künste; indem du deinen Wagen über das Himmelsgewölbe lenkst, zeichnest du mit deinem Lichtstrahle Bilder, welche vollkommener und naturgetreuer sind als die Gemälde Apelles'.‹« (Halévy, 111)

Diese Lichtbilder unterstanden aber der Herrschaft des Photographen, der seinerseits über das Licht bestimmt, ihm gebietet und sich die Sonne untertan macht. »Es galt«, so schrieb der französische Schriftsteller und Kritiker Jules Janin in einem der ersten Texte zur Photographie, »die Sonne, dieses Weltauge, zum kunstfertigen Gehilfen eines Meisters zu machen.« (Janin, 47) Dank der Erfindung der Photographie konnte man die Sonne zum Gehilfen machen und sich zugleich ihrer legitimierenden Kraft versichern. Die Sonne war Garant der natürlichen Authentizität der Lichtschrift, die wie eine natürlich-künstlerische

Offenbarung wahrgenommen und beschrieben wurde. Die Licht-Schrift der Photographie war daher eine Form von natürlicher Sprache, die die Wahrheit des Abgebildeten garantierte. »Der Verdienst der Photographie ist ihre absolute Wahrheit: Solem qui dicere falsum audeat. Sie könnte gar nicht lügen, ebensowenig wie das Gestirn, ihr Mitarbeiter.« (Gautier) Wenn die Photographie nun schon Licht-Schrift ist, dann kann sie auch die Geschichte des Menschen aufzeichnen. Die Photographie ist nicht nur im Zeitalter der Entdeckung der Geschichte entstanden, sondern ist selbst die ideale Historikerin: »Die Sonne wird auf diese Weise zum Geschichtsschreiber der Zukunft werden, durch die Genauigkeit ihres Stiftes ebenso wie durch die Präzision ihrer Aufzeichnung die Wahrheit selbst festhalten; dann wird die Geschichte aufhören, fabelhaft zu erscheinen.« (Brewster, 181)

Ein halbes Jahrhundert später gibt August Strindberg der Beteiligung der Sonne in der Photographie eine neue Auslegung. In seiner Deutung ist nun *sie* die eigentliche Photographin und war es immer schon – auch vor der Erfindung der Photographie. »Daß die Sonne ein Photograph ist, ist entschieden.« (Strindberg, 205) Die photographische Aktivität der Sonne manifestiere sich in den sichtbaren Korrespondenzen der verschiedenen Naturerscheinungen. Die Dinge üben eine Art optisch-photographischen Einfluß aufeinander aus, der sich in Ähnlichkeits- und Analogiebeziehungen niederschlägt. Genau diesen Analogiebeziehungen haben auch der Künstler und der Photograph nachzuspüren. Analog zur Sonne erkunden und erstellen sie Analogien. Die Wirklichkeit, die Natur und die Kunst sind eine Art photographisches Album, das man wie Zeichen, wie eine rätselhafte Licht-Schrift entziffern muß. Diese Licht-Schrift zeichnet Denkbilder auf: »Ist die Fotografie eine Kunst? Diese Frage sollte man nicht stellen. Kunst ist überholt. Wir brauchen etwas anderes. Man muß dem Licht bei der Arbeit zuschauen. Es ist das Licht, das erschafft. Ich sitze vor einem Blatt lichtempfindlichen Papier und denke.« (Man Ray, 284)

Literatur

David Brewster, The Stereoscope. Its History, Theory, and Construction, London 1856.

Hubert Damisch, Fünf Anmerkungen zu einer Phänomenologie des fotografischen Bildes, in: Herta Wolf (Hg.), Paradigma Fotografie. Fotokritik am Ende des fotografischen Zeitalters, Band 1, Frankfurt/M. 2002, S. 135-139.

Théophile Gautier, Publications photographiques de MM. Faucheur et Danelle, in: Le Moniteur universel, 25. April 1862.

Iwan Goll, Die alte Fotografie (1931), in: Wolfgang Kemp (Hg.), Theorie der Fotografie II, 1912-1945, München 1979, S. 184-188.

Léon Halévy, Sekretär der Akademie der Schönen Künste in Paris im Jahre 1861, zit. nach: Zeitschrift für Fotografie und Stereoskopie, Bd. 3, 1861, S. 111.

Jules Janin, Der Daguerreotyp (1839), in: Wolfgang Kemp (Hg.), Theorie der Fotografie I, 1839-1912, München 1979, S. 46-50.

Man Ray (1928), zit. nach: Arturo Schwarz, Man Ray, München 1980.

August Strindberg, Sylva sylvarum, in: ders., Natur-Trilogie, Strindbergs Werke, hg. von Emil Schering, VI. Abteilung. Wissenschaft, Bd. 2, München 1921, S. 171-340.

Abbildung:

Anon., Alexandria, um 1925, rückseitig beschriftet: Illumination in der Zouad 1st Street bei der Rückkehr des Königs von seiner Reise in Europa, Sammlung Stiegler.

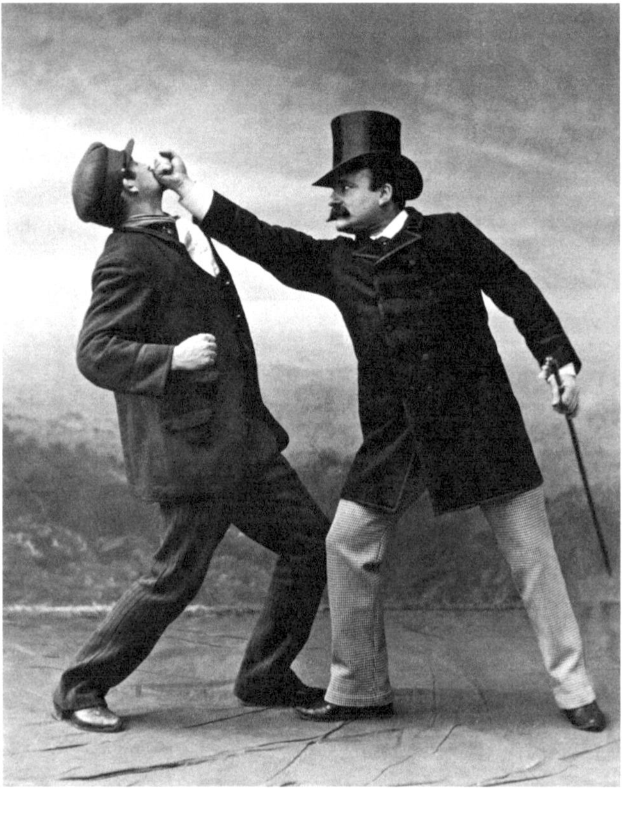

Lüge

»Und über jeder zweiten Lüge steht die Bezeichnung: Photographie, vor der jeder Einwand verstummt.«

Joseph Roth, 322

Es ist gerade die ihr zugeschriebene Objektivität, die die Photographie zugleich zur prädestinierten Lügnerin macht. Gerade weil der Photographie eine vermeintlich unabweisbare Evidenz zukommt, sind ihre Lügen so wirkungsvoll. Der französische Photograph Daniel Masclet hat diese Grundüberzeugung, die bis heute die Betrachtung von Photographien leitet, auf den Punkt gebracht: »Sie lügt nur dann, wenn der Photograph sie zwingt zu lügen. Und sogar dann zeigt sie, daß das, was er sagt, ein Schwindel ist.« (Guerreschi, 48f.) Photographien lügen nie, nur Photographen lügen und werden dann sogar von der Photographie der Lüge überführt. Ludwig Schrank hat dagegen bereits 1866 die Photographie als notorische Lügnerin ausgemacht, da sie, so seine Argumentation, nie das zeige, was wir sehen. »Also der photographische Apparat lügt unter allen Umständen, nur mehr oder weniger, und wir müssen es rein dem künstlerischen Gewissen des Photographen anheim stellen, jene relative Wahrheit in das Licht zu bringen, die nicht gegen den guten Geschmack verstößt.« (Schrank, 141) Photographien zeigen nur, daran erinnert Thomas Bernhards *Auslöschung*, »den grotesken und den komischen Augenblick«, verwandeln die Dargestellten in zehn Zentimeter große Abbilder, die uns nicht widersprechen können, konzentrieren ein ganzes Leben in wenigen Bildern, die dann auf die Erinnerung übergreifen, und sind daher eine »heimtückische, perverse Fälschung, [...] eine absolute Verletzung der Menschenwürde, eine ungeheuerliche Naturverfälschung, eine gemeine Unmenschlichkeit.« (Bernhard, 26f.)

Ein gutes halbes Jahrhundert nach Schrank geht es weniger um wahrnehmungsphysiologische oder -psychologische als um politische Fragen. Wenn Bertolt Brecht 1931 anläßlich des 10jährigen Bestehens der *Arbeiter Illustrierten Zeitung* konstatiert: »Der fotografische Apparat kann ebenso lügen, wie die Setzmaschine«, (zit. nach: Volksfoto, Heft 1, 26) so geht es ihm auch darum, eine angemessene von einer verurteilenswerten photographischen Lüge zu unterscheiden. John Heartfield, dessen Photomontagen das Erscheinungsbild und die Bedeutung der *AIZ* bestimmen, sind offenkundige Lügen, aber, wie Günter Anders' Heartfield-Deutung unterstreicht, Lügen, die die Wahrheit zeigen. Die Bilder, die Fragmente der Wirklichkeit, mit denen Heartfield arbeitet, sind Fälschungen: »Aber wenn Heartfield ›fälscht‹, wenn er die Wirklichkeit entstellt, tut er es nur, um sie richtig zu stellen.« (Anders (2), 176) Derselbe Günter Anders hat in der *Antiquiertheit des Menschen* den Verdacht, daß Photographien lügen könnten, in eine Generalverurteilung gewendet. Nun geht es aber nicht länger um Lügen zugunsten der Wahrheit, um Fälschung zugunsten der Sichtbarmachung des Unterdrückten, sondern um die Verwandlung der Welt in Lüge. Die Photographie ist eine notorische Lügnerin, der nicht über den Weg zu trauen ist: »Wo man lügt – und wo täte man das nicht? – lügt man nicht mehr wie gedruckt, sondern wie photographiert; nein, nicht *wie* photographiert, sondern effektiv photographiert. Das Medium der Photographie ist als solches derart glaubwürdig, derart ›objektiv‹, daß es mehr Unwahrheit absorbieren, sich mehr Lügen leisten kann als irgend ein anderes Medium vor ihr.« (Anders, 166)

Literatur

Günther Anders (1), Die Antiquiertheit des Menschen, Bd. 1, Über die Seele im Zeitalter der zweiten industriellen Revolution, München [7]1988, Erstausgabe 1956.

Günther Anders (2), Über Photomontage. Ansprache zur Eröffnung der Heartfield-Ausstellung 1938 in New York, in: ders., Mensch ohne Welt. Schriften zur Kunst und Literatur, München 1984, S. 175-194.

Thomas Bernhard, Auslöschung, Frankfurt/M. 1986.

Bilder, die lügen, Ausstellungskatalog, Stiftung Haus der Geschichte der Bundesrepublik Deutschland, Bonn [3]2003.

Jan Guerreschi, Une pellicule d'inanalysé, in: Les Cahiers de la Photographie, Nr. 13, La Photobiographie, 1984, S. 43-52.

Joseph Roth, Schluß mit der Neuen Sachlichkeit!, in: Die Literarische Welt 6, 1930, Nr. 3, S. 3f., und Nr. 4, S. 7f., wiederabgedr. in: Sabina Becker, Neue Sachlichkeit, Bd. 2, Quellen und Dokumente, Köln 2000, S. 315-323.

Ludwig Schrank, Ästhetische Studien im Gebiete der Photographie in: Photographische Correspondenz, Bd. 3, 1866, S. 53-59 und 138-147.

Volksfoto, Berlin 1976-1980, Reprint Frankfurt/M. 1981.

Abbildung:

Paul Nadar, Die Kämpfer, Paris, 1892, in: Michel F. Braive, Das Zeitalter der Photographie. Von Niépce bis heute, München 1965, S. 267.

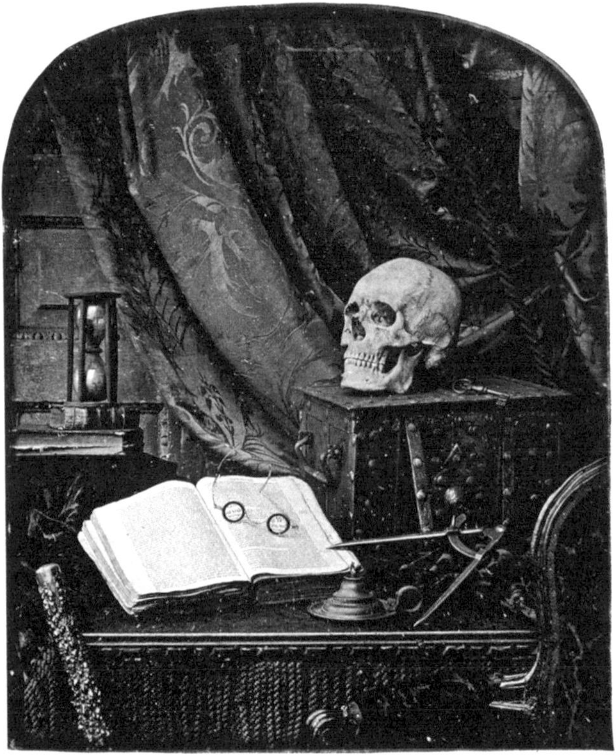

Memento mori

»Von einem Tod zu anderen«

Derrida

Wenn wir Photographien betrachten, blicken wir auf eine eingefangene, zugleich aber auch vergangene Zeit. »Alte Fotografien! Alle sind schon tot, die auf euch zu sehen sind; die Wagen sind zerhackt, die Gartenstühle vermodert, die Seidengarnituren zu Staub zerfallen; von den Menschen sind vielleicht einige Grabsteine übrig [...]. Da hängen an den Wänden die alten Fotografien und zeigen unbeweglich das alte Licht, das einst auf sie fiel – der Leierkasten der Vergänglichkeit spielt ein schönes, nachdenkliches Lied«. (Tucholsky, 916) Photographien sind einerseits ein Memento mori, andererseits aber auch der Versuch, den Tod zu bannen und ihm seinen Stachel zu rauben. Daß die Kamera »die Welt frißt«, ist etwa für Siegfried Kracauer »ein Zeichen der Todesfurcht. Die Erinnerung an den Tod, der in jedem Gedächtnisbild mitgedacht ist, möchten die Fotografien durch ihre Häufung verbannen.« (Kracauer, 109) Die Photographie »scheint dem Tod entrissen zu sein; in Wirklichkeit ist sie ihm preisgegeben.« (Kracauer, 109) Die Photographie verleibt sich nicht nur die Welt, sondern auch den Tod ein, der in jedem Photo als ein »unabweisbares Zeichen künftigen Todes« (Barthes, 108) enthalten ist. »Jeder Akt der Lektüre eines Fotos, und davon gibt es Milliarden an einem Tag der Welt, jeder Akt des Einfangens und Lesens eines Fotos ist implizit und in verdrängter Form ein Kontakt mit dem, was nicht mehr ist, das heißt mit dem Tod.« (Barthes, 83) Diese eigentümliche Omnipräsenz des Todes in der Photographie, die einzig in der Betrachtung und in Gestalt des zeitlichen Indexes der Bilder zum Tragen kommt, verwandelt Photographien in die neuzeitliche Form des Memento mori. Photographien sind nicht nur Zeichen der Vergangenheit, sondern werden auch in der Zukunft als vergangene Bilder gelesen werden. Daher ist »jede Fotografie eine Art memento mori. Fotografieren bedeutet teilnehmen an der Sterblichkeit, Verletzlichkeit und Wandelbarkeit anderer Menschen (oder Dinge). Eben dadurch, daß sie diesen einen Moment herausgreifen und erstarren lassen, bezeugen alle Fotografien das unerbittliche Verfließen der Zeit.« (Sontag, 21)

Zahllose Photographien Verstorbener, die insbesondere im 19. Jahrhundert angefertigt und nicht zuletzt in Familienalben aufbewahrt wurden, sind bildliche Zeugnisse dieser Eigentümlichkeit des photographischen Bildes. Es ist ein merkwürdiger Seitenweg der Photographiegeschichte, daß sich gerade diese Bilder heute des besonderen Interesses von Sammlern erfreuen, in umfassenden Archiven (etwa http://www.burnsarchive.com/) aufbewahrt und selbst im Internet zusammengestellt und auf schwarzgrundierten Homepages präsentiert werden, bei denen man auf das Ableben bekannter Persönlichkeiten Wetten abgeben kann. Auf der Homepage Thanatos.net (http://thanatos.net) – um nur eine einzige anzuführen – finden sich unter dem Stichwort »Memento mori« – neben Bildern von Totenmasken und Röntgenaufnahmen – zahlreiche historische Photographien von Toten, die zudem von (registrierten) Besuchern der Seite kommentiert werden können.

Literatur

Roland Barthes, Die helle Kammer, Frankfurt/M. 1985.
Stanley B. Burns, Sleeping Beauty. Memorial Photography in America, Altadena 1990.
Stanley B. Burns, Sleeping Beauty II. Grief, Bereavement and the Family in Memorial Photography. American & European Traditions, New York 2002.
Bernd Busch, Belichtete Welt. Eine Wahrnehmungsgeschichte der Photographie, München/Wien 1989.
Heather Cameron, Memento mori: Mourning, Monuments and Memory, http://www.ztg.tu-berlin.de/fixingid/memento_mori.html
Jacques Derrida, Die Tode von Roland Barthes, Berlin 1987.
Susan Sontag, Über Fotografie, München 1978.
Kurt Tucholsky, Altes Licht, in: Gesammelte Werke, Bd. 2, 1925-1928, Reinbek [3]1972, S. 916.

Abbildung:
T. R. Williams, Memento mori, Daguerreotypie, um 1853, in: Rainer Wick (Hg.), Die Pioniere der Photographie 1840-1900. Die Sammlung Robert Lebeck, Weingarten 1989, S. 25.

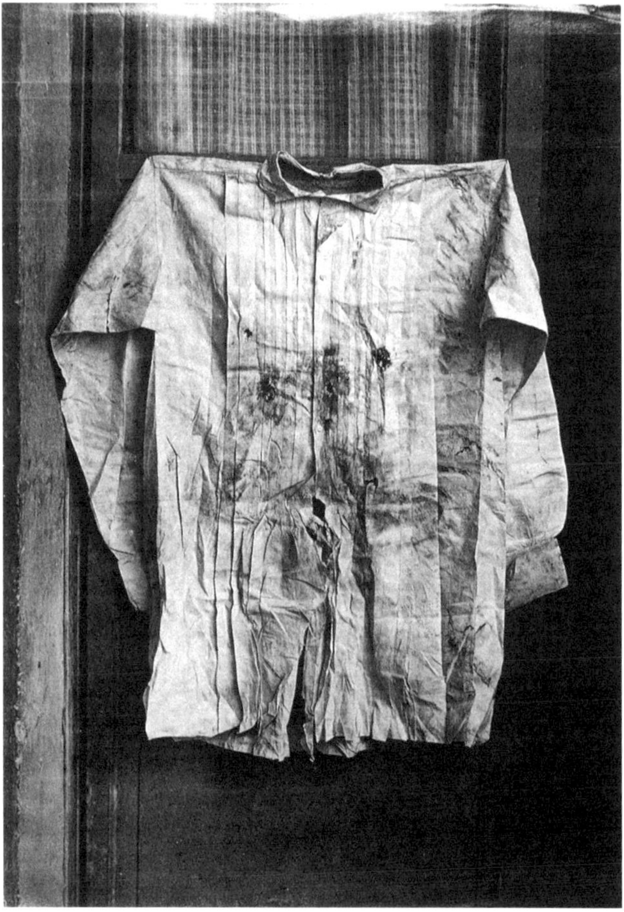

Mord

Photographie ist »sublimierter Mord«.

Sontag, 21

»Warum nicht einen Kormoran in dem Moment photographieren, in dem er geschossen wird?« (Conan Doyle, 10) fragt der Schöpfer Sherlock Holmes', der begeisterte Photograph und nicht weniger passionierte Spiritist Arthur Conan Doyle, um den Gedanken sogleich in die Tat umzusetzen. Als die Aufnahme entwickelt wird, sind alle sehr aufgeregt, da man im Gegensatz zum toten Kormoran nicht weiß, welches Schicksal sein Bild erfahren hat, aber: »Der Vogel erschien scharf wie ein schicksalhafter Wurf [›sharp as a die‹].« (Conan Doyle, 11) Der erste große Photographiehistoriograph Josef Maria Eder berichtet 1884 von einem photographischen Experiment, bei dem es schon nicht mehr auf die Reaktion des Photographen, der zeitgleich zum Schützen den Auslöser zu drücken hat, ankommt. Nun sind die beiden Auslöser in einer Apparatur verknüpft: »Es galt einen unbrauchbaren Maulesel zu vernichten, und man wollte diese Gelegenheit benützen, um die Empfindlichkeit der Gelatineplatten zu demonstrieren. Hierzu wurde dem Thiere eine Dynamitpatrone vor den Kopf gebunden und ein photographischer Apparat gegen dasselbe gerichtet. Dieselbe electrische Leitung brachte die Patrone zur Explosion und löste den Momentverschluß der Camera aus.« (Eder, 101) Der Maulesel wurde vor, während und nach der Detonation aufgenommen und die mörderische photographische Exekution eingehend dokumentiert.

Diese mörderische Jagd beschränkt sich allerdings

nicht auf Tiere. Während im 19. Jahrhundert noch das Für und Wider der »photographischen Attentate« (Fritzsch, 91) kontrovers diskutiert wird, bedienen sich bereits reale Attentate photographischer Techniken. Auf der einen Seite ist die Welt der Bilder das Reich der Momentphotographen, die sich auf die Jagd machen, um die unbekannte Ansicht des Bekannten als Trophäe heimzubringen. »Sie richteten ihre Kamera auf nahezu jedes Lebewesen, auf alles, was sich bewegte – und ›töteten‹ es, indem sie ihm das Lebendige raubten: die Fähigkeit, sich zu bewegen.« (Starl, 13) Auf der anderen Seite entdecken auch all jene, die ohnehin bereits eine Waffe tragen, die photographischen Apparate: »Der Momentfotograf macht seine Opfer ›bewegungsunfähig‹. Er war Jäger, Polizist, Soldat.« (Starl, 13) Und so dient die Photographie der Aufklärung in einem mörderischen Sinn. »Man höre«: schreibt 1965 der neusachliche Photograph Albert Renger-Patzsch, »›Das Schnellfeuer der Photographen‹, der ›gezielte Schuß‹, die Kamera wird geladen wie ein ›Gewehr‹. Immer ist vom ›Zielen‹ und ›Schießen‹ die Rede. Der grausame Zug wird noch verstärkt dadurch, daß die Opfer, denen ›aufgelauert‹ wird, aus dem ›Hinterhalt geschossen werden‹ und meist vollkommen wehrlos sind.« (Renger-Patzsch, 135)

Literatur

Arthur Conan Doyle, After cormorants with a camera, in: ders., Essays on Photography, London 1982, S. 1-12.

Josef Maria Eder (Hg.), Anleitung zur Herstellung von Moment-Photographien, Halle/Saale 1884, [2]1887.

Gustav Fritsch, Künstler-Camera contra Geheimcamera, in: Polytechnisches Journal, 4. Jg., 1890, S. 91-99.

Albert Renger-Patzsch, Vom Sinn der Photographie und der Verantwortlichkeit des Photographen (1965), abgedr. in: Albert Renger-Patzsch, Fotografien 1925-1960, Bonn 1977, S. 131-136.

Susan Sontag, Über Fotografie, München 1978.

Timm Starl, Geschoß und Unfall. Bewegung und Moment in der Fotografie um 1900, in: Ins Innere des Bilderbergs. Fotografien aus den Bibliotheken der Hochschule der Künste und der Technischen Universität Berlin, Göttingen 1988, S. 9-22.

Abbildung:

François Aubert, Kaiser Maximilians Hemd nach seiner Erschießung, 1867, in: Rainer Wick (Hg.), Die Pioniere der Photographie 1840-1900. Die Sammlung Robert Lebeck, Weingarten 1989, S. 91.

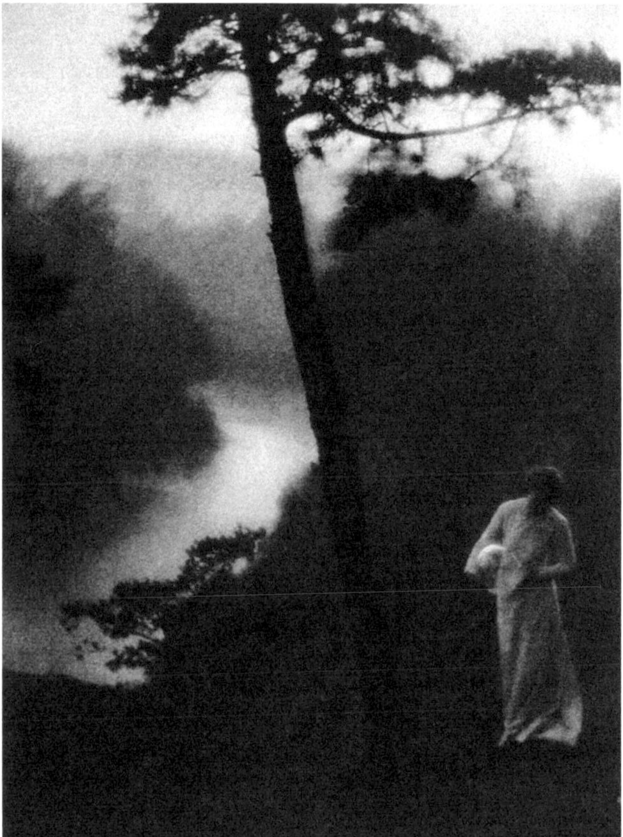

Morgendämmerung

»Morgendämmerung einer neuen Kultur für unsere Zeit«

Warstat, 76

Es ist ein eigentümliches Phänomen, daß fast jedes Handbuch der Photographie und auch die etwas weiter ausholenden theoretischen oder ästhetischen Entwürfe jedes Mal aufs neue eine Geschichte der Photographie skizzieren, so als würde die Geschichte immer wieder aufs neue beginnen und als könne zugleich die Gegenwart nicht anders als historisch bestimmt werden. Damit aber nicht genug: Die meisten Geschichten der Photographie, die hier mit Bedacht im Plural stehen, zeichnen sich dadurch aus, daß sie einerseits in überaus großer Monotonie und Stereotypie die ihrer Ansicht nach wichtigen Etappen absolvieren und dabei weder die technischen Errungenschaften noch die wichtigsten Photographen außer acht lassen, andererseits aber die Geschichte unter der Hand ihre Gestalt verändert und das vermeintlich Altbekannte plötzlich in neuem Licht erscheint, da es sich nun in neuer Gesellschaft und einem für es unbekannten Kontext wiederfindet. So erscheint etwa David Octavius Hill als innovativer Erkunder der technischen Möglichkeiten des Salzpapierverfahrens, als Vorläufer der piktorialistischen Photographie der Jahrhundertwende oder als Malerphotograph, der noch nicht dem Verfall der Berufsphotographie anheimgefallen ist.

Hill ist ähnlich wie später Atget für die Photographie der Zwischenkriegszeit *die* photographiehistorische Gründungsfigur der piktorialistischen Photographie, mit ihm beginnt die Morgendämmerung einer neuen Zeit:

»Die Fäden gehen direkt von Hill zu den heutigen Gummidruckern und ihren rein auf den malerischen Effekt gestellten Werken« (zit. nach Hugo Erfurth, S. 38), schrieb etwa 1903 der Herausgeber des *Deutschen Camera Almanachs* Loescher, um deutlich zu machen, daß die neue Bewegung einerseits präzise zu benennende historische Wurzeln hatte, die aber so weit in die Geschichte zurückgreifen, daß andererseits der Bruch mit der Tradition hinreichend deutlich wird.

Die Geschichte ist die unendliche Wiederkehr des Immergleichen *und* der permanente Wandel des vermeintlich Bekannten. Jede Form der Geschichtsschreibung entwirft dabei implizit wie explizit ein Modell, das Geschichte in eine Ordnung überführt, die auch die flüchtige Gegenwart einrahmt und in ein Bild bringt: Allerlei Geschichtstypen wären hier zu unterscheiden: die Heroen der Technik, das Verfallstheorem, die Fortschrittsidee, das Phasenmodell, die Wiederkehr des Unterdrückten oder Verdrängten, der auf Dauer gestellte Kampf, die Demokratisierungs-, die Unterwerfungs- und die Aufklärungsmodelle. Allen Geschichten der Photographie ist aber eines gemeinsam: Die Vergangenheit verleiht der Gegenwart Sinn. Und die Vergangenheit erscheint im Rückblick als »Morgendämmerung« der Gegenwart, als Anbruch einer neuen Zeit, die mit der Photographie Einzug gehalten hat – ob nun zum Guten oder zum Schlechten. Aber der Tag ist längst angebrochen, und die Photographie hat, wie Willi Warstat formuliert, dem Photographen eine »Kultur des Auges« aufgezwungen, die notwendig Natur *wie* Geschichte durch die Linse des Apparats sieht.

Literatur

Hugo Erfurth. 1874-1948. Photograph zwischen Tradition und Moderne, hg. von Bodo von Dewitz und Karin Schuller-Procopovici, Ausstellungskatalog Agfa Foto-Historama, Köln 1992.

Timm Starl, Chronologie und Zitat. Eine Kritik der Fotohistoriografie in Deutschland und Österreich, in: Fotogeschichte, Bd. 17, 1997, S. 3-10.

Willi Warstat, Die künstlerische Photographie, Leipzig 1913.

Abbildung:

Clarence H. White, Morning, 1908, in: Camera Work, The Complete Illustrations 1903-1917, Köln u. a. 1997, S. 407.

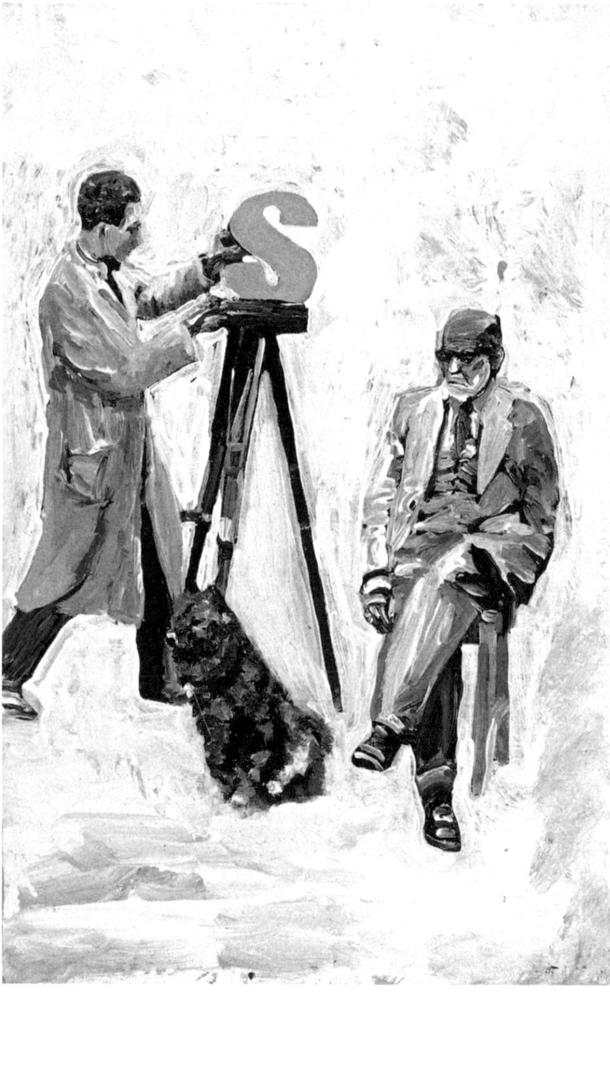
S

Objektiv, objektives

> »Das Objektiv, das überscharfe Auge, konnte alles durchblicken und ans Licht hervorzerren. Hier ›bildete‹ kein Künstler, der mehr oder minder ein Mensch war [...], nein, hier saß zu Gericht das Welt-Auge, das Ein-Auge, sonst das Attribut eines Gottes wie Zebaoth.«
>
> *Goll, 186*

Es ist wohl eines der am weitesten verbreiteten Vorurteile gegenüber der Photographie, daß sie imstande sei, ein objektives Bild der sichtbaren Wirklichkeit aufzuzeichnen. »Die Originalität der Fotografie im Unterschied zur Malerei«, konstatiert etwa der französische Filmtheoretiker André Bazin 1945 in seinem Aufsatz »Ontologie des fotografischen Bildes«, »besteht in ihrer Objektivität. So hieß die Kombination der Linsen, die das fotografische Auge an die Stelle des menschlichen setzte, treffend ›das Objektiv‹.« (Bazin, 62) Das Objektiv trägt sein epistemologisches Programm bereits im Namen, und dieses wurde immer wieder in unterschiedlicher Weise ausbuchstabiert. Am konsequentesten hat dies wohl die Photographie des Neuen Sehens getan, die in emphatischer Weise gerade in der Objektivität der Photographie eine Möglichkeit zur Befreiung von der Tradition erblickte, die, so etwa Moholy-Nagy oder Rodtschenko, die Wahrnehmung der Wirklichkeit verstelle und über unsere Augen den Schleier der Gesetze der Malerei lege. Die »objektive Photographie« könne daher nicht nur eine »optische darstellung der welt« (Moholy-Nagy (3), 325) leisten, sondern zudem zu einer veritablen Sehschule werden: »die objektive fotografie soll uns sehen lernen. wir wollen nicht das objektiv der unzulänglichkeit unseres seh- und erkenntnisvermögens unterordnen, sondern es soll uns gerade helfen, unsere augen aufzuschließen.« (Moholy-Nagy (3), 325) Die Photographie als »objektive sehform unserer zeit«, so der programmatische Titel eines Aufsatzes von Moholy-Nagy (Moholy-Nagy (1)), gestattet uns, »die engen grenzen unseres auges« (Moholy-Nagy (2), 320) zu verlassen und die unverstellte »objektive« Wirklichkeit nicht nur zu sehen, sondern sogar zu erkennen. Das Neue Sehen, das die photographische Avantgarde proklamiert, ist wesentlich ein photographisches.

Diese Einschätzung teilen auch andere Photographen und Photographietheoretiker dieser Zeit. Hans Finsler, der an der Burg Giebichenstein in Halle Photographie unterrichtete und zu den herausragenden neusachlichen Photographen gehörte, sieht in der Photographie ein neues Auge, das im Gegensatz zu den beiden organischen objektiv ist und daher maßgeblich zu einer Aufklärung über die sichtbare Welt beitragen könne: »Das Bild des dritten Auges, des Objektivs, ist selbst objektiv, es kennt keine Täuschung, wir brauchen nicht mehr den Fingerabdruck zur Identifizierung, das neue Auge identifiziert das Gesicht, den ganzen Menschen.« (Finsler, 291) Diese Einschätzung kann mitunter ganzen Photographiegeschichten ihre epistemologische Begründung geben: So unternimmt etwa Erich Stenger, einer der ersten Photographiehistoriographen, eine Rekonstruktion der Photographiegeschichte als technischen Siegeszug, als Aufklärung durch die Objektivität des Objektivs: »Das ›Objektiv‹, dem die optische Bilderzeugung zufällt und das auf das ›Objekt‹ gerichtet wird, das gläserne Auge der Kamera, arbeitet wahrhaftig ›objektiv‹.« (Stenger, 175)

Literatur

André Bazin, Ontologie des fotografischen Bildes (1945), in: Wolfgang Kemp (Hg.), Theorie der Fotografie III, 1945-1980, München, 1983, S. 58-64.

Lorraine Daston und Peter Galison, Das Bild der Objektivität, in: Peter Geimer (Hg.), Ordnungen der Sichtbarkeit, Frankfurt/M. 2002, S. 20-99.

Hans Finsler, Das dritte Auge (1965), in: Klaus E. Göltz u. a. (Hg.), Hans Finsler. Neue Wege der Photographie, Bern 1991, S. 291f.

Iwan Goll, Die alte Fotografie (1931), in: Wolfgang Kemp (Hg.), Theorie der Fotografie II, 1912-1945, München 1979, S. 184-188.

Laszlo Moholy-Nagy (1), fotografie: objektive sehform unserer zeit, in: telehor, 1936, S. 120ff., zit. nach: Krisztina Passuth, Moholy-Nagy, Weingarten 1986, S. 342-344.

Laszlo Moholy-Nagy (2), fotografie ist lichtgestaltung, in: Bauhaus, 1928, Nr. 1, S. 2ff., zit. nach: Krisztina Passuth, Moholy-Nagy, Weingarten 1986, S. 319-322.

Laszlo Moholy-Nagy (3), scharf oder unscharf?, in: i 10, 1929, Nr. 20, S. 163ff., zit. nach: Krisztina Passuth, Moholy-Nagy, Weingarten 1986, S. 323-326.

Erich Stenger, Die Photographie in Kultur und Technik. Ihre Geschichte während hundert Jahren, Leipzig 1938.

Abbildung:
Jürgen Wolf, o. T., 2002, Sammlung Stiegler.

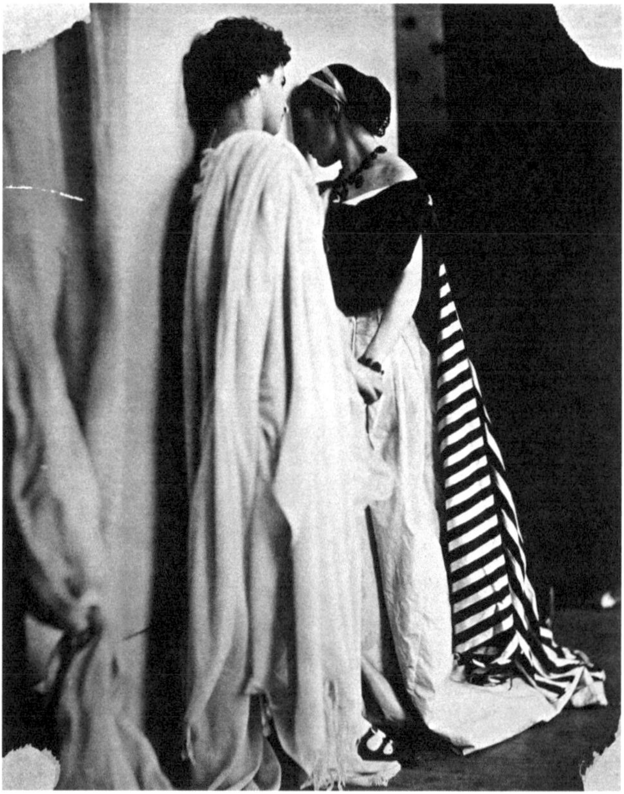

Offenbarung

> »Wunder einer absolut unbeschwerten und reibungslosen, geheimnisvoll-stillen und blendend-präzisen Offenbarung des Wirklichen.«
>
> *Kallai, 134*

»Vom Himmel gefallene Abdrücke« (Kunstblatt) erblickten die Betrachter in den ersten Photographien und Oliver Wendell Holmes stellt bewundernd fest: »Sie ist ein Blatt, herausgerissen aus dem Buch, das von einem Engel Gottes aufgezeichnet wurde.« (Holmes, 183) Photographien, dieses »metaphysische Rätsel« (Holmes, 183), sind im Wortsinne Offenbarungen, aber in physischer Gestalt, die eine technische Aufzeichnung der Offenbarung erlaubt und somit zur technischen Offenbarung der Welt wird: »Sie ist kein Spielzeug, sondern ein göttliches Geschenk, das uns anscheinend von der Wissenschaft, in Wirklichkeit jedoch von der Eingebung gemacht wurde, die der Allmächtige durch die Lippen der bescheidenen Studenten der Natur offenbart hat.« (Holmes, 224) Die Photographie ist die wahre Offenbarung der Welt, die so erscheint, wie sie wirklich ist und die Technik, die Kunst und die Wissenschaft mit einer metaphysischen Grundierung versieht. In diesen Bildern erkennen die Betrachter immer neue Details und nehmen staunend die Lupe zur Hand, um die Apotheose des Sichtbaren zu feiern.

Dies gilt auch noch ein Jahrhundert später. Wenn etwa Hugo Sieker 1928 die Aufnahmen des neusachlichen Photographen Albert Renger-Patzsch betrachtet, so erkennt er in ihnen »den Beweis, daß diese Photographie einem die Natur intensiver als die Natur selbst offenbart.« (Sieker, 123) Während es bei Renger-Patzsch vor allem um eine Ästhetik der Oberfläche geht, die Formgesetzen der sichtbaren Welt nachspürt, und sein enorm einflußreiches Buch *Die Welt ist schön* immerhin mit einer Aufnahme von betenden Händen schließt, so liegt die Offenbarung von Robert Franks schonungsloser und überaus wirkmächtiger photographischer Bestandsaufnahme Amerikas in der Tiefe, die die Betrachter in der Silberschicht entdecken: »Robert Franks *Die Amerikaner* war – und ist weiterhin – eine bestechende Offenbarung. Zu einer Zeit, da Amerika ein gesundes Bild ohne Zweideutigkeiten von sich zeigen wollte, schaute Frank unter die Oberfläche und untersuchte die Kultur mit ehrlichem und leidenschaftlich zugewandtem Blick. Was er fand, waren tiefsitzende Entfremdung, Angst und Einsamkeit.« (Greenough/Brookman, 24) In dieser Tradition stehen auch die Arbeiten von Diane Arbus, und so nimmt es kaum Wunder, daß der großangelegte Band zu ihrem Werk den Titel *Revelations. Offenbarungen* (Arbus) trägt. Auf der ersten Seite wird eine Notiz von ihr zitiert, die ihrerseits die metaphysische Tradition bemüht: »Und die Offenbarung war ein wenig so wie jene, Die Heilige auf Bergen empfangen – ein weiteres Kapitel in der Geschichte des Geheimnisses ...« (Arbus, 1) Der Titel dieses Bandes kann auch als Wortspiel gelesen werden, da in der französischen Sprache die Entwicklung der Bilder durch einen »révélateur«, eine Entwickler(flüssigkeit) vonstatten geht, die dann, wie Alain le Grand(-Vélin) unterstreicht, zu einer wirklichen »révélation« (Offenbarung) führt. Die Photographie ist das Medium der Offenbarung im Zeitalter der technischen Reproduzierbarkeit. Sie ist – so Susan Sontag – eine »prototypisch moderne Offenbarung: eine negative Epiphanie«. (Sontag)

Literatur

Carl Aigner, Das Gespenst der Sichtbarkeit. Notizen zum Verhältnis von Fotografie und Epiphanie, in: Im Reich der Phantome. Fotografie des Unsichtbaren, Ausstellungskatalog Mönchengladbach/Winterthur, Ostfildern-Ruit 1997, S. 104-108.

Diane Arbus, Revelations. Offenbarungen, München 2004.

Alain Le Grand(-Vélin), Die fotografische Schrift: eine Anschauung der Welt, in: Fotogeschichte, 6. Jg., Heft 20, 1986, S. 47-58.

Sarah Greenough und Philip Brookman, Robert Frank. Moving Out, Zürich 1994.

Oliver Wendell Holmes, Sun-Painting and Sun-Sculpture; with a stereoscopic trip across the Atlantic, in: ders., Soundings from the Atlantic, Boston 1864, S. 166-227.

Ernst Kallai, Bildhafte Fotografie, in: Wolfgang Kemp (Hg.), Theorie der Fotografie II, 1912-1945, München 1979, S. 132-135.

Kunstblatt, 24. 9. 1839, S. 306.

Hugo Sieker, Absolute Realistik. Zu Photographien von Albert Renger-Patzsch, ca. 1928, abgedr. in: Albert Renger-Patzsch, Fotografien 1925-1960, Bonn 1977, S. 121-124.

Susan Sontag, Über Fotografie, München 1978.

Abbildung:

Clementina, Lady Hawarden, Photographic Study, England, um 1860, in: Mark Haworth-Booth (Hg.), The Golden Age of British Photography, 1839-1900, London 1984, Abb. 123.

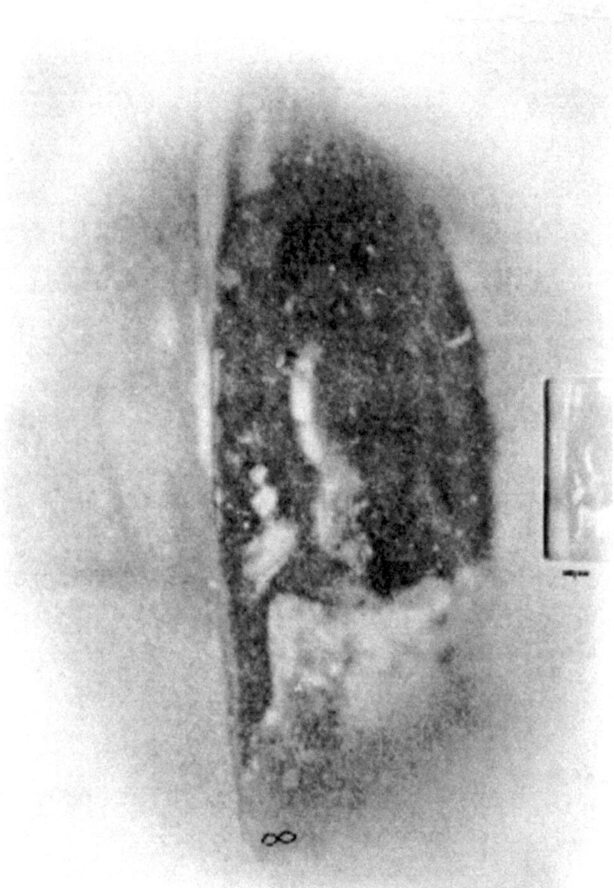

Optogramm

> »Wenn man in dieser Camera obscura nachsucht, in der das Bild auf der Retina wie auf einer photographischen Platte erscheint, wenn man die Toten nach ihrem Geheimnis befragt, bin ich sicher, daß man es finden wird.«
>
> *Claretie, 58*

1888 öffnete man die Augen von Annie Chapman, einem Opfer von Jack the Ripper, in der Hoffnung, auf ihrer Retina ein Bild ihres Mörders vorzufinden, das man als Fahndungsphoto nutzen könne. (Evans, 343) In der *Revue photographique des Hôpitaux de Paris* hatte Vernois bereits 1870 eine Photographie publiziert, auf der der Mörder einer Frau und ihrer Kinder in dem Moment zu erkennen sein soll, in dem er die Frau umbringt und ihn ihr Hund angreift, und damit eine Debatte, an der sich in den 1870er und 1880er Jahren zahlreiche Forscher beteiligten, mit einem Bild versehen – einem Bild, das, wie es die vorangehende Reproduktion offenkundig macht, eine Auslegung erfordert. Das Auge ist in diesen Deutungen, die sich bereits in den 1850er Jahren finden (Stenger, 139f.), nicht nur mit einer Kamera verwandt, sondern verwandelt sich im Moment des Todes in einen veritablen Photoapparat, der genau *ein* Bild photographisch aufnimmt und auf der Retina fixiert. Einzelne Berichterstatter der photographischen Zeitungen gingen sogar so weit, zu behaupten, daß man mit Hilfe eines Stereoskops, »durch welches man, in den beiden Augen des Verstorbenen zugleich die beiden Bilder betrachtend, den Mörder plastisch und in Naturgrösse deutlich erblicken würde.« (Phot. Journal, 88)

Eine ganze Reihe von literarischen Texten hat dieses

Theorem aufgenommen und in Geschichten gebracht: In Jules Clareties *L'accusateur* und Jules Vernes *Les frères Kip* wird mit Hilfe von Optogrammen, die selbst wiederum photographiert und vergrößert werden, der Täter überführt. In *Tribulat Bonhomet* von Auguste Villiers de l'Isle-Adam und »At the End of the Passage« von Rudyard Kipling finden sich dagegen Psychogramme, die Vorstellungsbilder der Verstorbenen, nicht aber Abbilder der Realität liefern. Das Auge als Photoapparat wird zu einer Schaltstelle zwischen Innen- und Außenwelt, zwischen Einbildungskraft und Wahrnehmung, und liefert Bilder, die ohne Deutung stumm bleiben.

Auch gut einhundert Jahre später, ist diese Vorstellung nicht verschwunden, erscheint nun aber dezidiert als Metapher der Photographie. In dem Film von John Lvoff *L'Œil de l'autre* verwandelt sich die Reise der Protagonistin Alice hinter die Spiegel am Ende in eine Erkundung der Oberfläche und macht dabei aus dem Optogramm eine Metapher der Photographie als solcher. Alice hatte die Aufgabe, einen englischen Photographen zu ersetzen, der im Rahmen eines Programms, das die Auswirkungen der kulturellen Besiedelung auf die Landschaft der Haute-Provence aufzuzeichnen versucht, indem er jedes Jahr zur gleichen Zeit von einer identischen Position und Perspektive aus Photographien anfertigt, spurlos verschwunden ist. Alice beginnt aber schnell, in diesen notwendig neutralen und möglichst »objektiven« Bildern nach Motiven seines Verschwindens zu suchen, die Bilder zu entziffern und in ihnen den »Fluchtpunkt« zu dechiffrieren. Doch alle Versuche schlagen fehl: Das Verschwinden bleibt enigmatisch, und die Bilder bleiben stumm oder reflektieren allenfalls die eigene Ratlosigkeit. Die Theorie des Optogramms, die in einem Gespräch erwähnt wird, erscheint hier als Verknüpfung von Kamera, Tod und Wahrnehmung. Alice nimmt nolens volens immer genau die Perspektive des verschwundenen Photographen ein, indem sie das letzte Bild möglichst präzise zu rekonstruieren sucht, beginnt aber nach dem letzten Bild zu suchen, nach dem Bild, das auf seiner Retina im Moment seines Todes fixiert wurde, nach einem Bild, das notwendig verschwunden bleibt und zugleich vom Verschwinden Zeugnis ablegt. Das Optogramm bleibt unsichtbar, und die Bilder bleiben reine Oberfläche, die allein durch die Suche zum Blick, zum Optogramm werden: Dieses aber vermag nicht die Außen-, sondern bestenfalls die Innenwelt in ein Bild zu fassen.

Literatur

Jules Claretie, L'accusateur, Paris 1897.

Arthur B. Evans, Optograms and Fiction: Photo in a Dead Man's Eye, in: Science Fiction Studies, Bd. 20/3, Nr. 61, November 1993, S. 341-361.

Christoph Hoffmann, Zwei Schichten. Netzhaut und Fotografie, 1860/1890, in: Fotogeschichte, 21. Jg., Heft 81, 2001, S. 21-38.

Rudyard Kipling, At the End of the Passage, in: ders., Life's Handicap: Being Stories of Mine Own People, New York 1931, S. 244-269.

Richard L. Kremer, The Eye as Inscription Device in the 1870s, in: Brigitte Hoppe (Hg.), Biology Integrating Scientific Fundamentals, München 1997, S. 360-381.

John Lvoff, L'Œil de l'autre, 1' 24, Frankreich 2003.

Photographisches Journal, Bd. 7, Nr. 12, 1857, S. 87f.

Erich Stenger, Die Photographie in Kultur und Technik. Ihre Geschichte während hundert Jahren, Leipzig 1938.

Bernd Stiegler, Der Tote als Photoapparat, in: ders., Philologie des Auges, München 2001, S. 388-396.

Jules Verne, Les frères Kip, Paris 1902; dt. Die Gebüder Kip, Berlin/Herrsching 1984.

Auguste Villiers de l'Isle-Adam, Tribulat Bonhomet, in: ders., Œuvres complètes, hg. von Alan Raitt und Pierre-Georges Castex, Paris 1986, Bd. 2, S. 129-232.

Abbildung:

Vernois, Optogramm, in: Revue Photographique des Hôpitaux de Paris, Bd. 2, 1870.

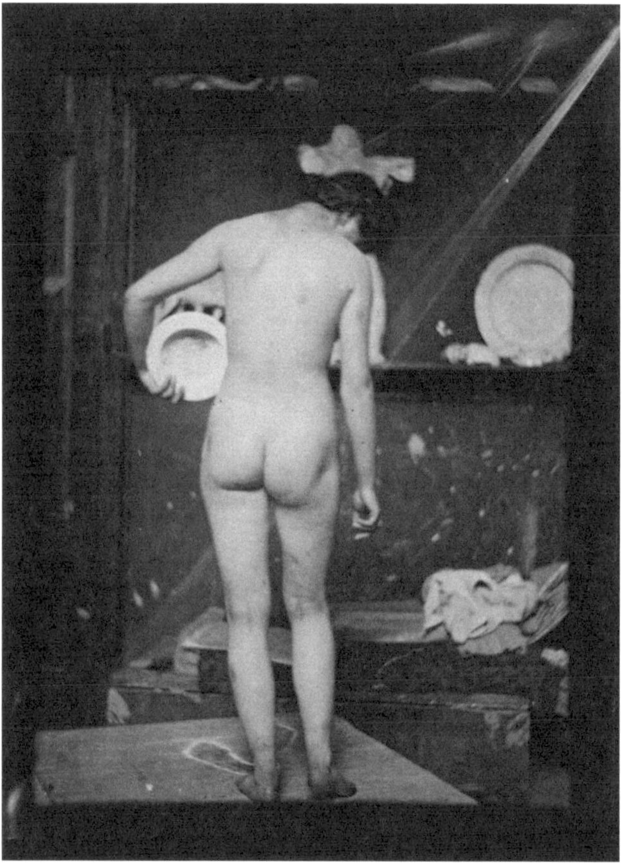

Penetrationsapparat

> »Die Kamera als Phallus ist lediglich eine dürftige Variante der unvermeidlichen Metaphorik, deren sich jedermann unbewußt bedient.«
>
> *Sontag, 19*

Der Photographie wurde bereits von Susan Sontag vorgeworfen, pornographisch zu sein und ein voyeuristisches Verhältnis zur Welt etabliert zu haben, das eine Verdinglichung technisch wie kulturell nobilitiert habe. Dabei kann sich Sontag auch auf Beispiele aus der Filmgeschichte berufen, die von Antonionis »Blow Up« bis hin zu Michael Powells »Peeping Tom« Photographie mit Voyeurismus und körperlos-distanzierter Vergewaltigung assoziieren. Linda Hentschel spitzt diese Analyse weiter zu und erblickt in der Photographie die Verkörperung eines Deutungsmodells, das sich qua Technologie im Kopf des Betrachters einpflanzt. In ihrer Deutung ist die Camera obscura nicht nur Apparat, Metapher oder Modell, sondern »ein visueller Raumpenetrationsapparat« (Hentschel, 21), den die modernen Betrachter inkorporiert haben – und so Sehen als Sex-, ja als »Deflorationstechnik« praktizieren und zugleich den Raum sexualisieren. Hentschel sieht ähnlich wie auch viele der Theoretiker des Neuen Sehens der 1920er und 1930er Jahre in der Photographie eine programmatische Erziehung des Sehens, die im Gegensatz zu diesen nicht als Befreiung von der Tradition und Wahrnehmungstraining, sondern als verborgener Herrschafts- und Unterwerfungsmechanismus zu fassen ist. Die Camera obscura ist in dieser Deutung das Modell einer Erziehung der Sinne *zur* Unterwerfung. Hentschel dechiffriert eine Verschränkung der

Geschichte der optischen Apparate und einer historisch bedingten Geschlechterkonstruktion qua Inkorporation und »Einpflanzungseffekt« (Hentschel, 80): »Wenn der Körper des Betrachters mit dem modernen Sehen selbst zum bilderzeugenden Apparat wird, so schließt dies noch nicht aus, daß die Camera obscura ihm auf den Leib geschrieben und solchermaßen zum Körpergehäuse geworden ist. Die einstige Referentialität von äußerer Objektwelt und Bild verschiebt sich in die Kausalität von innerer Nervenwelt und Bild.« (Hentschel, 79f.) Die Camera obscura ist nun in den Kopf gewandert; dabei ist die Projektion der Außenwelt in den Innenraum der Camera nicht länger entscheidend: die codierend-symbolische Konstruktion des Sehraumes wird zur projektiven Konstruktion der Welt.

Von Dürers Schaubild aus der »Unterweysung der Messung mit dem Zirckel und richtscheyt« (1538), das sie als Verbindung von Distanz, Zentralperspektive und Voyeurismus deutet, über Courbets »L'origine du monde« bis hin zu Beispielen aus der aktuellen Werbung verfolgt sie das Modell der Zentralperspektive, das eine »Skopisierung des Begehens« (Hentschel, 10) umsetze und »die scheinbar selbstverständliche Liaison« zwischen »Bildermachen und Sex-Machen« als verhängnisvoll erweise. In Hentschels Deutung übernimmt im 19. Jahrhundert das Kaleidoskop die »pornotopische Aufgabe der Zentralperspektive« (Hentschel, 73), und die Camera obscura wird durch einen neuen Raum der Projektion abgelöst: den Vorstellungsraum hinter den geschlossenen Augen.

Literatur

Linda Hentschel, Pornotopische Techniken des Betrachtens. Raumwahrnehmung und Geschlechterordnung in visuellen Apparaten der Moderne, Marburg 2001.

Susan Sontag, Über Fotografie, München 1978.

Linda Williams, Pornografische Bilder und die ›körperliche Dichte des Sehens‹, in: Herta Wolf (Hg.), Diskurse der Fotografie. Fotokritik am Ende des fotografischen Zeitalters, Band II, Frankfurt/M. 2003, S. 226-266.

Abbildung:
Studioaufnahme eines Ateliers, um 1910, Sammlung Stiegler.

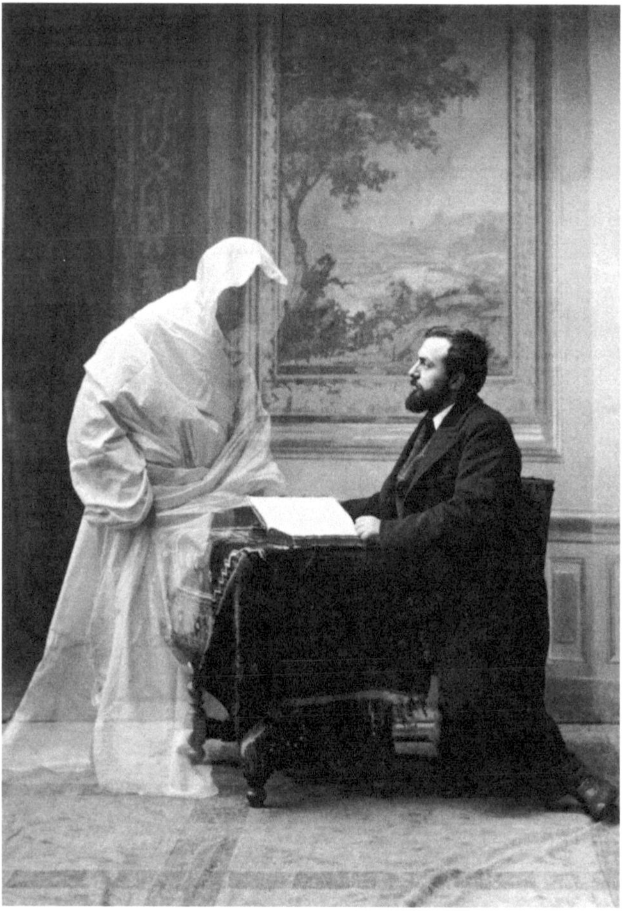

Phantom

»Medien liefern immer schon Gespenstererscheinungen.«

Kittler, 22

Die ersten Photographien zeigten oft Phantome, Menschen, die aufgrund der langen Belichtungszeiten nur als durchsichtige Schemen oder schattenartige Gestalten durch das Bild geisterten. Kaum ein halbes Jahrhundert später verwandelt die Photographie nicht nur Menschen in Phantome, sondern soll auch dazu dienen, die Existenz von Phantomen, die vielleicht vorher Menschen waren, zu beweisen. Nun, in der spiritistischen Photographie des ausgehenden 19. Jahrhunderts, finden sich zahllose Gespensterphotographien in höchst unterschiedlicher Erscheinungsform. Die Photographie sollte Gespenster als sichtbare Erscheinungen ins Bild bannen und zugleich von der Evidenz der Erscheinung Zeugnis ablegen. In einer vehement geführten Debatte zwischen dem Nestor des Spiritismus Alexander Aksakow und dem Philosophen Eduard von Hartmann ließ Hartmann 1885 die »Photographie als das einzige Beweismittel für die optische Realität der Phantome« (Hartmann, 120) zu, unter der Bedingung, daß das Medium und die Erscheinung gleichermaßen auf der Aufnahme zu erkennen wären. Gesagt, getan: Zahllose Aufnahmen entstanden, auf denen die Photographie Medium ist, ein Medium zeigt und zugleich als Medium zwischen der sichtbaren und der unsichtbaren Welt fungiert.

Knapp ein weiteres halbes Jahrhundert später wird bei Siegfried Kracauer die Photographie als solche zu einer Maschine, die die Welt mit Gespenstern bevölkert, und zwar gerade deshalb, weil sie, wie Kracauer es anhand eines Bildes seiner Großmutter aus dem Jahr 1864 beschreibt, das Bild aus dem Kontinuum der Zeit herauslöst, die Zeit einfriert und die Großmutter in ein »archäologisches Mannequin« (Kracauer, 102) verwandelt. »Nun geistert das Bild wie die Schloßfrau durch die Gegenwart. Nur an Orten, an denen eine schlimme Tat begangen worden ist, gehen Spukerscheinungen um. Die Photographie wird zum Gespenst, weil die Kostümpuppe gelebt hat.« (Kracauer, 107) Und die Photographie bleibt Gespenst, weil keine Erzählung sie in die Gegenwart einbringen und sie erlösen könnte. »Die gespenstische Realität ist unerlöst.« (Kracauer, 107) Günther Anders hat diese Analyse in dem programmatisch mit »Die Welt als Phantom und Matrize« überschriebenen Kapitel von *Die Antiquiertheit des Menschen* auf die moderne Mediengesellschaft ausgedehnt. In seiner Deutung sind »die Normalfälle Gespenstergeschichten« (Anders (1) 147), da überall Reproduktionen von Reproduktionen herumlaufen und die Welt bevölkern. Die Photographie verwandelt Wirklichkeit in »Schablonen«, die mit dem Mittel des Realismus, der der Photographie zu eigen ist, das Abbild als Wirklichkeit tarnt und zugleich in ein »surreales«, überwirkliches, blendendes Bild verwandelt. Die Medien – und das gilt auch für die Photographie – werden zu »apriorischen Bedingungs-Formen« (Anders (1), 169), die über unsere Erfahrung entscheiden und sie in ihrer Gestalt, aber auch ihrem Gehalt bestimmen. Die Photographie ist eine kognitive wie höchst materiale Aneignungsform der Welt. Nur weil man die Welt in effigie hat, hat man sie. Die Wirklichkeit verwandelt sich in besitzbare Bilder, die als Serie ihren Ort im heimischen Photoalbum findet. Hier waltet das Museums-Prinzip des eigenen Lebens, das sich in eine Bilder-Galerie verwandelt, über deren Gestaltung aber bereits entschieden ist. Diese Musealisierung der Gegenwart, für die das Sein sich nur als vergangenes zeigt, weist den Nachbildern den Status der primaren Bilder zu und stellt das Einmalige sogleich in die Serie der Sammlung. Die Wirklichkeit hat sich in durch die Medien hervorgebrachte Phantome verwandelt, die auch hier, wie im Film *Poltergeist*, in paradigmatischer Weise aus dem Fernseher kommen. An die Stelle der wirklichen Welt haben wir »eine Welt aus zweiter Hand, eine Geisterwelt gesetzt, in der jeder nur ein abgeleitetes Leben aus zweiter Hand lebt.« (Mumford, 104) Photographien verwandeln selbst vertraute Dinge in gespenstische Erscheinungen: »Meine Photos zeigen die Geister von Dingen, die ich kenne«, schreibt etwa die Photographin Sylvia Plachy. (Zollner, 21)

Nun müssen nicht unbedingt nur die Photographien das Dargestellte in Phantome verwandeln, auch den Betrachtern der Bilder kann dies widerfahren: »In der Phantasie stellt die FOTOGRAFIE (die, welche ich *im Sinn* habe) jenen äußerst subtilen Moment dar, in dem ich eigentlich weder Subjekt noch Objekt, sondern vielmehr ein Subjekt bin, das sich Objekt werden fühlt: ich erfahre dabei im kleinen das Ereignis des Todes (der Ausklammerung); ich werde wirklich zum Gespenst.« (Barthes, 22) Diese Beobachtung Roland Barthes' spitzt Jacques Derrida in seiner Lektüre von dessen letztem zu Lebzeiten erschienenen Buch, *Die helle Kammer*, weiter zu, indem er die radikale und zugleich systematische Trennung der beiden Leitbegriffe in Barthes' Photographietheorie, nämlich *punctum* und *studium*, der »message sans code« und der »message connoté«, des Zufalls und Gefühls einerseits und des kulturellen Wissens andererseits, in Frage stellt. »Phantom: der Begriff des Anderen im Selben, das *punctum* im *studium*, der ganz andere Tote lebendig in mir. Dieser Begriff der Photographie *photographiert* jede begriffliche Gegenüberstellung, er entdeckt dabei ein Verhältnis der gegenseitigen Beeinflussung, das vielleicht für jede ›Logik‹ konstitutiv ist.« (Derrida, 17) Und vielleicht auch für die Photographie? Was wäre, wenn die Geschichte der Photographie durch zwei Grundbilder bestimmt wäre, die ihrerseits nichts als Gespenster wären, die die Welt der photographischen Erscheinungen bestimmen würden? So sieht es Allan Sekula: »Zwei schwatzhafte Gespenster gehen um in der Fotografie: das der bürgerlichen Wissenschaft und das der bürgerlichen Kunst. Das eine redet unablässig über die Wahrheit der Erscheinungen, über eine Welt, die auf ein positives Ensemble von Tatsachen, eine Konstellation erkenn- und besitzbarer *Objekte*, reduziert ist. Das zweite hat die historische Mission, sich für die von der liebedienerischen – und mehr als geisterhaften – Hand der Wissenschaft begangenen Greueltaten zu entschuldigen und sie wiedergutzumachen. Dieses zweite Gespenst offeriert uns ein rekonstruiertes Subjekt in Form der Lichtgestalt des Künstlers.« (Sekula, 256)

Literatur

Alexander Aksakow, Animismus und Spiritismus. Versuch einer kritischen Prüfung der mediumistischen Phänomene, 2 Bde., Leipzig 1898.

Günther Anders (1), Die Antiquiertheit des Menschen, Bd. 1, Über die Seele im Zeitalter der zweiten industriellen Revolution, München [7]1988, Erstausgabe 1956.

Günther Anders (2), Ikonomanie, in: Wolfgang Kemp (Hg.), Theorie der Fotografie III, 1945-1980, München 1983, S. 108-113.

Jacques Derrida, Die Tode von Roland Barthes, Berlin 1987.

Eduard von Hartmann, Die Geisterhypothese des Spiritismus und seine Phantome, Leipzig 1891 [EA 1885].

Im Reich der Phantome. Fotografie des Unsichtbaren, Ausstellungskatalog Mönchengladbach und Winterthur 1997.

Friedrich A. Kittler, Grammophon, Film, Typewriter, Berlin 1986.

Siegfried Kracauer, Die Photographie, in: ders., Das Ornament der Masse, Frankfurt/M. 1977, S. 21-39.

Lewis Mumford, Eine Welt aus zweiter Hand (1952), in: Wolfgang Kemp (Hg.), Theorie der Fotografie III, 1945-1980, München 1983, S. 100-105.
Allan Sekula, Der Handel mit Fotografien, in: Herta Wolf (Hg.), Paradigma Fotografie. Fotokritik am Ende des fotografischen Zeitalters, Band I, Frankfurt/M. 2002, S. 255-290.
Manfred Zollner, Out of Focus statt Autofocus. Fototrends der 90er Jahre, Augsburg 1997.

Abbildung:
Paul Nadar, Jules Bois mit einer Phantomerscheinung, Paris, um 1900, in: Im Reich der Phantome. Fotografie des Unsichtbaren, Ostfildern-Ruit 1997, Abb. 72.

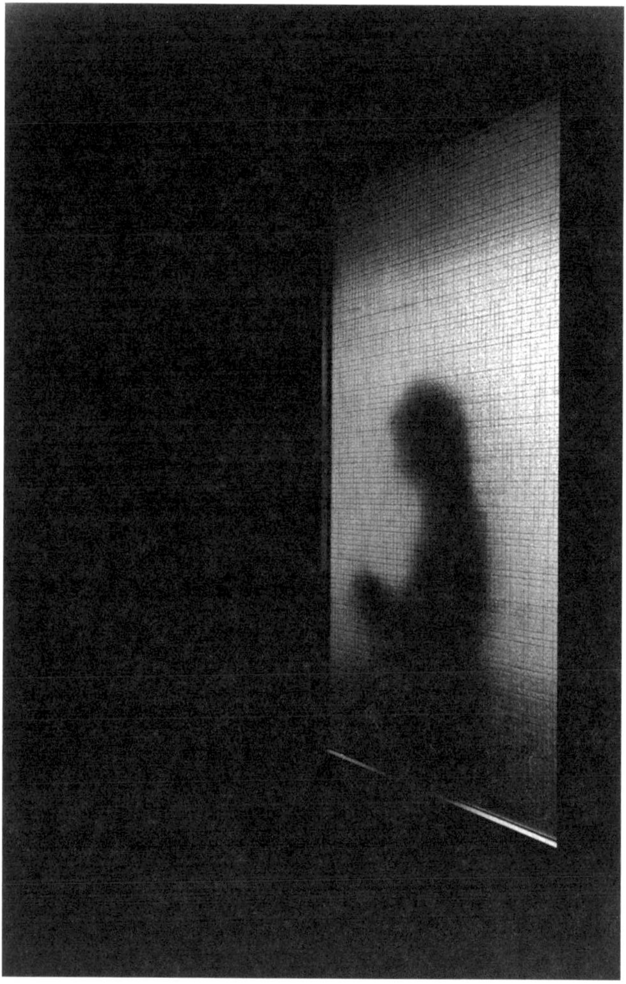

Platons Höhle

»In Platos Höhle«
Sontag

»Was ist die berühmte Höhle Platons anderes als eine Dunkelkammer – und zwar die größte, wie ich meine, die jemals erdacht wurde«, überlegt Paul Valéry 1939 in seiner Rede zur Hundertjahrfeier der Photographie. »Wenn Platon die Öffnung seiner Grotte auf ein ganz kleines Loch reduziert hätte und wenn er die Wand, die ihm als Bildschirm diente, mit einem empfindlichen Überzug versehen hätte, dann hätte er beim Entwickeln seines Höhlenhintergrundes einen gigantischen Film erhalten; und weiß Gott, welche erstaunlichen Schlußfolgerungen über die Natur unserer Erkenntnis und über das Wesen unserer Ideen er uns hinterlassen hätte ...« (Valéry, 8) Die Camera obscura der Photographie setzt nicht nur das platonische Modell der Erkenntnis apparativ fort, sondern umgekehrt wird das photographische Prinzip auch auf die Antike übertragen. Was bei Valéry in beiden Deutungsrichtungen Wissen verheißt, wird dreißig Jahre später bei Susan Sontag zu einem generalisierten Verfehlen der Erkenntnis: »Noch nicht zu höherer Erkenntnis gelangt, hält die Menschheit sich noch immer in Platons Höhle auf und ergötzt sich – nach uralten Gewohnheiten – an bloßen Abbildern der Wahrheit.« (Sontag, 9) Wir sind immer noch, so will es der Titel von Sontags Aufsatz, »in Platos Höhle« und blicken unverwandt auf die Abbilder, denen die Urbilder ohnehin bereits abhanden gekommen sind. So nimmt es kaum Wunder, daß auch in der Debatte über die digitale Photographie, in der nicht zuletzt das Theorem des Simulakrums eine wichtige Rolle spielt, Platons Höhle ein Deutungsmodell bleibt. Die Photographie ist nun »eine Art Übertragung von Platons Höhlengleichnis auf das 19. Jahrhundert, ein Vorstellungssystem, durch das Schattenbilder der Welt an Beobachter übermittelt werden, die keinen direkten Zugang zur *wirklichen* Welt haben. Digitale Bilder stellen eine drastische Aktualisierung der klassischen Analogie dar, da die Bilder nicht mehr länger nur Schatten der Ereignisse der Welt außerhalb der Höhle sind. Die Bilder scheinen eher die Gedankenabläufe selbst zu wiederholen mitsamt der weiten Bandbreite an Assoziationen und dem mühelosen Zusammenspiel von Bild und Gedanke.« (Handy, 7) Aber auch das Gehirn hat sich in eine Bilderhöhle verwandelt, in der Projektionen von Bildern die Wirklichkeit sind und ihrerseits als Vorstellungsbilder die technischen Abbilder bestimmen: »Digitale Bilder sind daher nicht nur einfach immaterielle Bilder einer virtuellen Außenwelt, sondern Schatten von Gedanken, vom Bewußtsein hervorgebracht und das Wirken des inneren Geistes reflektierend.« (Handy, 7) Und so scheint es auch nach weit über einhundertfünfzig Jahren Photographiegeschichte, als hätten wir uns mehr denn je in Platos Höhle vergraben und würden gebannt und fasziniert auf die Schattenspiele starren, die zu Spielen der Wirklichkeit geworden sind. »Wir haben in der Tat gelernt, Schatten festzuhalten, nicht aber ihre wahren Werte und Bedeutungen sicherzustellen; sie flackern immer noch auf den Wänden der Höhle Platons.« (Mitchell, 225)

Literatur

Ellen Handy, Fixing the Art of Digital Photography. Electronic Shadows, in: History of Photography, Bd. 22, Nr. 1, Frühjahr 1998, S. 7-13.

William J. Mitchell, The Reconfigured Eye. Visual Truth in the Post-photographic Era, Cambridge/Mass. 1992, [3]1998.

Susan Sontag, Über Fotografie, München 1978.

Paul Valéry, »... das zu beschreiben, was sich selbst einschreiben kann«. Vortrag, gehalten zur Hundertjahrfeier der Fotografie am 7. Januar 1939, in: Fotogeschichte, 6. Jg., Heft 20, 1986, S. 5-8.

Abbildung:
Wolfgang Schulz, o. T., ca. 1970, Sammlung Stiegler.

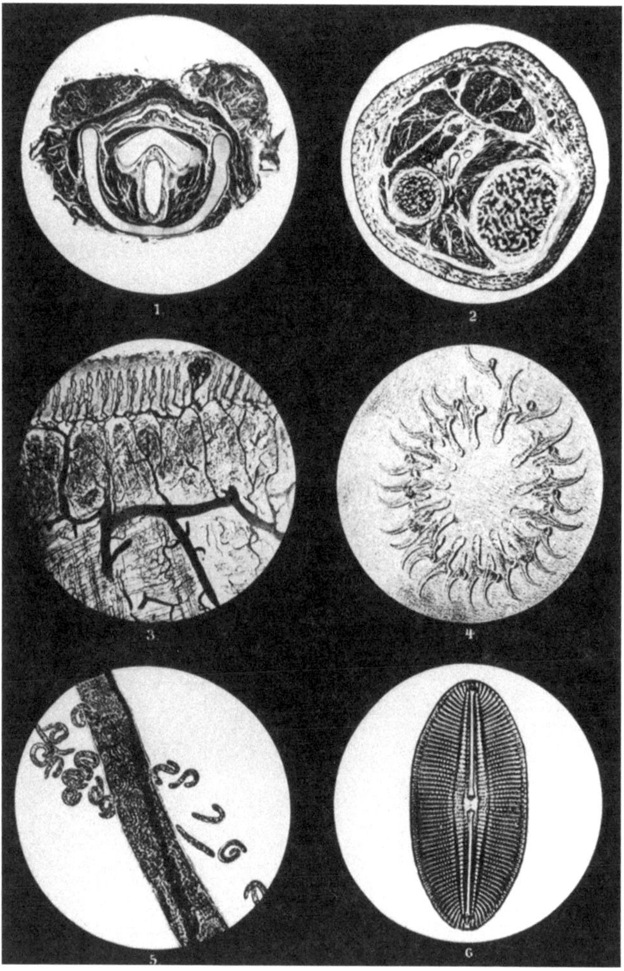
1
2
3
4
5
6

Präparat

»Der photographische Moment ist ein bleibendes Präparat eines Querschnitts durch die Zeit.«

Finsler, 285

»Die Photographie ist Stillstand. Sie unterbricht den Strom des Lebens. Die Sonne kreist nicht mehr«, schreibt der neusachliche Photograph Hans Finsler, um diesem apokalyptischen Bild sogleich eine medientheoretische Wendung zu geben: »Erst seit dem kurzen Zeitraum von 125 Jahren«, notiert er anläßlich des Jubiläums im Jahr 1964, »ist es möglich, von den Dingen selbst ein Häutchen abzuziehen, Präparate, Querschnitte des Sichtbaren, des Geschehens abzulösen, nach Hause zu tragen, zu analysieren, als wäre es die Wirklichkeit selbst.« (Finsler, 283) Die Photographie erscheint in dieser Deutung als verallgemeinerte *Sectio*, als Autopsie am lebenden Objekt, die es gestattet, die Wirklichkeit als Bild zu fassen, sie als Bild zu präparieren. Bis weit hinein ins 20. Jahrhundert wurde die Photographie gerade wegen dieser Verwandlung des Lebendigen in eingefrorene Bilder kritisiert. So befindet etwa Hans Windisch in einer Debatte mit Laszlo Moholy-Nagy, daß »die quasi wissenschaftliche nüchternheit des anastigmatbildes« eine lebendig-künstlerische Darstellung des Gegenstandes notwendig verfehle und ihn als »optische vivisektion« in einen toten, starren Leichnam verwandele. (Moholy-Nagy/Windisch)

George Santayana hat diesem Bild eine deutlich emphatischere Auslegung gegeben: »So wie die Zoologen unendlich feine und zahlreiche Schnitte der Species, die sie gerade studieren, unter das Mikroskop legen, so kann die Fotografie der Nachwelt zur Belehrung unendlich feine und zahlreiche Querschnitte der gegenwärtigen Welt liefern.« (Santayana, 255) *Querschnitt* war dann auch der Name einer der ersten großen, mit Photographien illustrierten Zeitschriften, der es um das Leben der Bilder ging. Die Photographie ist ein Schnitt durch die Zeit, der Bilder dieses Schnittes einfriert und aufzeichnet. Diese Bilder können dann, wieder zusammengesetzt, die vergangene Zeit wiederbeleben und anschaulich vor Augen führen.

»Es wohnt uns«, schreibt Ernst Jünger über die Photographie, »ein seltsames und schwer zu beschreibendes Bestreben inne, dem lebendigen Vorgange irgendwie den Charakter des Präparats zu verleihen.« (Jünger, 206) Das »Visible Human Project« hat wie kein zweites die Verwandlung des Körpers in ein photographisches Präparat, das Einfrieren und Wiederbeleben miteinander verbindet, in die Tat umgesetzt. Ein zum Tode verurteilter Mann vererbte seinen Körper der Medizin. Er wurde »geröntgt, einem MRI [Magnet-Resonanz-Imaging] unterzogen, schließlich tiefgefroren und in 1878 je ein Millimeter dicke Scheiben zersägt. Diese wurden je einzeln als digitale Fotos aufgezeichnet.« (Schröter, S. 11) Diese Bilder stehen im Internet, und man kann durch die photographischen Schnittbilder des Körpers navigieren, sie studieren, zusammensetzen, analysieren: »Ein gespenstisches Leben des Toten erhebt sich aus dem Rechner.« (Schröter, S. 11) Das Präparat wird zur Grundlage einer Simulation des Lebens. Sara Kember hat dem »Visible Human Project« eine metaphorische Auslegung gegeben, indem sie in ihm nicht nur Adam und Eva im Cyberspace, sondern auch eine Wiederbelebung Frankensteins erblickt. Das »Visible Human Project« ist in ihrer Deutung »eine Geschichte einer selbständigen Schöpfung und des Versuchs der Medizin, sich selbst ins Leben zu rufen und zu erzeugen.« (Kember 79)

Literatur

Olaf Breidbach, Der sichtbare Mikrokosmos. Zur Geschichte der Mikrofotografie im 19. Jahrhundert, in: Fotogeschichte, 18. Jg., Heft 68/69, 1998, S. 131-142.

Hans Finsler, Das Bild der Photographie, in: DU, Zürich, Nr. 3, März 1964, S. 2-54, wiederabgedr. in: Klaus E. Göltz u. a. (Hg.), Hans Finsler. Neue Wege der Photographie, Bern 1991, S. 283-291.

Ernst Jünger, Über den Schmerz, in: ders., Blätter und Steine, Hamburg ^{2}1941 [EA 1934], S. 157-216.

Sarah Kember, NITS and NRTS: Medical Science and the Frankenstein Factor, in: dies., Virtual Anxiety. Photography, New Technologies and Subjectivity, Manchester/New York 1998, S. 78-99.

Laszlo Moholy-Nagy und Hans Windisch, scharf oder unscharf?, in: i 10, 1929, Nr. 20, S. 163 ff., zit. nach: Krisztina Passuth, Moholy-Nagy, Weingarten 1986, S. 323-326.

George Santayana, Das fotografische und das geistige Bild (ca. 1905), in: Wolfgang Kemp (Hg.), Theorie der Fotografie I, 1839-1912, München 1979, S. 251-259.

Jens Schröter, Virtuelle Kamera. Zum Fortbestand fotografischer Medien in computergenerierten Bildern, in: Fotogeschichte, Heft 88, 2003, S. 3-16.

Zum »Visible Human Project« finden sich ausführliche Informationen und auch Demoversionen in: http://www.nlm.nih.gov/research/visible/visible_human.html, Zugriff 15. Juli 2005.

Abbildung:

Dr. Benecke, Mikrophotographien, 1868, in: In unnachahmlicher Treue. Photographie im 19. Jahrhundert – ihre Geschichte in den deutschsprachigen Ländern, Köln 1979, S. 267.

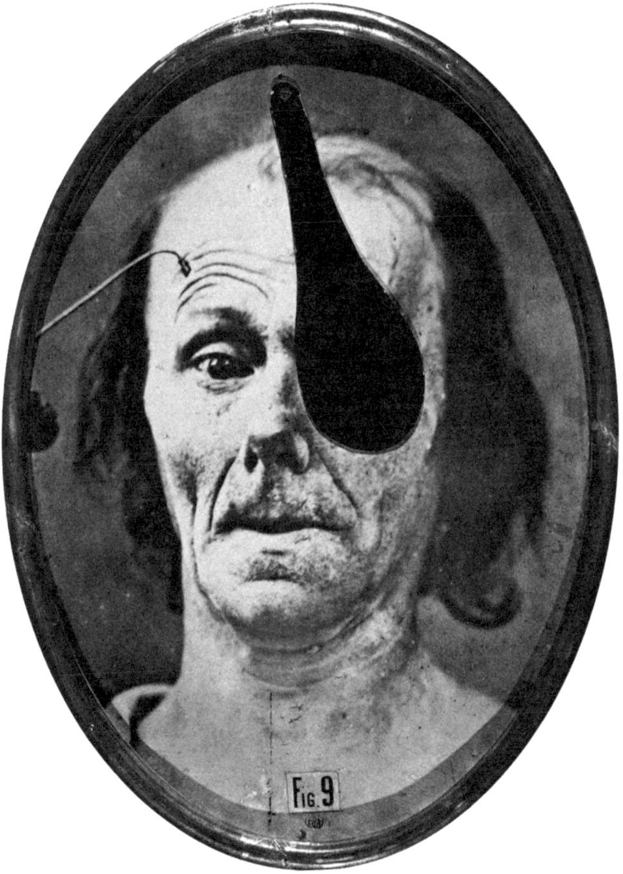
Fig. 9

Retina, künstliche

> »Man kann nicht besser seine Gedanken über diese Erfindung zum Ausdruck bringen, als wenn man sie vergleicht mit einer künstlichen Retina, durch Daguerre geschaffen und den Physikern übereignet.«
>
> *Jean Baptiste Biot*

Bereits in der Frühgeschichte der Photographie findet sich der Vergleich mit der Retina. Schon Nicéphore Niépce spricht in Briefen an seinen Bruder Claude von »rétines« (Niépce, 21 und 24), und neben Biot wird auch William Henry Fox Talbot dieses Bild aufnehmen. Talbot rekurriert, wenn er vom »Auge der Kamera« spricht, auf die Analogie zwischen Photographie und Auge, wobei das Objektiv dem Auge und das sensibilisierte Papier der Retina entspricht. (Batchen, 109) Wenn der französische Astronom Jules Janssen 1882 davon spricht, daß »die photographische Platte bald die wahrhafte Retina des Forschers sein wird« (Janssen, 128), so nimmt er die frühen Rezensionen der Daguerreotypie auf, greift auf ihre noch tastenden Bestimmungen der epistemologischen Veränderungen der Wahrnehmung zurück und prägt zugleich eine Formulierung, die die Zeitgenossen von Marey (Marey, 2) über Colson (Colson, 104) bis Londe (Londe, 1, und Bernard und Gunthert, 65f. und 85) begeistert aufnahmen und – zumindest in Frankreich – unentwegt zitierten. »Ja, meine Herren«, so ruft Janssen seinen Forscherkollegen voller rhetorischer Emphase zu, der photographische Film, »die sensibilisierte photographische Platte ist die wirkliche wissenschaftliche Retina, da sie all jene Eigenschaften aufweist, die die Wissenschaft erhoffen kann: Sie bewahrt treu die Bilder auf, die sich auf ihr abzeichnen, und reproduziert diese wenn erforderlich in unendlicher Zahl. Sie nimmt ein doppelt so großes Spektrum an Strahlungen wahr wie das Auge, und bald wird sie vielleicht alle erkennen können. [...] Daher gibt es dank ihrer kaum noch eine durch das Licht übertragene Erscheinung, wie flüchtig es auch sein mag, das sie nicht fixiert, keine Strahlung, wie fremd sie unserem Auge auch sein mag, das sie nicht aufzeichnen würde, keine Lichterscheinung, die sie nicht erhellen würde.« (Janssen, 88f.)

Anläßlich der Fünfzigjahrfeier der Entdeckung Daguerres im Jahre 1889 imaginiert Janssen bereits das hundertjährige Jubiläum und nimmt an, daß die Photographie bis dahin zum »universellen Auge« (Janssen, 169) geworden sei. Janssens Formulierung ist Indiz einer entscheidenden Veränderung des photographischen Diskurses im 19. Jahrhundert. Zu Beginn der 1880er Jahre multiplizieren sich die Versuche, durch die Photographie dem Auge neue Bereiche des Sichtbaren zu erschließen. Die Photographie macht sich auf eine Entdeckungsreise in die terra incognita des für das Auge Unsichtbaren und bringt von dort Bilder mit, die teilweise auch die bisherige Einschätzung der sichtbaren Welt nachhaltig verändern. Muybridges und Mareys bewegungsanalytische Bilder zeigen dem Menschen seine eigenen Bewegungen mit anderen Augen, Röntgen durchleuchtet den menschlichen Körper und verhilft dem Betrachter dank eines Fluoroskops zum Blick in sein eigenes Inneres. Die spiritistischen Photographen versuchen sich an der Aufzeichnung von Geistererscheinungen und von Strömen des menschlichen Körpers. Janssens Bestimmung der Photographie als »wahrhafte Retina des Wissenschaftlers« formuliert den Terrainverlust des menschlichen Auges gegenüber dem künstlichen der Kamera und bezeichnet präzise »die anatomische Verlagerung des Sehens, die Delegierung des Sehens an die künstlichen Netzhäute von Niépce«. (Virilio, 32) Der Photographie kommt es ab 1880 zu, die Sehschwäche des Menschen zu kompensieren und als Medium zwischen Unsichtbarem und Sichtbarem zu fungieren. Sie übersetzt das Unsichtbare in sichtbare und lesbare Zeichen, die eine spezifische Interpretation erfordern. Die Photographie ist nicht länger eine Reproduktion des Gegebenen, sondern eine Übersetzung, die spezifische Zeichensysteme parallel zur Natur entwirft.

Literatur

Geoffrey Batchen, A Philosophical Window, in: History of Photography, Bd. 26, Nr. 2, Sommer 2002, S. 100-112.
Denis Bernard und André Gunthert, L'instant rêvé. Albert Londe, Nîmes 1993.
Jean Baptiste Biot, zit. nach: Erich Stenger, Die Photographie in Kultur und Technik, Leipzig 1938, S. 23.
Colson, Photographie au travers de corps opaques, in: Bulletin de la Société française de photographie, IIe série, Bd. XII, 1896, S. 97-105.
Christoph Hoffmann, Zwei Schichten. Netzhaut und Fotografie, 1860/1890, in: Fotogeschichte, 21. Jg., Heft 81, 2001, S. 21-38.
Jules Janssen, Œuvres Scientifiques, hg. Henri Dehérain, 2 Bde., Paris 1929/1930, Bd. II.
Albert Londe, La Radiographie et ses diverses applications, Paris 1899.
Étienne Jules Marey, Die Chronophotographie, Berlin 1893.
Nicéphore Niépce, Der Blick aus dem Fenster. Gesammelte Briefe, Hamburg 1998. Paul Virilio, Die Sehmaschine, Berlin 1989.
Herta Wolf, Die Divergenz von Aufzeichnen und Wahrnehmen. Ernst Machs erste fotografiegestützte Experimente, in: dies. (Hg.), Diskurse der Fotografie. Fotokritik am Ende des fotografischen Zeitalters, Bd. 2, Frankfurt/M. 2003, S. 427-455.

Abbildung:
Guillaume Duchenne de Boulogne, Maximale elektrische Reizung des Stirnmuskels, hohe Aufmerksamkeit, Paris, 1856-57, in: Ulrich Pohlmann und Johann Georg Prinz von Hohenzollern (Hg.), Eine neue Kunst? Eine andere Natur! Fotografie und Malerei im 19. Jahrhundert, München 2004, S. 53.

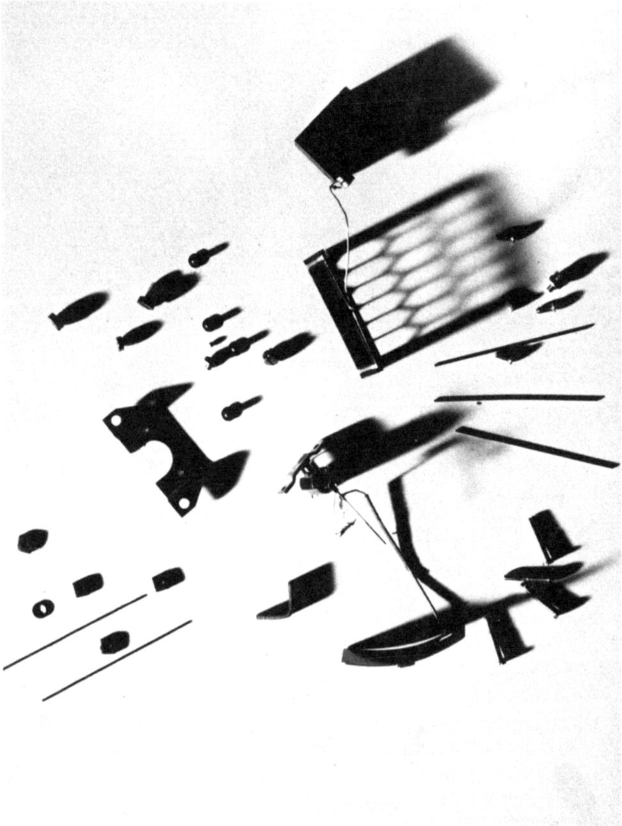

Schattenbild

»Das flüchtigste aller Dinge – ein Schatten – wird fixiert und dauerhaft aufgezeichnet.«

The Athenaeum

Hätte Talbots Besuch bei Adelbert von Chamisso in Berlin nicht bereits 1827 und somit vor seinen photographischen Experimenten stattgefunden, so hätte man diese Begegnung als denkwürdiges metaphorologisches Aufeinandertreffen des literarischen und des photographischen Schattendiebs bezeichnen können. Eine zeitgenössische Rezension des *Pencil of Nature* wird jedenfalls später die photographische Kunst Talbots mit Chamissos »Peter Schlemihl« vergleichen: »Er vergleicht die ›Magie unseres wissenschaftlichen Zauberers Herrn Talbot‹ mit Peter Schlemihls Fähigkeit, seinen eigenen Schatten zu verkaufen: Der Käufer kniet im strahlenden Sonnenschein nieder, löst den Schatten von den Schuhabsätzen seines Besitzers, klappt ihn zusammen und steckt ihn in seine Tasche.« (Saturday Magazine) Mit den Schattenbildern in der Tasche kann man den Heimweg vom Photographen antreten, der ihn vom Körper abgelöst und auf das Papier gebannt hat. William Henry Fox Talbot wird seinerseits auch weniger das Licht als den Schatten in den Mittelpunkt rücken und einem seiner Aufsätze den Untertitel »Über die Kunst, einen Schatten aufzuzeichnen« geben: »Das vergänglichste aller Dinge, ein Schatten, das sprichwörtliche Sinnbild aller flüchtigen und vorübergehenden Gegenstände kann mit Hilfe unserer ›natürlichen Magie‹ festgehalten und für immer in einer Stellung fixiert werden, die eigentlich nur bestimmt war, um einen einzelnen

Augenblick abzulichten.« (Talbot, Account, zit. nach: Draaisma, 123) Talbot liefert damit ein Bild des Photographen, das bis weit ins 20. Jahrhundert hinein immer wieder aufgegriffen wird. Der amerikanische Photograph Edward Curtis, der weite Teile seines Lebens damit verbracht hat, Indianer zu photographieren, wurde etwa von diesen »Mann, der die Schatten fängt« genannt. (Mc Luhan 1985, 27) Die Betrachter der Photographien fasziniert offenkundig die Metapher des Schattens, die ja durchaus, wenn man das Positiv-Negativ-Verfahren betrachtet, zutreffend ist (und damit auch Talbots Bildwahl im Konkurrenzkampf der technischen Verfahren verständlich macht), gleichwohl aber die Bilder keineswegs treffend beschreibt. »Die Tatsache, daß dort der echte Schatten des Menschen für alle Zeiten festgehalten ist«, (Barrett, 43) wie Elizabeth Barrett fasziniert schreibt, verwandelt sich zudem rasch in sein Gegenteil. Nun ist es nicht die Dauer des Transitorischen, sondern die Nichtigkeit des Bildes, die ihren Schatten auf die Photographie wirft. »Diese unglückliche Idee des 19. Jahrhunderts, aus Nichts, das heisst aus einem Schatten etwas zu machen, kann der Menschheit kein Glück bringen. Diese unglückliche Erfindung des Herrn Daguerre bricht aller Kunst den Hals, macht den Künstler zur blossen Maschine, macht ihn, wie einen Windmüller, abhängig von der Witterung, zernichtet in ihm das schöpferische Genie, den Fortschritt, die Grösse, und verflacht seine innere göttliche Natur; im Dienste dieses trügerischen Tageslichts verlernen wir den Tempeldienst einer helleren Sonne. Unsere Kunst geht zu Grabe.« (Schirges) Während der Maler versucht, der Macht der Erscheinungen dadurch Herr zu werden, daß er die flüchtige Vielfalt der Erscheinungen in Urbilder und überzeitliche Formen zu übersetzen versucht, ist der Photograph der Kontingenz der Phänomene ausgeliefert und kann nur die Schatten einfangen, wo es den Künstlern um das Licht geht.

Diese Deutung der Photographie, die sich immer mit dem Schatten zu begnügen hat und das Licht der Kunst und der Erkenntnis notwendig verfehlt, findet sich auch bei Marshall McLuhan, der in der Photographie eine Reduzierung der Fülle der Erscheinungen und der Substantialität der Dinge in schattenhafte Abbilder konstatiert: »Wenn die Fotografie tatsächlich einen schrecklichen Nihilismus zeigt und die Substanz durch Schatten ersetzt, tun wir sicher besser daran, es auch zur Kenntnis zu nehmen.« (McLuhan (1), 295)

Raoul Hausmann hingegen hat der Photographie gerade als Schattenkunst eine neue Deutung gegeben, die der verschwindenden Sensibilität für die Dinge eine neue Wendung gibt. Hausmann beobachtet in der Photographie einen »komplementären Kontrast« zwischen Licht und Schatten und sieht gerade in der Verwandlung von Licht in Schatten das Spezifikum der Photographie. »Schreiben mit Licht? Das Licht versengt die lichtempfindliche Schicht – das ist das SCHWARZ.« (Hausmann, 320) Diese Verwandlung der Erscheinungen in Schattenbilder könne zu einer neuen sinnlichen Sensibilität führen, indem die Gegenstände aus ihren bekannten Deutungskontexten herausgerissen werden, sich als Schattenbilder neu zeigen und damit zugleich vor Augen führen, daß, wie Man Ray anmerkt, »der Schatten ebenso wichtig wie der reale Gegenstand« (Man Ray, 291) ist. Dementsprechend müsse die Photographie auch einen anderen Namen tragen: »Der Schatten zersetzt, deformiert die Dinge. Verwandlung der Dinge durch die Schatten, durch das SCHWARZ. Zu uns spricht die MELANOgraphie.« Die Schattenschrift der Photographie verwandelt das Ding in ein »ent-deutetes Bild«: »Durch die MELANOgraphie erfahre ich den geheimnisvollen Charakter der Zeichen, die nicht mehr das bezeichnen, was das Ding bedeuten will.« (Hausmann, 320)

Das Schattenbild par excellence der Photographiegeschichte hingegen vereint Deutung und Geheimnis: die Röntgenphotographie. Es wurde wie kaum ein anderes Verfahren binnen kurzer Zeit von zahllosen Texten, Aufsätzen und Berichten kommentiert, die offenkundig von den neuen Schattenbildern über ihren reinen Anwendungsbereich hinaus fasziniert waren. Noch Durs Grünbein berichtet ein Jahrhundert nach ihrer Erfindung von »einem sogenannten bleibendem Erlebnis«, an das er sich noch Jahre später erinnert: eine Röntgenaufnahme, die während seiner Schulzeit angefertigt wurde. Nachhaltig irritierend und bewegend war »der Moment, als ich später die Aufnahme in Händen hielt, dieses Negativ in verschiedenen Grautönen, das den Schädel und sämtliche Knochen in neblige Schatten verwandelte und die Augenhöhlen in schwarze Löcher.« (Grünbein, 44) Die Photographie als Schattenbild wird zu einem visuellen Erlebnis, »das nach Vanitas stank« (Grünbein, 44) und zugleich den Blick radikal verändert.

Literatur

Hubertus von Amelunxen, »Worte des Lichts«. Fünf Perspektiven zum Schatten, in: Fotovision. Projekt Fotografie nach 150 Jahren, Hannover 1988, S. 211-216.

The Athenaeum, 2. 2. 1839, zit. nach Gail Buckland, Fox Talbot and the Invention of Photography, Boston 1980, S. 44.

Elizabeth Barrett, Brief über Portraitphotographie, in: Wilfried Wiegand (Hg.), Die Wahrheit der Photographie. Klassische Bekenntnisse zu einer neuen Kunst, Frankfurt/M. 1981, S. 41-43.

Otto Glasser, Wilhelm Conrad Röntgen und die Geschichte der Röntgenstrahlen, Berlin/Heidelberg/New York [3]1995.

Durs Grünbein, Galilei vermißt Dantes Hölle. Aufsätze, Frankfurt/M. 1996.

Ellen Handy, Fixing the Art of Digital Photography. Electronic Shadows, in: History of Photography, Bd. 22, Nr. 1, Frühjahr 1998, S. 7-13.

Raoul Hausmann, Melanographie, in: Floris Neusüss in Zusammenarbeit mit Renate Heyne, Das Fotogramm in der Kunst des 20. Jahrhunderts, Köln 1990, S. 320 [Erstausgabe 1968].
Marshall McLuhan (1), Die Fotografie. Bordell ohne Wände, in: Die magischen Kanäle. Understanding Media, Dresden/Basel 1994, S. 288-309.
Marshall McLuhan (2), Das Foto, eine Ikone, in: European Photography, Nr. 22, April-Juni 1985, S. 27-29.
William J. Mitchell, The Reconfigured Eye. Visual Truth in the Post-photographic Era, Cambridge/Mass. 1992, [3]1998.
Man Ray, zit. nach: Arturo Schwarz, Man Ray, München 1980.
Paula Richardson Fleming und Judith Lynn Luskey, Schattenfänger. Die Indianer Nordamerikas in historischen Meisterphotographien, München 1993.
Georg Schirges, Das Lichtbild, Hamburg 1844.
William Henry Fox Talbot, On Photogenic Drawing, in: Saturday Magazine, Bd. XIV, Nr. 435, 1839, S. 138-139.

Abbildung:
Anon., o. T., Deutschland, um 1950, Sammlung Stiegler.

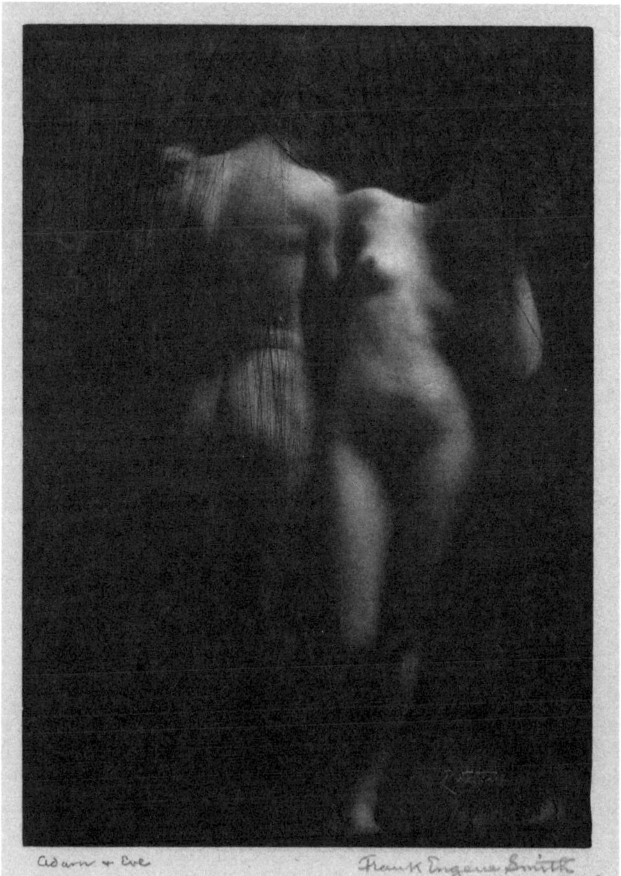
Adam + Eve
Frank Eugene Smith
N.Y.C.
U.S.A.

Schöpfung

»Ein Lichtbild – welch ein herrlicher Gedanke. Gott sprach: Es werde Licht, und da ward Licht. Der Mensch sprach: Diene mir, o Licht, und da diente ihm das Licht.«

J. Weil, nach Stenger, 251

Robert de la Sizerannes langer Aufsatz »Ist die Photographie eine Kunst?«, in dem er eine Positionsbestimmung der Photographie der Gegenwart unternimmt und der zu den wichtigsten Texten der Kunstphotographie um 1900 gehört, endet mit einem Besuch im Vatikan. Wenn man dort, so Sizeranne, in der langen Galerie der Kandelaber entlanggeht und seinen Blick schweifen läßt, so wird man über sich nicht nur Hermes und die Furien, Satyrn, Faune und Diana von Ephesus erblicken, sondern in einem Triumphzug der Wissenschaften und der Künste, die mit den Insignien ihrer Fortschritte der Religion Ehre erweisen, auch die Photographie, die in ihrer Hand diese »furchtbare Maschine, Objektiv genannt« hält. (Sizeranne, 212) Man mag erstaunt sein über diese Präsenz der Photographie inmitten eines Ensembles, das immerhin Raphael und Michelangelo zur Nachbarschaft hat und auch darüber, daß die allegorische Gottheit des Kollodiums und Bromsilbers denselben Platz einnimmt, den in der Sixtinischen Kapelle die Sibyllen und Propheten haben. Aber dann wird man sich vielleicht, so Robert de la Sizeranne, an die Verse über die Photographie erinnern, die Leo III. an die Prinzessin Isabelle von Bayern richtete: »Imaginem / Naturae Appelles aemulus / Non pulchriorem pingeret« [Schöner hat, / Nachahmend treulich die Natur, / Apelles kaum ein Bild gemalt] und wird sich fragen, »ob das, was heute als Übertreibung erscheint, morgen nicht Wirklichkeit sein wird.« (Sizeranne, 212)

Nun ist diese traute Eintracht von Technik und Religion, von der selbst päpstliche Gedichte Zeugnis ablegen, keineswegs so ungetrübt, wie sie hier erscheint. Die Photographie wurde von den Zeitgenossen Daguerres nämlich nicht nur als neue Schöpfung, sondern auch als Blasphemie beschrieben. Während auf der einen Seite Jules Janin in einer der frühesten Besprechungen der Photographie die Photographie als neue Schöpfung beschreibt und damit das Paradigma weiterer Deutungen vorgibt, sehen auf der anderen Seite andere die Lichtbilder als Verstoß gegen das Gesetz der Ebenbildlichkeit. »Es gibt in der Bibel«, schrieb Jules Janin, »die schöne Stelle: ›Gott sprach: Es werde Licht, und es ward Licht.‹ Jetzt kann man den Türmen von Notre-Dame befehlen: ›Werdet Bild!‹ und die Türme gehorchen.« (Janin, 47) Paris, die Stadt der neuen Erfindung, wird in doppeltem Sinn nun die »Ewige Stadt« (Janin, 48) werden: Sie ist der Ort, an dem flüchtige Ansichten in »ewige Bilder« verwandelt wurden und der daher mit »Daguerre als ihrem Messias« (Baudelaire, 136), so Charles Baudelaire spöttisch, Rom mit Fug und Recht den Rang abgelaufen hat. Aber nicht nur schwäbische Pietistinnen meinen nach dem Besuch beim Photographen einen Brief an eine »Schwester in dem Herrn Jesu Christo« (Kempe, 251) schreiben zu müssen, weil ihnen die Bilder unheimlich waren. Der meistzitierte Text in diesem Zusammenhang, für dessen Verbreitung insbesondere Walter Benjamin gesorgt hat, stammt wohl nicht, wie behauptet, aus dem bis heute nicht nachgewiesenen *Leipziger Stadtanzeiger* des Jahres 1841, sondern aus der Feder Max Dauthendeys: »Flüchtige Bilder festhalten zu wollen, dies ist nicht bloß ein Ding der Unmöglichkeit, wie es sich nach gründlicher deutscher Untersuchung herausgestellt hat, sondern schon der Wunsch, dies zu wollen, ist eine Gotteslästerung. Der Mensch ist nach dem Ebenbilde Gottes geschaffen, und Gottes Bild kann durch keine menschliche Maschine festgehalten werden.« (Dauthendey, 31) Wenn dies aber doch gelingen sollte, so kann dank des Lichts ein Bild seliger Eintracht entstehen, wie es ein Werbetext des französischen Daguerreotypisten Bryon Dorgeval in Aussicht stellt: »Eine Miniatur ist das Werk eines Autors – der Abzug Daguerres ist das Werk Gottes. Wieviel mehr würde eine Daguerrotypie von den Eltern oder einem Freund geschätzt werden, weil sie gleichzeitig den Schatten, die Gedanken und die Seelenbewegungen des Modells widerspiegelt, die von Gott durch die Kraft des Lichtes vereint wurden.« (Johnson/Shimshak, 9)

Literatur

Charles Baudelaire, Der Salon 1859, in: ders., Sämtliche Werke/Briefe, hg. von Friedhelm Kemp und Claude Pichois, Bd. 5, München 1989, S. 308-367.

Max Dauthendey, Mein Vater wird Photograph, in: Wilfried Wiegand (Hg.), Die Wahrheit der Photographie. Klassische Bekenntnisse zu einer neuen Kunst, Frankfurt/M. 1981, S. 23-40.

Bryon Dorgeval, zit. nach: Robert Flynn Johnson und Robert Harshorn Shimshak, The Power of Light: Daguerreotypes from the Robert Harshorn Shimshak Collection, San Francisco 1986.

Jules Janin, Der Daguerreotyp (1839), in: Wolfgang Kemp (Hg.), Theorie der Fotografie I, 1839-1912, München, 1979, S. 46-50.

Fritz Kempe, Daguerreotypie in Deutschland. Vom Charme der frühen Photographie, Seebruck am Chiemsee 1979.

Robert de la Sizeranne, La photographie est-elle un art?, in: ders., Les questions esthétiques contemporaines, Paris 1904, S. 147-212; eine stark gekürzte Fassung findet sich in: Wolfgang Kemp (Hg.), Theorie der Fotografie I, 1839-1912, München 1979, S. 212-218.

Erich Stenger, Siegeszug der Photographie in Kultur, Wissenschaft, Technik, Seebruck am Chiemsee 1950.

Abbildung:
Frank Eugène, Adam und Eva, Sammlung Stiegler.

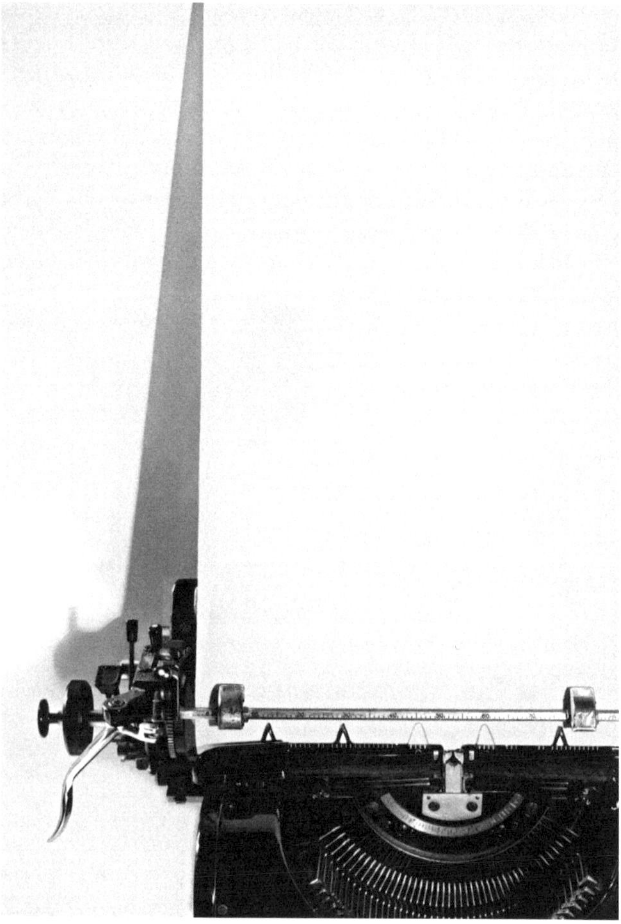

Schrift

> »Es ist nicht die vorrangige Aufgabe der Fotografie, ›die Natur wiederabzubilden‹, sondern ihre fotogenischen ERSCHEINUNGEN ZU SCHREIBEN ...«
>
> *Le Grand(-Vélin)*, 47

Hubertus von Amelunxen hat eine jener merkwürdigen Begebenheiten aus der Geschichte der Photographie wieder zutage gefördert, die in metaphorischer Abbreviatur das der Photographie zugeschriebene Programm zu fassen suchen. In den 1860er Jahren findet sich im *Moniteur de la Photographie* ein Bericht über eine denkwürdige Begegnung. Einem Photographen war beim Spazierengehen ein Mann aufgefallen, dessen Physiognomie auf eine besondere Intelligenz schließen ließ. Als er nun einige Tage später gebeten wird, Aufnahmen eines Toten anzufertigen und es sich bei dem Toten um genau diesen Mann handelt, bittet er um die Erlaubnis, sein Gehirn genauer photographisch unter die Lupe nehmen zu dürfen. Und was den Pathologen nicht gelungen war, gelingt ihm: Er kann den geheimnisvollen Tod erklären. Als er nämlich das Gehirn in hauchdünne Lamellen zerschnitten und diese einzeln photographiert hat, entdeckt er auf den Abzügen etwas Merkwürdiges: Überall finden sich Inschriften unterschiedlichster Sprachen und unterschiedlichster Gestalt in größtem Durcheinander. »Der Sprachgelehrte, das war dank der Fotografie erwiesen, war demnach einer Sprach- oder noch eher einer Zeichenverwirrung erlegen.« (Amelunxen, 212ff.)

Die Photographie bringt, wie diese Geschichte zeigt, nicht nur Ordnung in das Chaos der verschiedenen

Schriften, sondern bietet auch eine Alternative an: eine Licht-Schrift, die die babylonische Sprachverwirrung aufhebt und Bilder an ihre Stelle setzt. Der Photograph ähnelt dabei dem Schreiber, der Schreibaufgaben entgegennimmt und ausführt: »Während des ersten Jahrhunderts seiner Existenz spielte der professionelle Photograph eine ähnliche Rolle wie der frühere Schreiber, der Botschaften und Dokumente niederschrieb, die der schreibunkundige Bürger und der oftmals halbgebildete Herrscher benötigten.« (Szarkowski, S. 14) Diese Aufgabe als Schreiber kann auch als Licht-Bringer, als Aufklärer, interpretiert werden. So wie der Photograph in der Geschichte des *Moniteur* Licht ins Dunkel des Gehirns bringt und für eine Aufklärung des rätselhaften Todes sorgt, soll auch der sozial engagierte Photograph aufklären, ans Licht bringen: »Die Maxime des Sozialarbeiters ist also: ›Es werde Licht!‹ und in diesem Feldzug für das Licht haben wir als Vorhut den Licht-Schreiber, den Fotografen.« (Hine, 272) Und so wie die Rolle des Dokumentarphotographen immer die des engagierten, aber zugleich neutral beobachtenden, distanzierten Betrachters ist, versteht auch der französische Psychiater Charcot, der in seiner Arbeit die Photographie konsequent einsetzte, seine Rolle als Photograph, der die Phänomene notiert und verschriftlicht: »Aber in Wahrheit bin ich«, schrieb er 1887, »hier gänzlich nur Photograph; ich schreibe auf, was ich sehe...« (Charcot nach: Didi-Huberman, 39), und nimmt damit eine Metapher der Photographie auf, »aber eine aus der Realität genommene. Es war der Pakt der Praktik mit ihrem metaphorischen Wert«. (Didi-Huberman, 39)

Während Charcot hier die Objektivität und Authentizität seiner Notate photographisch zu legitimieren sucht, verstehen viele Photographen der 1920er und 1930er Jahre ihre Bilder als *Schrift*bilder, als Bilder, für die ihr hybrider Charakter konstitutiv ist. Die Photographien erscheinen nicht nur in der Werbung, in Illustrierten und auf Buchumschlägen zusammen mit Schrift und sollen zusammen mit ihr ein einheitlich gestaltetes Schriftbild ergeben, sondern greifen auch immer häufiger auf Schrift als Bildgegenstand zurück, ob dies nun in Gestalt von Photomontagen oder in Form von Plakaten ist, die auf den Bildern erscheinen und dort entzifferbar werden. »Man lernt«, schreibt Werner Gräff 1929 in dem berühmten Band *Es kommt der neue Fotograf!*, »wie die Bilder untereinander und mit dem Text zu komponieren sind.« (Gräff, 115) Walter Benjamin hat in seiner »Kleinen Geschichte der Photographie« von 1931 den Begriff der »Beschriftung« eingeführt, um dieser Veränderung der hybriden Bilder Rechnung zu tragen und um deutlich zu machen, daß auch für die Bilder die »Literarisierung aller Lebensverhältnisse« (Benjamin, 385) greift. »Man beginnt«, schreibt Susan Sontag, »die Wirklichkeit selbst als eine Art Schrift zu begreifen, die es zu entschlüsseln gilt – genau wie fotografische Bilder selbst zunächst mit der Schrift verglichen wurden.« (Sontag, 147) Wirklichkeit und Photographie werden gleichermaßen zu einer Schrift, die entziffert werden muß, und die Photographie wird zum privilegierten Medium ihrer Aufzeichnung. Photographien beschreiben nicht die Wirklichkeit, sie zeichnen sie in Lichtschrift, sie schreiben sie auf. Und so erstaunt es nicht, daß etwa Man Ray und Walker Evans die Kamera mit einer Schreibmaschine vergleichen. (Lugon, 191 f.)

Mit Aufkommen der digitalen Photographie verändert sich auch der Status der Schrift. Einerseits wird die Photographie nun gerade aufgrund der codierten Pixelstruktur der Bilder auch theoretisch als Schrift beschrieben, andererseits erfährt diese Schrift eine *dissémination* der Bedeutung. Wenn in vielen Bildern die Schrift als Gegenstand erscheint, so geht es auch um die Photographie als solche. Wenn etwa der amerikanische Photograph James Welling Photographien von Schrift anfertigt, geht es ihm darum, das zu photographieren, was er auch in seinen anderen Arbeiten, wie etwa Aufnahmen von zerknüllter und knittriger Alufolie, darzustellen versucht, nämlich dem nahezukommen, »was man sich unter Bildern über nichts möglicherweise vorstellen kann«. (Solomon-Godeau, S. 235) Diese Bilder besitzen nach ihm nur eine Bedeutung *in potentia*. Die Photographie der Schrift ist hier Pastiche, ist Repräsentation einer Repräsentation, die ihrerseits nach einer Decodierung verlangt, die wiederum als Repräsentation zu fassen sein wird – und die bereits von Anfang an Schrift ist.

Literatur

Hubertus von Amelunxen, »Worte des Lichts«. Fünf Perspektiven zum Schatten, in: Fotovision. Projekt Fotografie nach 150 Jahren, Hannover 1988, S. 211-216.

Walter Benjamin, Kleine Geschichte der Photographie, in: Gesammelte Schriften, hg. von Rolf Tiedemann und Hermann Schweppenhäuser, Bd. II, Frankfurt/M. 1977, S. 368-383.

Georges Didi-Huberman, Erfindung der Hysterie. Die photographische Klinik von Jean-Martin Charcot, München 1997.

Abigail Solomon Godeau, Spielen in den Feldern des Bildes, in: Hubertus von Amelunxen (Hg.), Theorie der Fotografie IV, 1980-1995, München 2000, S. 223-239.

Werner Gräff, Hier kommt der neue Fotograf!, Berlin 1929, Reprint Köln 1978.

Alain Le Grand(-Vélin), Die fotografische Schrift: eine Anschauung der Welt, in: Fotogeschichte, 6. Jg., Heft 20, 1986, S. 47-58.

Hervé Guibert, Die photographische Schrift, in: ders., Phantom-Bild. Über Photographie, Leipzig 1993, S. 72-76.

Lewis Hine, Sozialfotografie: Wie die Kamera die Sozialarbeit unterstützen kann. Ein Lichtbildervortrag (1909), in: Wolfgang Kemp (Hg.), Theorie der Fotografie I, 1839-1912, München 1979, S. 270-273.

Olivier Lugon, Le style documentaire. D'August Sander à Walker Evans. 1920-1945, Paris 2001.

Susan Sontag, Über Fotografie, München 1978.
John Szarkowski, Mirrors and Images. American Photography since 1960, New York 1978.

Abbildung:
Anon., o. T., Deutschland, um 1950, Sammlung Stiegler.

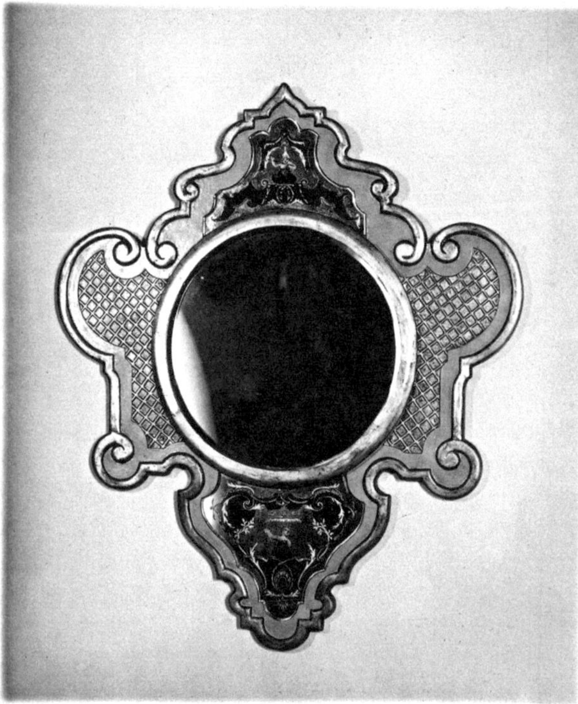

Silberspiegel

»ein Spiegel, der alle Reflexe bewahrt«

Janin 49

Die überaus verbreitete Verwendung der Metapher des Spiegels in den frühen Dokumenten der Photographiegeschichte, von der noch heute Buchtitel wie »Kindheit im Silberspiegel« (Dröscher) zeugen, rührt wohl nicht zuletzt daher, daß Daguerreotypien mit ihrer silbrigen Oberfläche wie Spiegel aussehen: »Drehen und wenden muß der Beschauer die versilberte Kupferplatte, um das Bild zu erkennen.« (Matthies-Masuren, 19f.) Ansonsten sah er nur sein eigenes Bild, das die Oberfläche der Daguerreotypie zurückwarf. Daguerreotypien waren für die Betrachter, die eine neue Art von Stichen oder Zeichnungen erwarteten, eine besondere Form von Bildern, ein Vexierbild, das erst hinter dem eigenen Spiegelbild die dargestellten Gegenstände entstehen ließ: »Getäuscht wurde hingegen die Erwartung durch den Spiegelglanz des Gemäldes, das man für einen mit schwarzen Rissen durchzogenen Spiegel hält, in welchem erst unter einem gewissen Sehewinkel die ganze darauf befindliche Welt aufgeht.« (Stenger, 9f.) Dieser Spiegel hatte nun aber anders als die altbekannten Spiegelbilder die Eigenschaft, daß das Bild nicht verschwand, sondern, wie Hans Christian Andersen an eine Freundin im Februar 1839 schrieb, »alle Gegenstände wie in einem Spiegelbilde aufgefangen und festgehalten werden ...« (Andersen nach: Kempe, 21) Daguerreotypien sind »Spiegel mit Gedächtnis« (Wendell Holmes, 116). Und genau so wurden sie all denjenigen, die sich keine Daguerreotypie leisten konnten oder entfernt der Metropolen lebten und daher diese besonderen Bilder noch nicht zu Gesicht bekommen hatten, auch beschrieben: »Stellen Sie sich jetzt vor, daß der Spiegel die Eindrücke der Objekte bewahrt hat, die sich in ihm spiegeln, und Sie haben eine beinahe komplette Vorstellung des Daguerreotyp.« (Janin 49) Aber »alles das mußte man«, wie Max Dauthendey berichtet, »erst lernen zu sehen«, und zugleich berichtet er von der eigentümlich Faszination der neuartigen Bilder: »Man erwartete, daß sie, wie alle Spiegelbilder, wie alle Menschen, die in einen Spiegel hineinsahen, sich auch bewegen müßten. Man getraute sich auch zuerst nicht, so erzählte mein Vater, die ersten Bilder, die er anfertigte, lange anzusehen. Man scheute sich vor der Deutlichkeit der Menschen und glaubte, daß die kleinen winzigen Gesichter der Personen, die da auf dem Bilde waren, einen selbst sehen könnten«. (Dauthendey, 38)

Aber auch im 20. Jahrhundert verschwindet die Metapher des Spiegelbildes nicht, sondern erscheint erweitert wieder: Tristan Tzara hat so etwa in einem Text über Man Ray die antike Tradition bemüht, um die Photographie zu beschreiben: »Wie der Spiegel das Bild mühelos zurückwirft und das Echo die Stimme, ohne zu fragen warum, so gehört die Schönheit der Dinge niemandem, denn sie ist von nun an ein physikalisch-chemisches Erzeugnis.« (Tzara, 127) Wenn es um die Bestimmung der Gegenwartsphotographie geht, wird die Kamera auch zum Spiegel, der nun aber die Inszenierung des Subjekts und die fotografische Selbstdarstellung im doppelten Sinne reflektiert: »Der sich in Szene setzende Fotograf benutzt die Kamera gleichsam als schreibenden Spiegel – als Plan- oder Zerrspiegel, als Rück- oder Teleskopspiegel, als Vergrößerungs- oder Verkleinerungsspiegel.« (Müller-Pohle, 76)

Literatur

Max Dauthendey, Mein Vater wird Photograph, in: Wilfried Wiegand (Hg.), Die Wahrheit der Photographie. Klassische Bekenntnisse zu einer neuen Kunst, Frankfurt/M. 1981, S. 23-40.

Elke Dröscher, Kindheit im Silberspiegel. Daguerreotypien, Dortmund 1983.

Gustav Fritsch, Künstler-Camera contra Geheimcamera, in: Polytechnisches Journal, 4. Jg., 1890, S. 91-99.

Oliver Wendell Holmes, Soundings from the Atlantic, Boston 1964; dt. Teilübers., Das Stereoskop und der Stereograph, in: Wolfgang Kemp (Hg.), Theorie der Fotografie I, München 1979, S. 114–121.

Jules Janin, Der Daguerreotyp (1839), in: Wolfgang Kemp (Hg.), Theorie der Fotografie I, 1839-1912, München 1979, S. 46-50.

Fritz Kempe, Daguerreotypie in Deutschland. Vom Charme der frühen Photographie, Seebruck am Chiemsee 1979.

Friedrich Matthies-Masuren, Künstlerische Photographie, Berlin 1907.

Andreas Müller-Pohle, Die fotografische Dimension, in: Kunstforum, Bd. 129, Januar-April 1995, S. 74-99.

Erich Stenger, Die beginnende Photographie im Spiegel von Tageszeitungen und Tagebüchern, Würzburg ^{2}1943, Reprint New York 1979.

John Szarkowski, Mirrors and Windows. American Photography since 1960, New York 1978.

Tristan Tzara, Man Ray und die Photographie von der Kehrseite, übers. von Will Grohmann, in: Das Kunstblatt, Heft 9, 1925, wiederabgedr. in: Ute Eskildsen und Jan-Christopher Horak (Hg.), Film und Foto der zwanziger Jahre. Eine Betrachtung der Internationalen Werkbundausstellung »Film und Foto« 1929, Stuttgart 1979, S. 126f., S. 127.

Abbildung:
Anon., ca. 1930, Sammlung Stiegler.

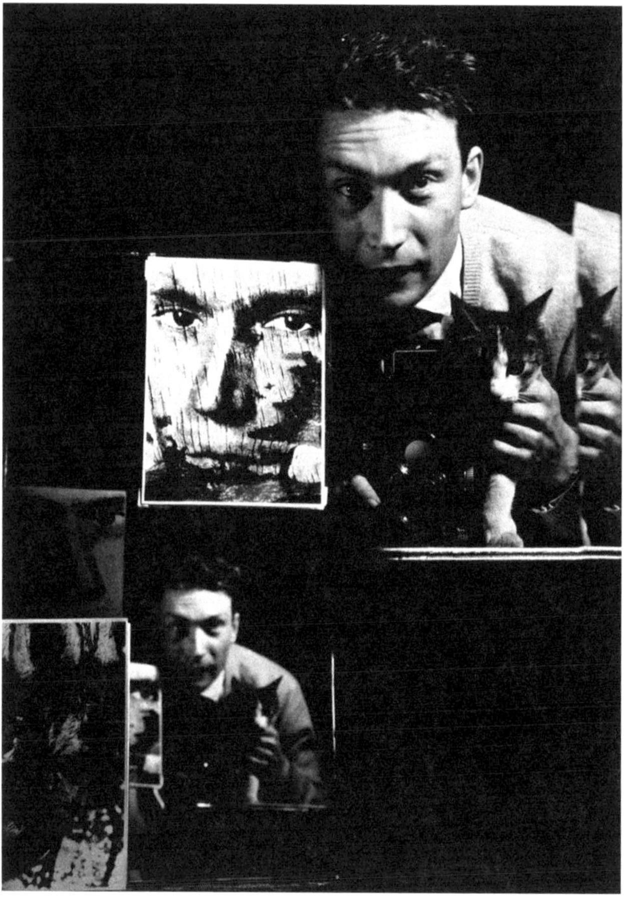

Simulakrum

> »Aufgebracht, vervielfältigt, bezaubert, wird die Evidenz zum Simulakrum.«
>
> *Didi-Huberman, 76*

»Das photographische Bild eines Gegenstandes ist unter Umständen wichtiger als dieser selbst«, schrieb Robert Koch (Hagner, 257) und bestimmte damit zugleich die Schwelle, die eine erste Deutung des Simulakrums von einer zweiten trennt. In der Frühzeit der Photographiegeschichte wurden die neuen Bilder fast durchweg als eine bildliche Materialisation der Gegenstände, als ihre Ebenbilder angesehen. Heute bezeichnet das Simulakrum im Sinne von Gilles Deleuze und Jean Baudrillard hingegen ein Bild, für das die Kategorien von Original und Kopie obsolet geworden sind. Bei Robert Koch dienten die Photographien vor allem dazu, die Genauigkeit der mikroskopischen Untersuchungen zu überprüfen (Breidbach). Kurze Zeit später arbeitet der Forscher schon nicht mehr mit dem Präparat selbst, sondern mit den Bildern des Präparates, die sich ihrerseits als modellierte Simulation zu bewähren hatten.

1864 beschrieb Anton Martin die Photographien als zweite, ebenbildliche Natur: »Wie staunenswerth hat doch der Menschengeist / Des Lichtes wunderbare Kraft benutzt! / Nun ist kein Augenblick vergänglich mehr! / Nun gibt es von Natur und Mensch und Allem / Nicht blos ein nachgeahmtes *Abbild* nur; / Du hast von allen Wesen, allen Dingen / Fortan ein *Ebenbild*, du hast sie selbst!« (Martin, 14) Dieser Ebenbildlichkeit der Photographie versicherte sich der Betrachter mit Hilfe von Lupen, die ihm das vermeintlich Bekannte in immer neuer

Form aufschlossen und zugleich zeigten, daß die Bild gewordene Wirklichkeit reicher an Details ist als die erinnerte Wahrnehmung derselben Gegenstände: »Diese Abbildungen sind so vollkommen und treu, daß man bei ihrer Untersuchung mit dem Vergrößerungsglas Details entdeckt, welche man mit bloßem Auge in den Original-Gegenständen nicht bemerkt, die aber, wenn man sie mittels optischer Instrumente in letztern aufsucht, vollkommen damit übereinstimmend befunden werden.« (Robison, 67f.) In zahllosen Texte der Frühzeit der Photographie dominiert diese Deutung der neuen technischen Bilder als Simulakrum, Ebenbild oder Faksimile: »Als die Facsimilis einer beginnenden neuen Zeit- und Kulturgeschichte sehen wir sie vor uns«, heißt es so etwa in einem Bericht aus dem Jahr 1839, »und mit fast ehrerbietiger Scheu und Freude zugleich verweilt der Blick auf den wundersamen Gebilden, auf denen sich die allwaltende Natur, nach menschlicher Anleitung, selbst portraitirt hat. Materielles und Geistiges kämpfen einen uralten Kampf mitsammen.« (Allg. Theater-Zeitung, 25) Dieser Kampf ist in der Deutung Jean Baudrillards längst entschieden. Die digitale Photographie erfüllt, so Victor Burgin, »die Bedingung dessen, was Baudrillard als ›Simulakrum‹ bezeichnet: Es ist eine Kopie, zu der es kein Original gibt.« (Burgin, 68) Und auch die Geschichte der Photographie wird neu zu schreiben sein: Die Geschichte des Bildes ist eine Geschichte des Verschwindens, der Verwandlung der Illusion der Realität in ihre Simulation, oder, in den Worten Baudrillards, die »Auflösung der Welt in der Illusion« und ihre »Auferstehung im Simulakrum«. (Baudrillard (1), 21) Das Simulakrum und die Simulation, die Virtualität und die Digitalisierung führen in seiner Deutung zu einem definitiven und unwiderruflichen Verschwinden der Illusion der Realität, wobei die Realität immer schon Illusion ist und nie anders als im Modus der Illusion zu fassen ist. Demgegenüber ist die Photographie als altes Medium, als Restbestand aus den Zeiten der Repräsentation auch ein Relikt der Illusion: »Nun, mit der Photographie bleibt man in der Illusion, die darin besteht, einen anderen Schauplatz zu erfinden und die Form und den Blick zu verklären.« (Baudrillard (2)) Während selbst in der Deutung Baudrillards die Photographie im analogen Zeitalter die Realität als Simulakrum/Ebenbild repräsentierte, verwandelt sie sich im Reich des Digitalen in ein Simulakrum in neuer Gestalt, das die Wirklichkeit absorbiert hat und zur neuen Realität geworden ist.

Literatur

Allgemeine Theater-Zeitung, Wien, 19.9. 1839, zit. nach: Hans Frank, Vom Zauber alter Lichtbilder. Frühe Photographie in Österreich 1840-1860, Wien 1981, S. 24f.

Jean Baudrillard (1), Das perfekte Verbrechen, München 1996.

Jean Baudrillard (2), La banalité magique des choses. Gespäch mit Jean Baudrillard, in: http://www.regards.fr/archives/1999/199902/199902 cre01.html, Zugriff. 15. Juli 2005.

Olaf Breidbach, Bilder des Wissens. Zur Kulturgeschichte der wissenschaftlichen Wahrnehmung, München 2005.

Victor Burgin, Photography in the Year 2000, in: European Photography, Bd. 16, Nr. 58, Herbst 1995.

Georges Didi-Huberman, Erfindung der Hysterie. Die photographische Klinik von Jean-Martin Charcot, München 1997.

Michael Hagner, Mikro-Anthropologie und Fotografie. Gustav Fritschs Haarspaltereien und die Klassifizierung der Rassen, in: Peter Geimer (Hg.), Ordnungen der Sichtbarkeit, Frankfurt/M. 2002, S. 252-284.

Rosalind Krauss, A Note on Photography and the Simulacral, in: October, Nr. 31, Winter 1984, S. 49-68.

A[nton] Martin, Historischer Abriss der Photographie, Bd. I, Wien 1864.

John Robison, Über Daguerre's Photographie und besonders über die Theorie derselben, in: Dinglers Polytechnisches Journal, Bd. 74, 1839, S. 67-70.

Abbildung:
Anon., ca. 1960, Sammlung Stiegler.

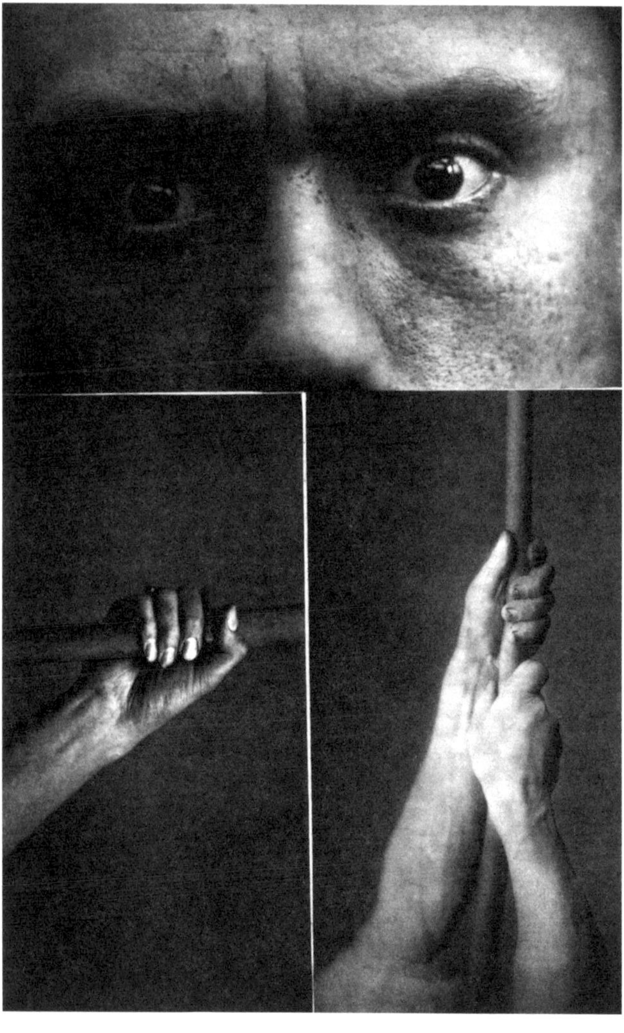

Sprache

> »zurück zur Fotografie, zur einzigen Weltsprache, der optischen Sprache.«
>
> *Stone, 168*

Anfang 1840 erschien in Cincinnati, Ohio, ein Bericht über die Daguerreotypie: »Ihre Vollendung ist von keiner menschlichen Hand zu erreichen, und ihre Wahrheit erhebt sich über alle Sprache, Malerei und Poesie. Es ist die erste universelle Sprache, die sich an alle wendet, die zu sehen vermögen, in Buchstaben, die gleichermaßen an den Königshöfen der Zivilisation wie in den Hütten der Wilden verstanden werden. Die Bildersprache Mexicos und die Hieroglyphen Ägyptens werden von nun an von der Realität überboten.« (Rudisill, 201) Dieser frühe Bericht gibt bereits ein Programm vor, das in zahlreichen Texten zur Photographie bis heute seine Gültigkeit nicht verloren hat. So erscheint bereits in der Frühzeit der Photographie die Camera obscura als Paradigma der menschlichen Wahrnehmung, die notwendig den Gesetzen der Perspektive gehorcht und durch diese die Gegenstände überhaupt erst als Form und somit als Ordnung und als *Sprache* erkennen kann. Die Photographie dient einer Neubestimmung der Wahrnehmung als Sprache, die zugleich auf das Auge als organisches Analogon der technischen Camera obscura übertragen wird. Konsequenz dieser Mathematisierung des Blicks ist eine geometrische Entsprechung der Erkenntnis und ihres Objekts, die durch das Auge als Projektions- und Vermittlungsinstanz geleistet wird. Das Auge ist ein Medium, das zwischen Ding und Verstand, der »äußeren Natur« (Parsey, VI) und den Begriffen und Vorstellungen vermittelt. Die Perspektive stellt eine Art Grammatik der Gegenstände dar, welche erforderlich ist, um die »Sprache des Auges«, so der Untertitel eines Buches von Parsey, das bereits vor der Erfindung der Photographie geschrieben und dann später technisch »aktualisiert« wurde, gewinnen zu können und somit überhaupt für den Verstand entzifferbar zu machen. Der Verstand »liest« die Zeichen der Außenwelt, die durch das Auge mittels der Gesetze der Perspektive geordnet, projiziert und in eine Sprache übersetzt werden. Die Photographie ist eine neue Bildsprache, die im Gegensatz zu den Hieroglyphen und der Sprache der Azteken nicht die Dinge in Bildzeichen übersetzen muß, sondern unmittelbar als Bilder sprechen lassen kann. Die Photographie stellt, so Sasha Stone, einen »unzweifelhaften Fortschritt gegenüber den uns hinterlassenen Hieroglyphen der Ägypter« (Stone, 168) dar. Mit der Erfindung der Photographie kann die babylonische Sprachverwirrung rückgängig gemacht werden und der Mensch seine Sprache bei ihren historischen Wurzeln packen. »Die sympathischen Einzelklänge aus dieser [babylonischen Sprachverwirrung, B. S.] herauszufinden und zu gegenseitigem Verständnis zu fördern, dazu kann nur eine *Weltsprache* helfen, eine Sprache, der zwar die Reize der individuellen Färbung fehlen, die aber unbestechlich und unveränderlich zu allen Zeiten und unter allen Zonen wesentlich dieselbe bleibt. Diese praktische Welt- und Verständigungssprache ist für die zahllosen so differirenden Ausdrucksformen der Kunst, sowie gegenüber all' ihren subjectiven Anwandlungen und Irrungen – nur die Unverfälschbarkeit der Photographie!« (Meyer, 164) Die Photographie ist nicht nur allgemeinverständlich, sondern auch objektiv und authentisch, frei von subjektiver Einfärbung und von wahrhaft universeller Tragweite, was ihre Gegenstände und ihre Verbreitung anbetrifft.

Edward Steichen hat seiner überaus erfolgreichen Ausstellung *The Family of Man*, die zwischen 1955 und 1960 über 7 Millionen Menschen in 28 Ländern besuchten, seinem Verständnis dieser Bildsprache auch ein Bildprogramm zur Seite gestellt. Für Steichen »kommunizierte lange vor der Entstehung der Wortsprache der Höhlenmensch schon mit Bildern. Mit der Erfindung der Fotografie erhielt die visuelle Kommunikation ihre einfachste, unmittelbarste und universellste Sprache.« (Steichen, 107) Steichens Ausstellung wurde u. a. von Roland Barthes und Allan Sekula scharf kritisiert. Während Sekula nachweist, daß die Ausstellung eine Sprache mit einer besonderen Codierung propagiert, die nicht nur »die bürgerliche Kernfamilie universalisiert«, (Sekula (1), 275) sondern auch eine ideologische Alphabetisierung bildlich umsetzt, kritisiert Barthes in einem Text aus *Mythen des Alltags* die dort vorgenommene Naturalisierung oder Mythisierung von kulturellen Gegebenheiten: »Der Mythos der *›condition‹ humaine* beruht auf der sehr alten Mystifizierung, die immer die Natur an die Stelle der Geschichte setzt.« (Barthes, 670) Gerade wenn man die Photographie als Sprache versteht, müsse man sie als historisches, nicht aber als natürliches Phänomen verstehen und daher die Photographie als natürliche Sprache in den ihr zukommenden Stand der Geschichte zurückversetzen. Wenn Allan Sekula unterstreicht, daß »photographische ›Lesbarkeit‹ erlernt ist« (Sekula, 86), so bedeutet dies eben auch, daß die Photographie nicht jene Rückkehr in die Höhlen der Urmenschen vor der babylonischen Sprachverwirrung darstellt, sondern ihrerseits in subtiler Weise codiert ist. Photographie ist in der Tat eine Sprache, aber – so wollen es diese Deutungen – eine ideologische Sprache.

Steichens Konzept der Photographie als Weltsprache hatte auch in der Photographiehistoriographie eine enorme Verbreitung. So schließt etwa Helmut Gernsheims Buch *Creative Photography*, das die ästhetischen wie technischen Neuerungen der ersten 120 Jahre der Photographiegeschichte in diachroner Folge vorstellt, mit einem emphatischen Programm: »Der bedeutendste Beitrag der Photographie als Kunstform liegt meiner Meinung nach in ihrer einzigartigen Fähigkeit, das Leben aufzuzeichnen. Photographie ist die einzige ›Sprache‹, die in allen Teilen der Welt verstanden wird und alle Nationen und Kulturen überbrückt. Sie verbindet das menschliche Geschlecht. Unabhängig von politischen Einflüssen – hier sind die Menschen frei – spiegelt die Photographie wahrheitsgetreu das Leben und dessen Ereignisse wider, erlaubt uns, mit anderen Hoffnungen und Verzweiflung zu teilen und erhellt politische und soziale Bedingungen.« (Gernsheim, 229) Auch hier findet sich erneut das Modell einer authentischen, freien und demokratischen Sprache der Photographie, deren zentrale Aufgabe es sei, zur Völkerverständigung beizutragen und der »family of man« eine Sprache zur Verfügung zu stellen.

Dies gilt ebenso für Otto Steinert und die *subjektive fotografie* der Nachkriegszeit, die in einer abstrahierenden Bildsprache der Photographie eine historisch unbelastete Ausdrucksmöglichkeit erblickte und diese auch programmatisch umzusetzen versuchte: »Die Photographie ist als das bisher breitenwirksamste Mittel berufen, das visuelle Bewusstsein unserer Zeit massgeblich zu formen. Als die allgemeinverständlichste und in der Handhabung zugänglichste Bildtechnik ist es besonders geeignet, die Verständigung unter den Völkern zu fördern«, heißt es im Katalog der Ausstellung *subjektive fotografie* (Steinert, 8). Auch hier ist die Sprache der Photographie »natürlicher als die natürliche Sprache« (Sekula, 283) und reiner als die geschichtlichen Sprachen; auch hier soll die problematische Historizität der Sprache mit einer neuen Natürlichkeit versehen werden. »Der Photograph seinerseits bedarf«, so hieß es bereits in einem Text aus dem Jahr 1856, »in vielen Fällen keiner Hilfe durch die menschliche Sprache. Mit dem Bild vor seinen Augen lauscht er statt dessen der wortlosen und doch so beredten Sprache der Natur.« (Diamond, 42) Die Sprache der Photographie gibt sich als Sprache der Natur und der Kultur zugleich aus und verschafft sich so eine unabweisbare Legitimation. Wenn man jedoch die Sprache der Photographie als kulturell codierte Sprache versteht, erweist sich auch diese Legitimation als programmatischer Gründungsakt einer mythischen Sprache.

Gleichwohl findet sich in der Photographie des 20. Jahrhunderts auch ein anderes Modell der Photographie als Sprache. Wenn etwa Henri Cartier-Bresson feststellt, daß »die sprachliche Kraft der Photographie die Raffung des Gedankens ist« (Cartier-Bresson, 26), so geschieht dies vor dem Hintergrund eines neuen zentralen Anwendungsbereichs der Photographie, der eine Publikation von Serien vorsieht: der Pressephotographie. Die einzelne Aufnahme gewinnt ihre Bedeutung erst im Kontext einer Serie, die zudem eine narrative Funktion hat und in bildlicher Abbreviatur eine Geschichte zu erzählen oder von Ereignissen zu berichten hat. Cartier-Bresson zielt daher auf eine Strukturierung der Bilder, die jeweils durch eine minuziöse Komposition bestimmt sind, gleichwohl aber untereinander einen Rhythmus nachstellen sollen, der auch dem Geschehen entspricht und dieses für den Betrachter vorstellbar macht. Bereits in der Momentphotographie des französischen Physiologen Étienne Jules Marey Ende des 19. Jahrhunderts findet sich die Vorstellung einer rhythmischen Artikulation der Lebensvorgänge, die in Gestalt von Photographien aufgezeichnet werden könne, die zeitliche Abläufe in abstrahierende Darstellungen verwandeln. Bewegungen verwandeln sich in Kurven oder in Lichtpunkte, die miteinander verbunden werden können. Auch hier geht es um eine Aufzeichnung der Sprache der Natur, die, so will es die Theorie Mareys, rhythmischen Gesetzen gehorcht und in bestimmter Weise artikuliert ist.

Literatur

Roland Barthes, Mythologies, in: Œuvres complètes, hg. Éric Marty, Bd. 1, Paris 1993, S. 567-722.

Henri Cartier-Bresson, Auf der Suche nach dem rechten Augenblick. Aufsätze und Erinnerungen, Berlin/München 1998.

H. W. Diamond (1856), zit. nach: Georges Didi-Huberman, Erfindung der Hysterie. Die photographische Klinik von Jean-Martin Charcot, München 1997.

Helmut Gernsheim, Creative Photography. Aesthetic Trends 1839-1960, New York [2]1991, (EA 1962).

Bruno Meyer, in: Photographische Correspondenz, 37. Jg., 1900, S. 155f., zit. nach: Enno Kaufhold, Bilder des Übergangs, Marburg 1986, S. 164.

Arthur Parsey, The Science of Vision; or, Natural Perspective! Containing the true language of the eye, London 1840.

Philippe Quéau, Die Fotovirtualität, in: Hubertus von Amelunxen u. a. (Hg.), Fotografie nach der Fotografie, Dresden/Basel 1995, S. 111-113.

Richard Rudisill, Mirror Image. The Influence of Daguerreotype on American Society, Albuquerque 1971.

Allan Sekula (1), Der Handel mit Fotografien, in: Herta Wolf (Hg.), Paradigma Fotografie. Fotokritik am Endes fotografischen Zeitalters, Band I, Frankfurt/M. 2002, S. 255-290.

Allan Sekula (2), On the Invention of Photographic Meaning, in: Victor Burgin (Hg.), Thinking Photography, London 1982, S. 84-109.

Edward Steichen, On Photography, in: Nathan Lyons (Hg.), Photographers on Photography, Prentice-Hall 1966.

Otto Steinert (Hg.), subjektive fotografie, Bonn 1952.

Sasha Stone, Zurück zur Fotografie, in: Die Form, Heft 7, 1929, S. 168; wiederabgedr. in: Ute Eskildsen und Jan-Christopher Horak (Hg.), Film und Foto der zwanziger Jahre. Eine Betrachtung der Internationalen Werkbundausstellung »Film und Foto« 1929, Stuttgart 1979, S. 160.

Abbildung:
E. Bernard (Hg.), Ausdrucksstudie des Gesichts, der Arme und der Hände, 1882, in: Ulrich Pohlmann und Johann Georg Prinz von Hohenzollern (Hg.), Eine neue Kunst? Eine andere Natur! Fotografie und Malerei im 19. Jahrhundert, München 2004, S. 88.

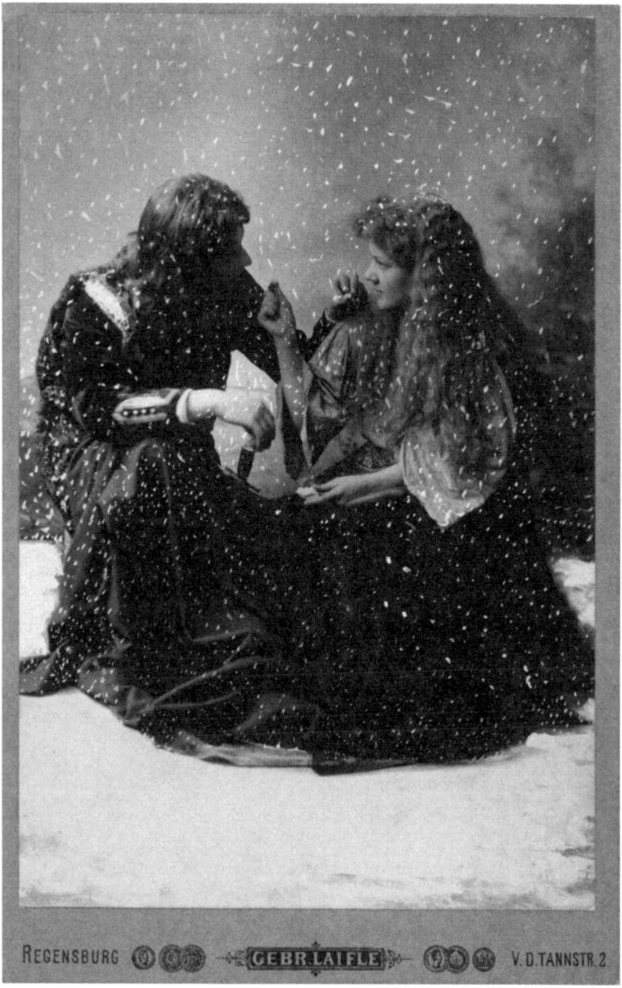
REGENSBURG
GEBR. LAIFLE
V. D. TANNSTR. 2

Spur

»Es gibt nichts als Spuren.«

Bennington/Derrida, 83

Viele Photographen unternehmen heute Spurensicherungen: Zahlreiche Arbeiten von Christian Boltanski nehmen ihren Ausgang von der Grundevidenz, daß Photographien Spuren sind und als Spuren wirken. Der Photograph Frank Müller konzentriert sich in seiner Arbeit auf die Spurensuche des Lebens seiner Kindheit und Jugend, und selbst die großangelegten Serien von Bernd und Hilla Becher erstellen ein Archiv der Formenvielfalt von Fachwerkbauten und Wassertürmen vor ihrem Verschwinden. Die Photographie als Spurensicherung findet sich bereits in einer der Inkunabeln der photographischen Literatur: in Talbots *Zeichenstift der Natur*. Gegenüber der Camera lucida, bei der der »treulose Zeichenstift [...] nichts als Spuren hinterlassen hat, die sich nur mit Trübsinn betrachten ließen« (Talbot, 48), kann die Photographie dauerhafte Spuren aufzeichnen, die zudem selbst bei bekannten Gegenständen Details erkennbar werden lassen, die im Bild als Spuren lesbar werden. »Wie reizvoll müßte es sein«, so erinnert sich Talbot an seinen Traum von der Photographie, »könnte man diese natürlichen Bilder veranlassen, sich selbst dauerhaft abzudrucken und dauerhaft auf dem Papier zu verweilen.« (Talbot, 49) Die Dauer der Photographie ist eine Dauer der Spur. Der Blick auf das Bild entdeckt dort Spuren der Zeit, eine stillgestellte, eingefrorene, kristallisierte Zeit. Die Lupe macht es möglich, »daß der Photograph selbst [...] bei der Nachprüfung entdeckt, daß er viele Dinge mit aufgenommen hat, die ihm seinerzeit gar nicht aufgefallen waren« (Talbot, 74), wozu auch der Zeitpunkt der Aufnahme gehört, der an einem Ziffernblatt ablesbar wird. Die Photographie wird zur Spur der Vergangenheit, aber zu einer Spur, die, wie in der Typologie von Charles Sanders Peirce, einem der wenigen Philosophen, die sich theoretisch der Photographie zugewendet haben, als Index lesbar wird. Peirce vereinigt unter diesem Begriff dann auch die Photographie und die Spur eines Tieres im Schnee oder in der feuchten Erde. Insbesondere bei Roland Barthes und bei Philippe Dubois wird diese Bestimmung der Photographie als Index und als Spur zum Ausgangspunkt einer ganzen Photographietheorie, die in der Photographie die Evidenz des »Es ist so gewesen« (Barthes) erblickt. »Die elementare Illusion der Photographie ist, daß es da etwas gab in der Welt, und die Aufnahme ist davon eine Spur.« (Wall, 328)

Eine andere Theorietradition, die ihrerseits von Talbot über Kracauer bis zur Gegenwart reicht, betont in der Photographie die Bedeutung des Details als etwas, das bis dahin vernachlässigte Randphänomene ins Aufmerksamkeitsfeld rückt. »Die Fotografie bewaffnete das Auge mit einem Blick, der genötigt war, seine Aufmerksamkeit auf Details, Spuren und Indizien zu lenken, die bis dahin nicht augenfällig waren.« (Stingelin, 181) Der Index wird nun zum Indiz und die Spurensicherung zur Kriminologie.

Mit der poststrukturalistischen Wende wird die Spur zu einem Grundkonzept der Theorie überhaupt. Nun ist jedes Zeichen sui generis Spur und die Photographie ihr sichtbares Zeichen: »Im Sinne der *Grammatologie* Derridas ist die Fotografie die *Perpetuierung der Spur.*« (Amelunxen, 214) Das gilt selbst für Jean Baudrillard, in dessen Deutung der Photographie diese weder als Utopie noch als Jenseits der Ordnung der Simulation, weder als Wahrheit noch als Realität, sondern als »symbolische Leere«, als »Nichts inmitten der Bilder« (Baudrillard (1), 139), als

»Spur, die das Verschwinden des gesamten Restes hinterlassen hat« (Baudrillard (2), 135 f.) erscheint, und so für einen kontingenten Moment und gerade aufgrund der Kontingenz des Moments Negativ sein kann, dessen Positiv aber bereits sein Doppel, nicht aber die Realität ist. Der in der Photographie fixierte Augenblick ist keineswegs »in der Spur noch bewahrt, in der er sich niedergeschlagen hat« (Geier, 218), sondern Zeichen und Spur des Verschwindens.

Literatur

Hubertus von Amelunxen, »Worte des Lichts«. Fünf Perspektiven zum Schatten, in: Fotovision. Projekt Fotografie nach 150 Jahren, Hannover 1988, S. 211-216.
Roland Barthes, Die helle Kammer, Frankfurt/M. 1985.
Jean Baudrillard (1), Paroxysmus, Wien 2002.
Jean Baudrillard (2), Das perfekte Verbrechen, München 1996.
Geoffrey Bennington / Jacques Derrida, Jacques Derrida, Frankfurt/M. 1994.
Philippe Dubois, Der photographische Akt, Dresden 1998.
Manfred Geier, Der fotografierte Augenblick. Ein Gespräch mit Lucia Wienaliez über das Zeitproblem in der Fotografie, in: Fotovision. Projekt Fotografie nach 150 Jahren, Hannover 1988, S. 216-220.
Frank Müller, JugendSpuren, Leipzig 1998.
Frank Müller, KindheitSpuren, Jena 2000.
Charles Sanders Peirce, Die Kunst des Raisonierens, in: Semiotische Schriften, Bd. 1, Frankfurt/M. 1986, S. 191-201.
Martin Stingelin, En face et en profil. Der identifizierende Blick von Polizei und Psychiatrie, in: Fotovision. Projekt Fotografie nach 150 Jahren, Hannover 1988, S. 181-187.
William Henry Fox Talbot, The Pencil of Nature, Der Zeichenstift der Natur, in: Wilfried Weigand (Hg.), Die Wahrheit der Photographie. Klassische Bekenntnisse zu einer neuen Kunst, Frankfurt/M. 1981, S. 45-89.
Jeff Wall, in: Prospect 96. Photographie in der Gegenwartskunst. Ausstellungskatalog Frankfurt/M. 1996, S. 328-331.

Abbildung:
Gebr. Laifle, Regensburg, um 1890, Sammlung Stiegler.

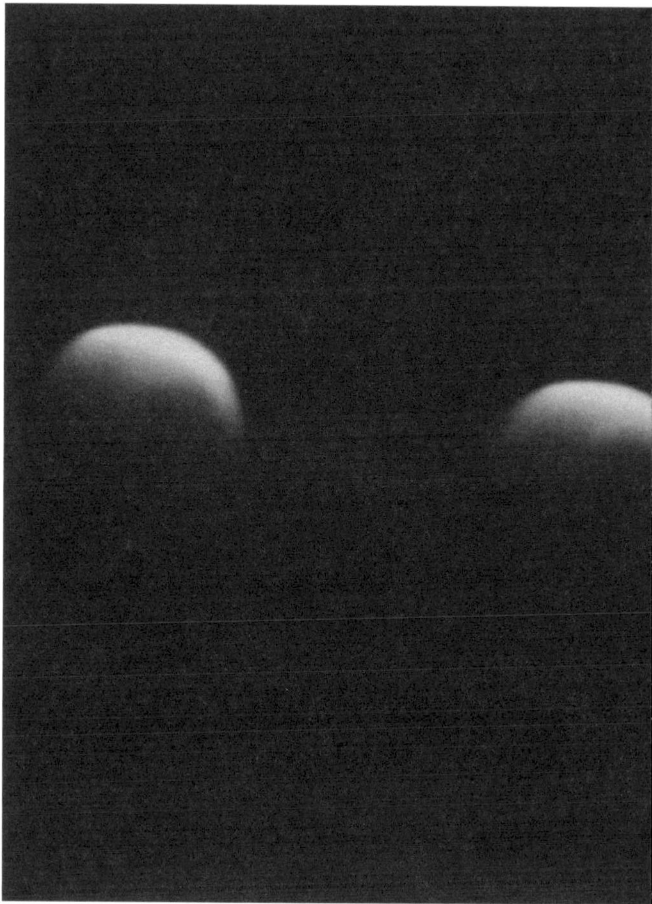

Sternenlicht

»in den Lichtspuren des Weltraums zu lesen.«

Laßwitz, 692

»Die Fotografie des verschwundenen Wesens berührt mich wie das Licht eines Sterns«, schreibt Roland Barthes in *Die helle Kammer.* Bereits fast 130 Jahre vor Roland Barthes notiert Eugène Delacroix am 13. August 1850 in seinem Tagebuch: »Ich habe in Brüssel gelesen, daß man in Cambridge photographische Experimente macht, um die Sonne, den Mond und sogar das Bild der Sterne festzuhalten. Man erreichte einen Abdruck der Sterne Alpha und Lyra von der Größe eines Stecknadelkopfes. Der Brief, der dieses Ergebnis belegt, enthielt eine begründete und gleichzeitig seltsame Bemerkung, nämlich, daß das Licht der Sterne, von denen die Daguerrotypien angefertigt wurden, 20 Jahre braucht, um die Entfernung zur Erde zurückzulegen. Daraus folgt, daß der Lichtstrahl, der auf der Platte festgehalten wurde, die himmlische Sphäre lange Zeit verlassen hat, bevor Daguerre das Verfahren erfand, durch das wir in der Lage sind ihn aufzunehmen.« (Sagne, 18)

Photographien zeigen immer Bilder der Vergangenheit, und die astronomische Photographie macht nur deutlich, daß diese mitunter selbst im Moment der Aufzeichnung Lichtjahre zurückliegen und somit selbst der Erfindung der Photographie vorhergehen können. Gleichwohl bleibt das Bild als Lichtbild bestehen und kann durch die Photographie aufgezeichnet werden. So verwandelt sich der Sternenhimmel in ein Bildarchiv, auf das die Photographie Zugriff hat, die Bilder auf die Erde herabholt:

»Was wäre, wenn der Himmel ein großer konkaver Spiegel wäre, der die Bilder all unserer Handlungen widerspiegelt und jeden Vorgang photographiert, der auf den toten und lebendigen Oberflächen in sein Blickfeld kommt; und was wäre, wenn die Blätter der Wälder nur unentwickelte Negative sind, dort wo unsere Sommer sind, selbst aufgenommen für die Übertragung in eine unvergängliche Aufzeichnung?« (Holmes, 183)

Wenn Barthes nun fast einhundertfünfzig Jahre nach der Bekanntmachung der Erfindung der Photographie von einer regelrechten Berührung spricht, so nimmt er diese Deutungstradition der Photographie auf. Wenn etwa der Autor der Arsène-Lupin-Romane Maurice Leblanc in seinem Roman *Les trois yeux* einen Kinobildschirm imaginiert, auf dem man die Vergangenheit in Form von Emanationsbildern der Venus betrachten kann, so ist dies nur die phantastische Fortsetzung von ebenso phantastischen Spekulationen, die der französische Astronom (und Anhänger des Spiritismus) Camille Flammarion in seinem Buch *Lumen* ausbuchstabiert hat. In einer eigentümlichen Verknüpfung von wissenschaftlich-spekulativen Theorien und literarischer Imagination spricht aus den unendlichen Weiten des Alls ein Wesen namens Lumen zu einem irdischen Gesprächspartner, klärt ihn über die Geheimnisse der jenseitigen Welt auf und bringt Licht in das Dunkel des Weltraums. Nach dem Tod, so erfahren wir, trennt sich die Seele vom Körper, um dann in Gestalt eines mit phänomenaler Sehkraft ausgestatteten Lichtwesens fortzuexistieren. Dieses reine Blickwesen kann sich ungehindert und einzig mit Hilfe seines Willens durch die unendlichen Weiten bewegen und dabei auch einen Blick zurück auf die Erde riskieren. Für die postmortale Wahrnehmung verwandelt sich die gesamte Welt in Geschichte, deren historische Lokalisierung von der jeweiligen stellaren Position des Betrachters abhängt. Lumens Wahrnehmungsfähigkeiten verdanken sich einfachen physikalischen Gesetzen und hierbei vor allem dem Phänomen der Lichtgeschwindigkeit. Wenn ein Lichtstrahl, so rechnet das Lichtwesen dem noch ungläubigen Gesprächspartner vor, eine bestimmte Zeit braucht, um den Weltraum zu durchwandern, so genügt es, sich nur weit genug von der Erde wegzubewegen, um sein eigenes Leben zeitversetzt und live *zugleich* betrachten zu können: »Vielleicht könnte man auf diese Weise die Sintflut, das Paradies, Adam usw. wiedersehen und ...« (Flammarion, 65) Dies hat erhebliche Konsequenzen: »Die Vergangenheit des Gestirns ist thatsächlich die Gegenwart des Betrachters.« (Flammarion, 41) Und: »Nicht die gegenwärtige Beschaffenheit des Himmels ist sichtbar, sondern seine frühere Geschichte.« (Flammarion, 41)

Im Weltraum verwandelt sich Gegenwart in Geschichte und Geschichte in Gegenwart. Jenseits der Schwelle des Todes erwartet den Verstorbenen ein Simulakrum und ein unerschöpfliches Bildarchiv der hiesigen Welt. Der Betrachter kann zwischen verschiedenen zeitlichen Phasen des Geschehens ›zappen‹, je nachdem, ob er sich schneller oder langsamer als die Lichtgeschwindigkeit fortbewegt. Bewegt er sich schneller als das Licht, so läuft die Geschichte rückwärts, bewegt er sich langsamer, so spult er den Film der Geschichte vor. Flammarions postmortales Wesen Lumen beschreibt diese Betrachtung der Erdgeschichte wie eine Sammlung von Momentaufnahmen. So verdankt sich die Verwandlung der Gegenwart in Vergangenheit einer tele-photographischen Übermittlung, deren Bildqualität durch die Präzision der Photographie gewährleistet ist. »So ist der Lichtstrahl ein Bote, der uns nicht etwa geschriebene Nachrichten bringt, sondern vielmehr die Photographie oder, noch besser, das Bild selbst des Landes, von dem er kommt.« (Flammarion, 40) Die Korrespondenz zwischen Erde und Weltraum ist durch die photographischen Transmitterqualitäten des Lichts gewährleistet, das das Bild der Ereignisse selbst übermittelt und somit die unendlichen Weiten in ein unerschöpfliches Photoarchiv verwandelt. Während einer Reise durch den Weltraum in Lichtgeschwindigkeit würde die Zeit stillstehen und in einer Photographie einfrieren: »du würdest stets das gleiche Bild vor dir haben, wie eine Photographie, die sich immer gleich bleibt, auch wenn das Original altert.« (Flammarion, 94) Und eine Begegnung der Strahlen mit einem Planeten, dessen Oberfläche aus Jod besteht und der sich zudem in einer bestimmten Weise um seine eigene Achse dreht, würde einen regelrechten Film der Erdgeschichte entstehen lassen, der in der Tiefe des Raumes auf seinen Entdecker wartete. Käme dereinst ein Raumschiff an diesen entlegenen Ort, so würden die Astronauten nach langer Reise die Bilder desjenigen Ortes entdecken, von dem aus sie aufgebrochen waren. Jenseits des Todes wie außerhalb der Erde warten das Photoalbum und der aus Momentaufnahmen zusammengesetzte Film der Weltgeschichte auf ihren Betrachter. Das Weltall wie der Astralkörper des Toten kennen keine Zukunft. Ihre Gegenwart ist erfüllt mit Bildern der Vergangenheit.

Literatur

Roland Barthes, Die helle Kammer, Frankfurt/M. 1985.

Camille Flammarion, Lumen, Berlin o. J.

Oliver Wendell Holmes, Sun-Painting and Sun-Sculpture; with a stereoscopic trip across the Atlantic, in: ders., Soundings from the Atlantic, Boston 1864, S. 166-227.

Kurt Laßwitz, Auf zwei Planeten, Frankfurt/M. 1984 [EA Weimar 1897].

Maurice Leblanc, Les trois yeux, Paris 1920.

Jean Sagne, Delacroix et la photographie, Paris 1982.

Abbildung:

Anon., Mondfinsternis (totale) am 8. Januar 1936, zwischen 17.30 und 21.30, Sammlung Stiegler.

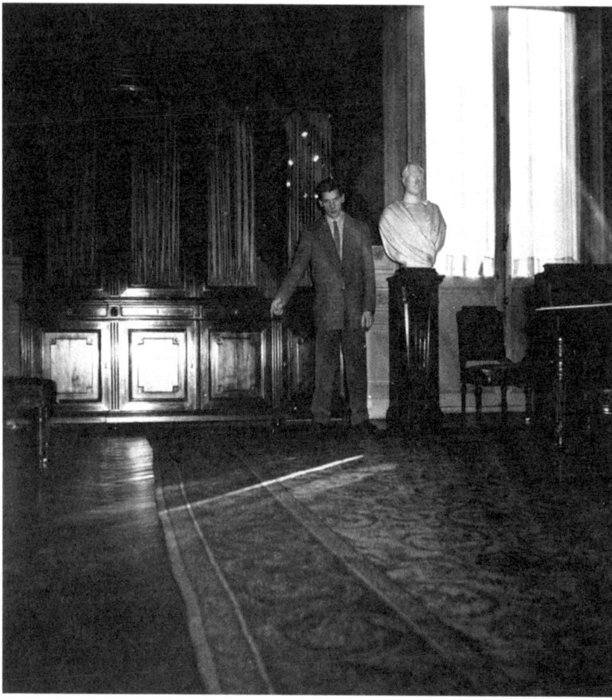

Tatort

»Aber ist nicht jeder Fleck unserer Städte ein Tatort?«

Benjamin, 385

In der literaturhistorisch wenig bedeutenden Erzählung »Photographie und Vergeltung«, die Ende des 19. Jahrhunderts in Weimar erschien, wird eine Ehekrise auf die Photographie übertragen. Der photographierwütige Ehemann Rudolph verbringt seine ganze Zeit damit, mißlungene Bilder anzufertigen, kann aber von seiner Leidenschaft nicht lassen. Immerhin gelingen ihm Aufnahmen der unbelebten Natur. Für Porträts und Momentbilder gilt dies so wenig, daß seine Frau Laura, die befürchtet, für ihren Ehemann selbst zu »einer höchst gelungenen, vortreflichen Copie« (Photographie und Vergeltung, 5) zu werden, dem Photographen einen Teil der Schöpfung aberkennt: »Eine ganze Schöpfung bis zum sechsten Tag bleibt Ihnen.« (Photographie und Vergeltung, 16) Aber am Ende gelingt nicht nur eine schöne Aufnahme, sondern auch die Rettung der Ehe und die Überführung eines Diebes, der zufällig auf die Platte gebannt worden war und die romantische Aufnahme einer Ruine in einen Tatort verwandelt.

In Walter Benjamins Aufsatz »Das Kunstwerk im Zeitalter seiner technischen Reproduzierbarkeit«, der wie kaum ein zweiter Text Deutungsmodelle und Begriffe bereitgestellt hat, die bis heute zahllose Interpretationen prägen, erscheint die Metapher an zentraler Stelle wieder. Die Photographie, der in Benjamins Überlegungen eine zentrale Rolle zukommt, ist ein eigentümlich irrlichterndes Medium, das sowohl der auratischen als auch der technischen reproduzierbaren Kunst, die mit dieser bricht, sowohl dem Kult- als auch dem Ausstellungswert zugerechnet werden kann. Die Photographie als Tatort markiert nun genau diesen Übergang: »Wo aber der Mensch aus der Photographie sich zurückzieht, da tritt erstmals der Ausstellungswert dem Kultwert überlegen entgegen. Diesem Vorgang seine Stätte gegeben zu haben, ist die unvergleichliche Bedeutung von Atget, der die Pariser Straßen um neunzehnhundert in menschenleeren Aspekten festhielt. Sehr mit Recht hat man von ihm gesagt, daß er sie aufnahm wie einen Tatort. Auch der Tatort ist menschenleer. Seine Aufnahme erfolgt der Indizien wegen. Die photographischen Aufnahmen beginnen bei Atget Beweisstücke im historischen Prozeß zu werden. Das macht ihre verborgene Bedeutung aus. Sie fordern schon eine Rezeption in bestimmtem Sinne. Sie beunruhigen den Betrachter; er fühlt: zu ihnen muß er einen bestimmten Weg suchen.« (Benjamin (1), 360f.)

Benjamins Beschreibung der Photographie als Tatort rekurriert auf das literarische Muster des Kriminalromans. Kulturwissenschaft und Medientheorie werden zu kriminologischen Untersuchungen, die dem Verschwinden des Menschen nachspüren. Der Übergang vom Kultwert zum Ausstellungswert ist gerade dadurch bestimmt, daß der Mensch aus den Bildern verschwindet; diese aber, so Benjamin, zeigen Tatorte, in denen Indizien und Beweisstücke gefunden, erkannt und gesammelt werden können. Die Photographien führen einen Raum vor, aus dem die Menschen als Handelnde und Täter, mithin als Agenten der Geschichte verschwunden sind. Die Photographie wird nun zu einem Dokument, das zwar mit der Gabe der unwiderlegbaren und bildlich wie diskursiv evidenten Authentizität versehen ist, aber als »photographische Konstruktion« (Benjamin, 384f.) die »heilsame Entfremdung zwischen Umwelt und Mensch« (Benjamin,

379) zur Voraussetzung hat. Diese Entfremdung ist Voraussetzung wie Gegenstand der Photographie. Sie kann man an den photographischen Bildern als Tatort ablesen – als historischen Index und sichtbare Spur. Begegnete der Blick vorher noch dem menschlichen Gegenüber (Benjamin (2), 372f.), so muß er sich nun mit den Dingen begnügen.

Benjamins kulturhistorische Spurensuche entwirft ein Modell, das auf Codes und Dechiffrierungspraktiken zurückgreift, die kriminalistischen Verfahren nachgebildet sind. Der Aufsatz »Kleine Geschichte der Fotografie« ist in diesem Punkt bei Verwendung des gleichen Beispiels expliziter und präzisiert, was mit der Photographie als Tatort gemeint ist: »Nicht umsonst hat man die Aufnahmen von Atget mit denen eines Tatorts verglichen. Aber ist nicht jeder Fleck unserer Städte ein Tatort? nicht jeder ihrer Passanten ein Täter? Hat nicht der Photograph – Nachfahr der Augurn und der Haruspexe – die Schuld auf seinen Bildern aufzudecken und den Schuldigen zu bezeichnen?« (Benjamin (2), 385) Gegenüber Daguerreotypien und frühen Photographien markiert Atget bei Benjamin den Übergang zu einer neuen dezisiven Phase in der Photographie- und Kulturgeschichte, in der die Bilder als »Beweisstücke im historischen Prozeß« relevant werden.

Als solche wurden dann auch Photographien in Folge von Benjamin gelesen. Die wohl eindrücklichsten Beispiele stammen von Christian Boltanski, der in zahlreichen seiner Arbeiten das Motiv des Tatorts aufnimmt, und von Johannes Hepp, der in seiner Serie »The Day After« in 360°-Panoramabildern Orte photographiert, an denen vorher Terrorattentate stattgefunden hatten, eine »Topographie des Terrors aus zeitlicher und räumlicher Distanz«. (Liebs, 13) In dem Künstlerbuch *El Caso* (Boltanski, 1988) greift Boltanski auf Tatortphotos zurück, die er in der spanischen Zeitschrift *El caso criminal* gefunden hat, vergrößert diese und stellt der Serie von 22 Aufnahmen nur eine kurze Bemerkung voran: »Escenarios del crimen«, »Lieux des crimes« – Tatorte.

Boltanski rekurriert dabei auf eine besondere Anwendung der Photographie: die Tatortphotographie, die seit Ende des 19. Jahrhunderts zu einer weitverbreiteten Praxis der kriminologischen Spurensicherung wird. Sie hat nicht nur zur Aufgabe, als »photographische Erfassung« (Regener) eine umfassende individualisierende Dokumentation von Verbrechern zu erstellen, sondern auch Bilder des Tatorts sicherzustellen. Die Photographie dient dabei, wie es in den zeitgenössischen Texten heißt, einer Ersetzung einer persönlichen »Augenscheinseinnahme« und leitet sich direkt aus dem »Wesen der Photographie« ab, wie es ein Gesetzestext aus dem Jahr 1903 pointiert formuliert. Die Photographie am Tatort dokumentiert »nicht nur einen dauernden Zustand einzelner Teile der Außenwelt, beispielsweise das Aussehen und die räumlichen Verhältnisse einer Örtlichkeit, sondern auch [...] die Lage eines Leichnams«. (Karallus, 143) Sie muß gelesen, entziffert und gedeutet werden, um über die reine Spurensicherung hinaus in den Bildern des Tatorts die Tat rekonstruieren zu können, die in den Bildern längst verschwunden ist.

Literatur

Anon., Photographie und Vergeltung, Weimar o. J.

Walter Benjamin, Kleine Geschichte der Photographie, in: Gesammelte Schriften, hg. von Rolf Tiedemann und Hermann Schweppenhäuser, Bd. II, Frankfurt/M. 1977, S. 368-383.

Walter Benjamin, Das Kunstwerk im Zeitalter seiner technischen Reproduzierbarkeit [Zweite Fassung], in: ders., Gesammelte Schriften, hg. von Rolf Tiedemann und Hermann Schweppenhäuser, Frankfurt/M. 1972ff., Bd. I, S. 471-508.

Christan Boltanski, El Caso, Madrid 1988.
Christine Karallus, Etwas in Augenschein nehmen. Die fotografische Identifizierung des Tatorts um 1900, in: Charles Grivel, André Gunthert, Bernd Stiegler (Hg.), Die Eroberung der Bilder. Photographie in Buch und Presse, 1816-1914, München 2003, S. 141-155.
Holger Liebs, Die Zeit vergeht, und alles scheint wie immer. Wenn die Angst zum Alltag wird: Die 360-Grad-Bilder des Fotografen Johannes Hepp zeigen Orte des Terrors. Jetzt werden sie in aller Welt ausgestellt, in: Süddeutsche Zeitung, 11./12. 9. 2004, S. 13.
James Hillis Miller, Illustration. Die Spur der Zeichen in Kunst, Kritik und Kultur, Konstanz 1993.
Susanne Regener, Fotografische Erfassung. Zur Geschichte medialer Konstruktionen des Kriminellen, München 1999.

Abbildung:
Anon., Belgien, um 1930, Sammlung Stiegler.

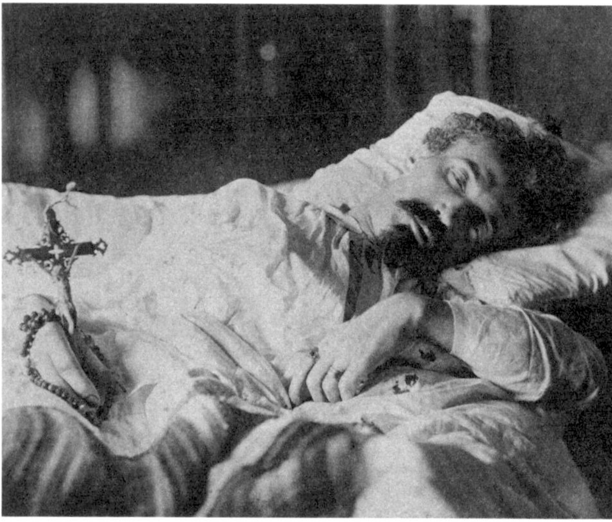

Tod

»Mir scheint, als ob uns die Natur zur Strafe dafür, daß wir ihre Geheimnisse ablauschen, ein todtes Bild geben will.«

de Kock, 87

Als der französische Photograph der ersten Stunde Hippolyte Bayard im Oktober 1840 ein Selbstporträt als Ertrunkener anfertigte, schrieb er auf die Rückseite eines der Abzüge: »Der Leichnam des Herrn, den sie auf der Rückseite sehen, ist der von Herrn Bayard, dem Erfinder des Verfahrens, dessen wunderbare Resultate Sie sehen oder sehen werden.« (Bayard, 64) Bayard nimmt dabei einerseits ironisch Kommentare zur neuen Erfindung Daguerres vorweg, die ein gewisser Dr. Reindl bereits 1842 referierend zusammenfaßt: »Man klagte über das Starre, Marmorartige des Bildes, über den fahlen Ton, und die Totenstille, die darüber verbreitet zu sein schien, statt daß (sic!) man Plätze und Straßen mit dem Gewühl, das in der Wirklichkeit dort herrscht, abgebildet sehen wollte.« (Reindl, 117) So formuliert es auch ein Spottgedicht der 1840er Jahre, das in einem Artikel des *Deutschen Camera Almanach* aus dem Jahr 1912/1913 zitiert wird: »Das Tote sieht man rein und klar, / Doch weh, wenn etwas beweglich war; / Das schreibt das Daguerreotyp nicht hin, / Das fehlt im Bild und ist nicht drin.« (von Dühren, 31) Bayard inszeniert aber andererseits auch seinen eigenen Nachruf, nachdem ihm die öffentliche Anerkennung seiner Erfindungen versagt worden war. Wenn er seine Leser auffordert, nun zu anderen Dingen überzugehen, »da die Gestalt des Herrn und seine Hände bereits zu vermodern beginnen, wie Sie bemerken können« (Bayard, 64), verweist er wiederum ironisch auf die Genauigkeit und den Detailreichtum, der dieser inszenierten Abbildung zugeschrieben wird, und inszeniert zugleich eine Metapher der Photographie, die in ihr ein Verfahren der Mortifikation erblickt. Jede Photographie sei eine »Leiche des Moments« (Kesting, 21) und so sei, so Susan Sontag, »eine der dauerhaften Errungenschaften der Fotografie denn auch ihre Strategie, lebendige Wesen in leblose Dinge zu verwandeln und leblose Dinge in lebendige Wesen.« (Sontag, 93)

Diese Metapher gewann dann auch eine eigene Dynamik und produzierte Bilder, die durch die physische Präsenz des Todes ihre besondere Bedeutung erhalten: Gegen Ende des 19. Jahrhunderts, so wird berichtet, wurden Abzüge von Photographien Verstorbener unter Verwendung ihrer eigenen Asche angefertigt, die »den Teilen angehört, die dem Licht nicht ausgesetzt waren. So erhält man ein Portrait, das vollkommen aus der dargestellten Person zusammengesetzt ist.« (Krauss, 29) Diese Aufnahmen Verstorbener waren im 19. Jahrhundert so weit verbreitet, daß Robert Taft für Amerika annimmt, daß die meisten Menschen erst nach ihrem Tod erstmals porträtiert wurden. (Taft, 196) Die Photoalben, in denen man diese Aufnahmen aufbewahrte, wurden ihrerseits zu Familiengruften, die man zum Andenken wie bei einem Besuch auf einem Friedhof öffnet: »So bewahren die Alben immer nur den Tod und bedeuten gleichwohl für ihren Besitzer, indem sich das Vergangene zu jener individuellen Geschichte fügt, aus der Identität erwächst, ein Elixier des Lebens.« (Starl, 27)

Literatur

Hippolyte Bayard, Autoportrait en suicidé (18. Oktober 1840), in: André Rouillé (Hg.), La Photographie en France. Textes & Controverses: une Anthologie. 1816-1871, Paris 1989, S. 64.

J. C. von Dühren, Ölgraphik, in: Deutscher Camera Almanach, Bd. VIII, 1912/13, S. 31-42.

Marianne Kesting, Die Diktatur der Photographie. Von der Nachahmung der Kunst bis zu ihrer Überwältigung, München/Zürich 1980.

Paul de Kock, Das Daguerreotyp, in: Die große Stadt, Ulm 1844, S. 105-121, zit. nach: Timm Starl, Fortschritt und Phantasma. Zur Entstehung der photographischen Bildwelt, in: Silber und Salz. Zur Frühzeit der Photographie im deutschen Sprachraum, 1839-1860, Köln/Heidelberg 1989, S. 80-87.

Rosalind Krauss, Das Photographische. Eine Theorie der Abstände, München 1998.

Gerhard Plumpe, Der tote Blick. Zum Diskurs der Photographie in der Zeit des Realismus, München 1990, bes. S. 25-49 und 124-129.

Dr. Reindl, in: Dinglers Polytechnisches Journal, Bd. 86, 1842, S. 128, zit. nach: Wolfgang Baier, Quellendarstellungen zur Geschichte der Fotografie, Halle/S. 1964, S. 117.

Ulrike Schneider, Der Tod als Metapher für das fotografische Verfahren, in: Fotogeschichte, 16. Jg., Heft 59, 1996, S. 5-14.

Susan Sontag, Über Photographie, München 1978.

Timm Starl, Der Faden des Gedächtnisses. Über Fotoalben im 19. Jahrhundert, in: Martin Heller (Hg.), Welt-Geschichten. Fotoalben im 19. Jahrhundert, Zürich 1989, S. 9-41.

Robert Taft, Photography and the American Scene. A Social History, 1839-1889, New York 1964.

Abbildung:
Anon., ca. 1870, Sammlung Stiegler.

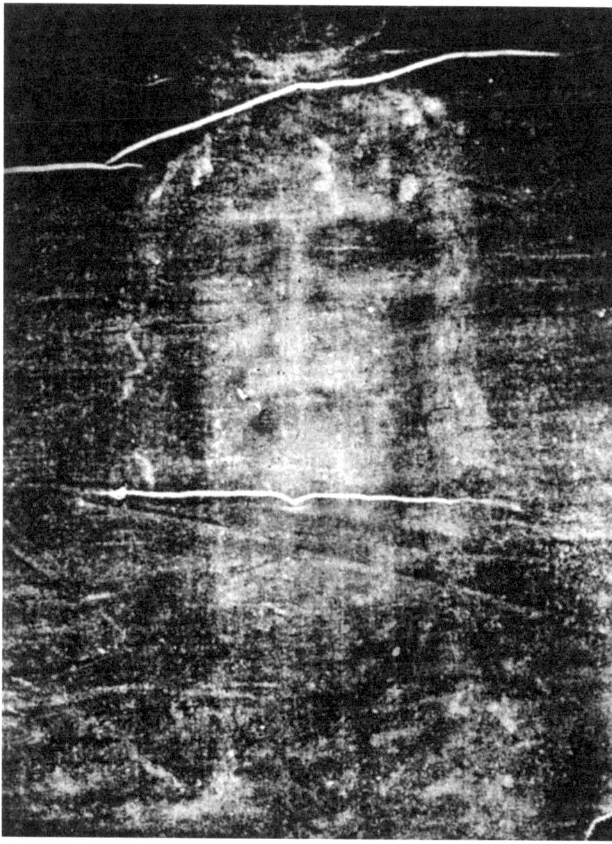

Vera Ikon

»Photographs are thus connected to the ancient Judeo-Christian tradition of *archeiropoietoi* – ›true‹ images of Christ made ›not by human hand‹.«

Mitchell, 28

Dem italienischen Photographen Secondo Pia wurde 1898 eine seltene Gunst gewährt: Er durfte das Turiner Grabtuch, das seit dreißig Jahren nicht gezeigt worden war und dann erst 1931 wieder ausgestellt wurde, photographieren. Nun wurde nicht nur das Grabtuch von vielen als erste Photographie angesehen, sondern auch umgekehrt die Photographie als »Vera Ikon«, als Bild, das nicht von Menschenhand geschaffen war, beschrieben. In der Photographie des Grabtuchs verbindet sich der christliche Reliquienkult mit der Mythologie der Photographie, die Metaphysik des Bildes mit einer metaphorisch aufgeladenen neuen Technik. Als Pia am 28. Mai 1898 die Aufnahmen, die er von dem Tuch, das über dem Hochaltar des Turiner Doms aufgehängt worden war, angefertigt hatte, entwickelte, geschah ein Wunder: Auf der Photographie erschien ein Antlitz, das mit bloßen Augen auf dem Tuch nicht zu erkennen war. Hier sah man nur bräunliche und graue Flecken, schattenartige Verfärbungen und Risse auf der Leinwand. Aber als Pia die Platten aus dem Entwicklerbad hebt, wird die »révélation« der Photographien zur Offenbarung für den Photographen: »Endlich hielt er die tropfende Glasplatte empor. Im diffusen roten Dunkelkammerlicht waren der obere Rand des Altars und der riesige Holzrahmen deutlich und scharf zu erkennen, doch das gefleckte Abbild auf dem Tuch nahm sich gänzlich verändert aus: plastischer und tiefer getönt..., es sagte etwas aus. Pia drehte die Platte etwas zur Seite und blickte auf das Antlitz. Was er dort erblickte, ließ seine Hände erzittern, die Platte glitt durch seine Finger und zerschellte um ein Haar auf dem Boden. Jenes Antlitz auf der Platte – die Augen schienen geschlossen – war von einer beängstigenden Lebensechtheit!« (Walsh, 28) Erst durch seine Photographie erscheint das bisher kaum sichtbare Bild des Tuchs, erst durch die glückliche Begegnung des technischen Mediums mit seinem metaphorischen Vorbild erscheint auch auf diesem das Bild, das bisher unsichtbar geblieben war. Pias Aufnahmen haben nun ihrerseits eine besondere Geschichte, da sie als authentisches Zeugnis des ihrerseits authentischen Abbildes Jesu über lange Zeit als einzige benutzbare Quelle für die Überprüfung der Authentizität des Grabtuchs zur Verfügung standen. Die Forscher, die sich mit dem Turiner Grabtuch beschäftigten, mußten sich mit seinem photographischen Abbild begnügen, auf dem aber ohnehin mehr zu sehen war als auf dem Tuch und dessen Authentizität der Charakter der Photographie als Vera Ikon beglaubigte. (Diekmann, 160-174) Der Heilige Schrein in Turin verbindet, so André Bazin, die Reliquie mit der Photographie. Die Reliquie ist Photographie, die Photographie Reliquie. Diese Verbindung besteht bis in die Gegenwart – und sei es in verborgener Gestalt in der Benennung von Photomarken. Der Name der Firma NIKON enthält nicht nur das Wort IKON, sondern verweist zudem auch auf den Heiligen Nikon, dessen Gesicht plötzlich auf einer Holztafel erschien, nachdem es einem Maler zuvor nicht gelungen war, sein Porträt zu erstellen. (Ullrich, 70) Dieses Bild verdient mit Fug und Recht die Bezeichnung Ikone, die sich gerade dadurch auszeichnet, »daß sie nicht von Menschenhand geschaffen sei, *archeiropoietos*.« (Barthes, 92) Der Archetyp dieses Bildes ist wiederum das Antlitz

Christi, das sich auf dem Schweißtuch der Veronika abgedrückt hat und dort zum Bild wurde.

Literatur

André Bazin, Was ist Kino?, Berlin/Köln 1975.

Diekmann, Stefanie, Mythologien der Fotografie. Abriß zur Diskursgeschichte eines Mediums, München 2003.

Hervé Guibert, Das krebskranke Bild, in: ders., Phantom-Bild. Über Photographie, Leipzig 1993, S. 160-164.

Ewa Kuryluk, Veronica and her Cloth: History, Symbolism, and Structure of a ›True‹ Image, Cambridge/Mass. 1991.

Patrick Maynard, The Secular Icon: Photography and the Functions of Images, in: The Journal of Aesthetics and Art Criticism, Bd. 42, New York 1983, S. 155-169.

William J. Mitchell, The Reconfigured Eye. Visual Truth in the Post-photographic Era, Cambridge/Mass. 1992, [3]1998.

Ulrich Raulff, Ein Etwas oder ein Nichts, in: Floris Neusüss in Zusammenarbeit mit Renate Heyne, Das Fotogramm in der Kunst des 20. Jahrhunderts, Köln 1990, in: S. 406-410.

Wolfgang Ullrich, Digitaler Nominalismus. Zum Status der Computerfotografie, in: Fotogeschichte, 17. Jg., Heft 64, 1997, S. 63-73.

John Walsh, Das Linnen, Frankfurt/M. 1963.

Abbildung:

Secondo Pia, Das Grabtuch von Turin, 1898, in: Nissan N. Perez, Corpus Christi. Christusdarstellungen in der Fotografie, Heidelberg 2003, S. 29.

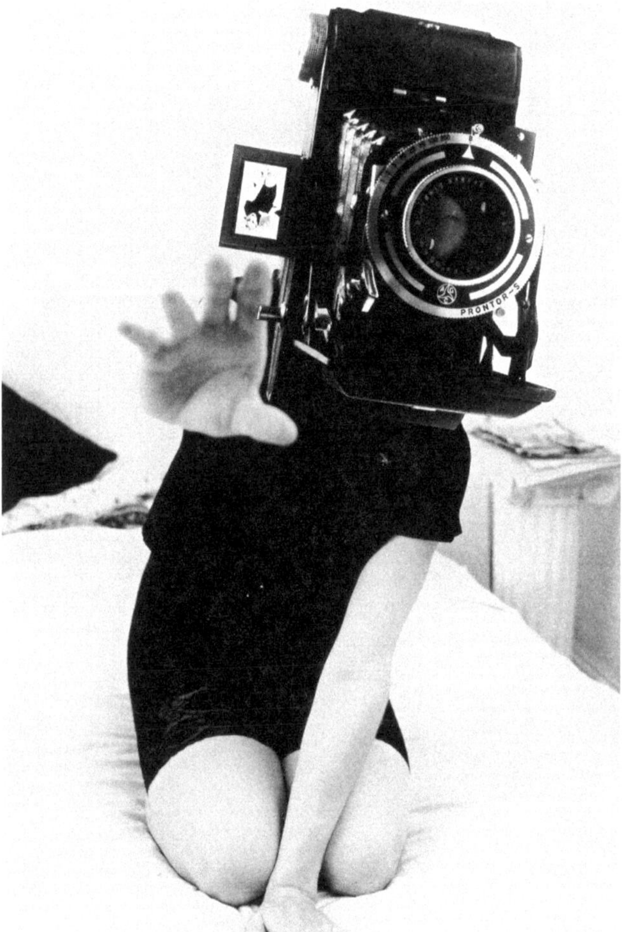
PRONTOR-S

Verlängerung des Auges

»Schwer zu sagen, wo Sie aufhören und die Kamera beginnt. [...] Minolta. Dann sind Sie die Kamera und die Kamera ist Sie.«

Minolta-Werbung von 1976, in: Sontag, 169

Der Photograph Roger Newton arbeitet mit photographischen Linsen, die wie das Auge mit einer Flüssigkeit gefüllt sind. »So wie die Glaskörperflüssigkeit das optische Material des Auges ist, sind meine Kameralinsen mit Wasser, Öl, Glyzerin oder Maissirup gefüllte Körper.« (Newton, 240) Die Bilder, die dabei entstehen, gleichen allerdings in keiner Weise unseren Wahrnehmungsbildern, sondern zeigen rätselhafte Formen undefinierbarer Gegenstände, sind »stille vorgegebene Objekte und nicht Bilder einer schon vom Verstand wahrgenommenen Welt.« (Newton, 240) Newton nimmt in diesen Arbeiten eine Deutungstradition der Photographie wörtlich, die in der Kamera eine Verlängerung des Auges erblickt. »Für den kreativen Photographen«, schreibt etwa der große amerikanische Photohistoriker Helmut Gernsheim programmatisch, »ist die Kamera die Verlängerung seines Blickes – und durch seinen Blick auch die Verlängerung jenes des Betrachters.« (Gernsheim, 17) Die Kamera ist eine Maschine, die eine Bildübertragung zwischen den Wahrnehmungsbildern des Photographen und des Betrachters sicherstellt. Gernsheim greift in seiner Deutung der Photographie auf ein bekanntes Theorem Marshall McLuhans zurück, nach dem auch Photographien, wie alle Medien, »Ausweitungen unseres Körpers und Nervensystems« (McLuhan, 309) sind und das sich bereits im

19. Jahrhundert findet. Ernst Kapp etwa sieht im Auge das Modell und »Vorbild aller optischen Apparate« (Kapp, 77) im allgemeinen und der Kamera im besonderen. Die Photographie ist in dieser Deutung ein bewußt konstruiertes oder zumindest bewußt gemachtes Bild, das das Auge ansonsten unbewußt aufzeichnet, oder, in den Worten von Kapp, »das von dem Organ aus unbewußt projicirte mechanische Nachbild desselben« (Kapp, 81). Die Kamera wird zu einer Prothese, die ihrerseits die Wahrnehmung nicht nur verlängert, sondern bestimmt. »Ich hatte die Leica entdeckt«, rekonstruiert Henri Cartier-Bresson den Moment der Entdeckung des photographischen Sehens: »Sie ist die Verlängerung meines Auges und verläßt mich nicht mehr. Den ganzen Tag spazierte ich mit angespannten Sinnen und suchte in den Straßen nach Bildern, um das Leben auf frischer Tat zu greifen.« (Cartier-Bresson, 12) Für Edwin Land, den Erfinder der Polaroid-Kamera, werden Kamera und Wahrnehmungsorgane ebenfalls zu einer apparativen Einheit: »Man stellt nicht nur die Kamera scharf ein, sondern auch das eigene Ich. In diesem Moment kommt die Persönlichkeit zu sich selbst. Wenn Sie dann auf den Auslöser drücken, veräußerlicht sich Ihr Inneres.« (Land, 293)

Diese Einheit von Wahrnehmungsorganen und Maschinen kann, wie es Berthold Beilers marxistisch inspirierte Deutung der Photographie in nuce zeigt, eine klar umrissene Aufgabe erfüllen. Beiler geht es um die Versöhnung des Menschen mit der Technik: Die angestrebte »Einheit des Technischen und des Menschlichen« zeigt sich »mit dem Begriffe der Organhaftigkeit der Kamera«. (Beiler, 164) Die Photographie wird damit, anders als die Schreibmaschine, »ein notwendiger, nicht beliebig austauschbarer Bestandteil des Wahrnehmungsprozesses selbst. Ihr Ergebnis, das fotografische Bild, wird zur vergegenständlichten Synthese des Technischen und des

Menschlichen« (Beiler, 165) und entzieht sich zugleich der Verdinglichung.

Lynn Hershman hat diese Anverwandlung des Auges an die Kamera, die nun zu einer Verlängerung des Auges in jedem Wahrnehmungsakt wird, in einer Reihe von theoretischen wie bildlichen Arbeiten kritisch reflektiert. In ihrer Photographie mit dem Titel »Reach« wird der Kopf zu einem riesigen Photoapparat, hinter dem ein Körper sitzt, dessen Arme nach dem Auslöser (wie auch nach dem Betrachter) wie nach einem Erlöser greifen.

Literatur

Berthold Beiler, Die Gewalt des Augenblicks. Gedanken zur Ästhetik der Fotografie, Leipzig 1967.

Henri Cartier-Bresson, Auf der Suche nach dem rechten Augenblick. Aufsätze und Erinnerungen, Berlin/München 1998.

Helmut Gernsheim, Creative Photography. Aesthetic Trends 1839-1960, New York ²1991 (EA 1962).

Ernst Kapp, Grundlinien einer Philosophie der Technik, o. O. 1877.

Edwin Land, Die einfachste Art, schöpferisch zu sein, in: Wilfried Wiegand (Hg.), Die Wahrheit der Photographie. Klassische Bekenntnisse zu einer neuen Kunst, Frankfurt/M. 1981, S. 289-293.

Marshall McLuhan, Die Fotografie. Bordell ohne Wände, in: Die magischen Kanäle. Understanding Media, Dresden/Basel 1994, S. 288-309.

Roger Newton, in: Prospect 96. Photographie in der Gegenwartskunst. Ausstellungskatalog Frankfurt/M. 1996, S. 240-243.

Robert Stockhammer, Prothese, in: Alexander Roesler, Bernd Stiegler (Hg.), Grundbegriffe der Medientheorie, München 2005, S. 210-213.

Abbildung:

Lynn Hershman, Reach, 1990, in: Hubertus von Amelunxen u. a. (Hg.), Fotografie nach der Fotografie, Dresden/Basel 1995, S. 205.

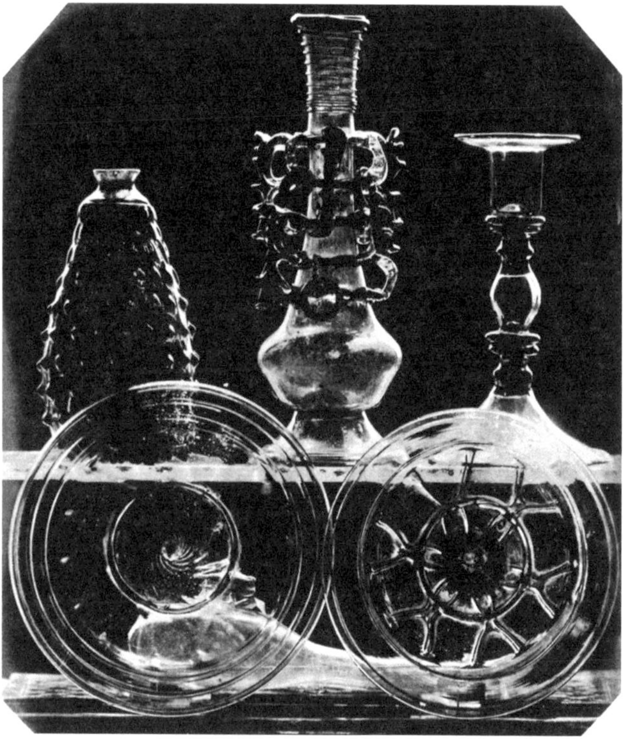

Vivifikation

> »Eine der dauerhaften Errungenschaften der Fotografie war denn auch ihre Strategie, lebendige Wesen in leblose Dinge zu verwandeln und leblose Dinge in lebendige Wesen.«
>
> *Sontag, 93*

Die Ambivalenz zwischen Vivifikation und Mortifikation, zwischen der Kraft der Photographie, Totes zum Leben zu erwecken, einerseits und der ihr zugeschriebenen Eigenschaft, lebende Wesen in starre, tote Bilder zu verwandeln, andererseits, ist ein Grundzug der Photographietheorie von ihren Anfängen bis zur Gegenwart. Wenn etwa die Photographin Aenne Biermann, die in den 1920er und 1930er Jahren zu den wichtigsten Vertreterinnen einer neusachlichen Photographie gehörte, feststellt: »Das einzelne Objekt, das innerhalb einer Umgebung niemals aus dem Kreis der trauten Erscheinungen herausfiel, gewann auf der Mattscheibe ein ungeahntes Leben« (Biermann (1), 11), so formuliert sie eine ästhetische Erfahrung, die sie mit vielen Zeitgenossen teilt. »Es geht nicht nur um Abbilden und Registrieren empirischer Daten, sondern um die Erfahrung der Dinge als sinnlich-sinnhafter Erscheinungen, als vitaler Symbole. Die Subjektivität, die man sich selbst verbietet, inokuliert man dem Ding. Das so aufgewertete, gewissermaßen subjektivierte Faktum begegnet auf halbem Wege dem Subjekt, das fotografiert.« (Kemp, 21) Die Entdeckung des Lebens der Dinge ist ein Grundzug der Photographie dieser Zeit und wird in vielen Spielarten zum ästhetischen Programm. Dieses versucht, gerade indem es formale Strukturen aufzeigt und als Ästhetik der Oberfläche inszeniert, die Gesetze der Form als

Gesetze des Lebens auszuweisen und so der Photographie die Aufgabe zuzuschreiben, in den Formen der Dinge die Formen des Lebens einzufangen und in ein Bild zu fassen. »Erst später«, beschreibt Aenne Biermann ihre Entdekkung, »belebte sich mir die Welt der scheinbar toten Gegenstände; die Besonderheit und Einmaligkeit jeder Form erschloß zahllose Möglichkeiten.« (Biermann (2), 94.) Das Leben der Dinge ist in besonderer Weise an die Form gebunden. Es ist die Form, die den Dingen Leben verleiht und sie zum Sprechen bringt: »Und doch«, schreibt Werner Gräff in seinem Anschauungsbuch des Neuen Sehens *Es kommt der neue Fotograf!*, »kann man die Dinge auf immer neue Art sprechen machen, wenn man den Formen neue Werte abgewinnt«. (Gräff) Die Formexperimente der photographischen Avantgarde stellen den Versuch dar, zwischen Objekt und Subjekt eine Beziehung herzustellen, die dann auch für den Betrachter wahrnehmbar wird. Die Photographien der Dingwelt sollen Bilder werden, in denen »der Mensch eine transparente Materie wird, durch die das Licht des Lebens strömt, bis der Mensch schließlich das Ding wird und das Ding der Mensch.« (Kemp, 20f.)

Das war keineswegs immer so. In weiten Teilen der Photographiegeschichte des 19. Jahrhunderts war es das zentrale Problem der Photographen, die allgemein als tot und leblos angesehenen photographischen Bilder zu beleben. Der gesamten kunstphotographischen Bewegung der Jahrhundertwende etwa geht es um nichts Geringeres als um den Kampf des Menschen mit der Maschine und um den Versuch, die Photographie als künstlerisches Ausdrucksmittel zu erschließen und der Kamera »Leben einzuhauchen«, sie im Wortsinn als Animation zu bestimmen. Es geht in diesem Kampf zwischen Mensch und Maschine um Leben und Tod – und um das Leben der Dinge, das zudem in einer eigentümlichen Wendung nicht nur eingefangen, sondern gerettet werden soll. Das lange Einleitungskapitel von Siegfried Kracauers *Theorie des Films*, die gut ein halbes Jahrhundert später diese Theorietradition aufnimmt, skizziert in genau diesem Sinne eine Geschichte der Photographie als programmatische »Errettung der äußeren Wirklichkeit«, an die dann der Film anknüpft. Es geht darum, »wichtige Aspekte physischer Realität darzustellen, ohne ihr dabei Gewalt anzutun – so daß das ins Blickfeld gerückte Rohmaterial sowohl intakt bleibt wie auch transparent gemacht wird.« (Kracauer, 50) Es geht um eine »Rettung der Dinge, indem sie reifend zu sich selbst kommen, aufgehoben durch den Fotografen.« (Kammann, 137)

Literatur

Aenne Biermann (1), Von der photographischen Darstellung im Allgemeinen und vom photographischen Unterricht im Besonderen, in: Thüringen, 5. Jg., Heft 5, Mai 1929, S. 81, zit. nach: Aenne Biermann. Fotografien 1925-35, Berlin 1987 (= Biermann (2), S. 11).

Werner Gräff, Es kommt der neue Fotograf!, Berlin 1929, Reprint Köln 1978.

Uwe Kammann, Eugen Batz. Spuren und Strukturen, in: Rainer K. Wick (Hg.), Das Neue Sehen. Von der Fotografie am Bauhaus zur Subjektiven Fotografie, München 1991, S. 131-144.

Wolfgang Kemp (Hg.), Theorie der Fotografie II, 1839-1912, München 1979.

Siegfried Kracauer, Theorie des Films, Frankfurt/M. 1983.

Walther Petry, Bindung an die Dinge, in: Das Kunstblatt, Mai 1929, S. 246-248.

Susan Sontag, Über Fotografie, München 1978.

Abbildung:

Ludwig Belitski, Gruppe von 7 gepressten und gravierten venezianischen Gläsern, 15. Jahrhundert, Liegnitz, vor 1855, in: Silber und Salz. Zur Frühzeit der Photographie im deutschen Sprachraum, 1839-1860, Köln 1989, S. 527.

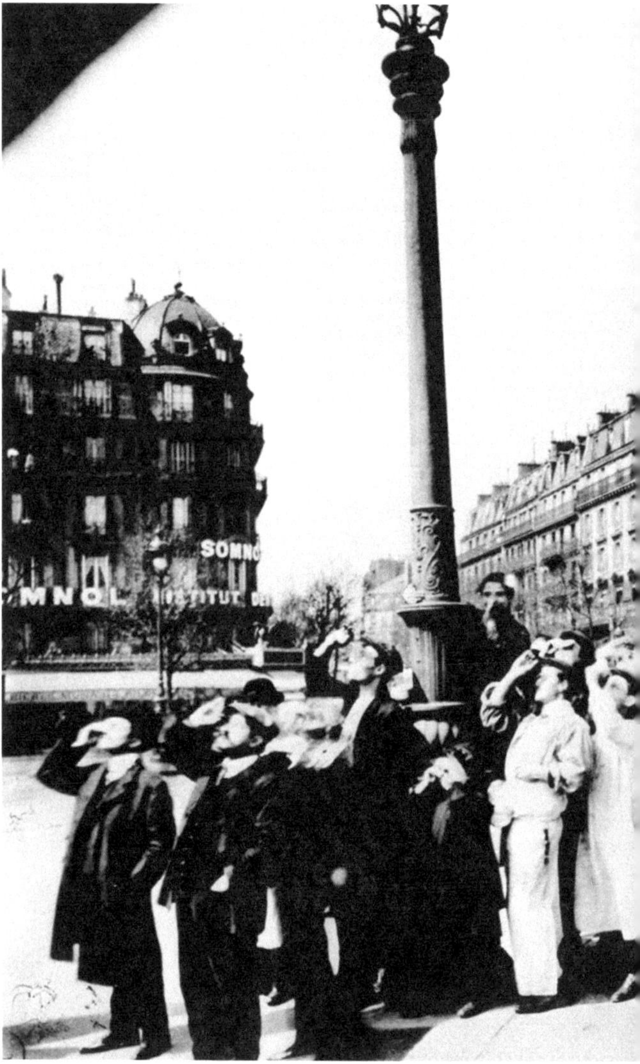
SOMNO
MNOL
INSTITUT

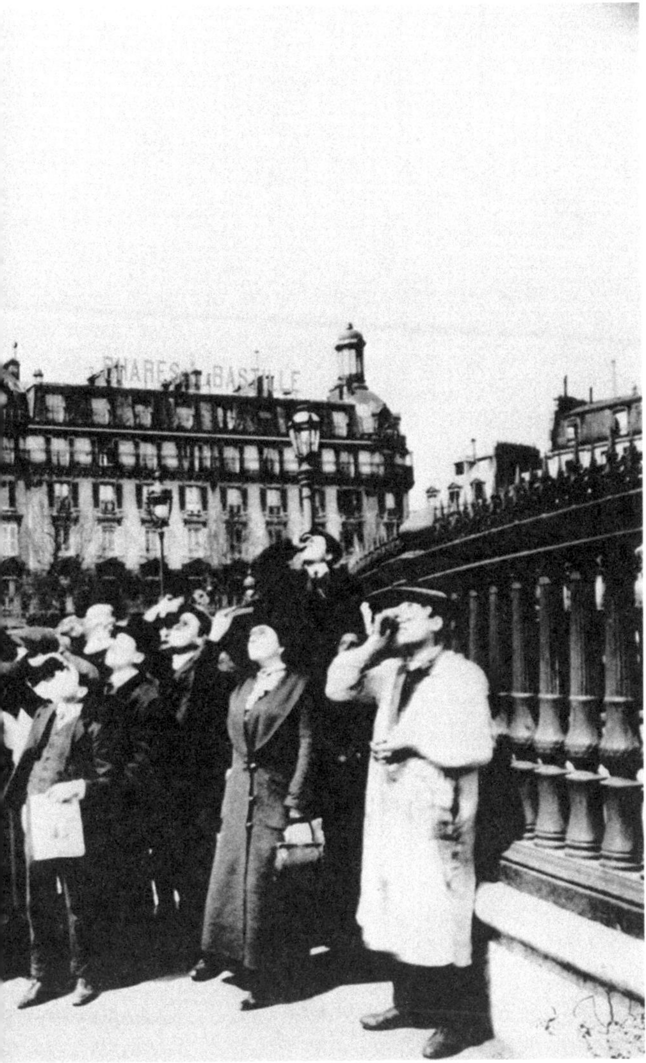
PHARES

Voyeurismus

»Die Eingrenzung sinnlicher Wahrnehmung auf das Sehen macht den Bildproduzenten zum Voyeur«.

Sachsse, 46

In ihrer Photoarbeit »Open House« von 1995 zeigt die australische Photographin Anne Zahalka Lichtkästen mit Diapositiven, die einen Einblick in private Innenräume gewähren. Diese zeigen durchweg alltägliche, ritualisierte Szenen des Lebens von für den Betrachter identifizierbaren sozialen Klassen. Die Kamera schlüpft dabei in die »Rolle des privilegierten Voyeurs, der in Leben und Wohnungen der Menschen späht« (Zahalka, 348) und Bilder aufzeichnet, deren explizit voyeuristischer Zug durch die Präsentation in von innen beleuchteten Kästen auch auf den Betrachter übertragen wird, der seinerseits zum Voyeur wird. Allerdings soll sich hier seine Haltung in einen reflektierten Voyeurismus umkehren, indem der »Wunsch, die Szenen genauer anzuschauen, nicht nur etwas über das Gesehene, sondern auch über diejenigen verrät, die zum Sehen gezwungen werden.« (Zahalka, 348)

Zahalkas Arbeit ist nur eine unter vielen, die den explizit voyeuristischen Zug der Photographie zum Gegenstand machen, die Susan Sontag in den Mittelpunkt ihrer scharfen Kritik an der Photographie gestellt hat. Sontag macht in der Photographie eine radikale Veränderung der Einstellung zur Wirklichkeit insgesamt aus. Die photographische Einstellung habe auch unsere Einstellung tiefgreifend verändert: »Das Fotografieren hat eine chronisch voyeuristische Beziehung zur Welt geschaffen, die die Bedeutung aller Ereignisse einebnet.« (Sontag, 16) Der

Gleichgültigkeit der Gegenstände entspricht auch eine Gleichgültigkeit des Betrachters, für den sich die Welt in einen Schaukasten verwandelt, den man vor allem betrachtet. »Das Fotografieren ist seinem Wesen nach ein Akt der Nicht-Einmischung.« (Sontag, 17) Nun trifft dies allerdings gerade für eines der von Sontag gewählten Beispiele nicht zu, auch wenn es dort gerade um die Frage der Photographie als Voyeurismus geht: In Hitchcocks *Fenster zum Hof* greift der Photograph gerade *als* Voyeur in das Geschehen ein und klärt einen Mord auf. Bei Sontag hingegen heißt es: »Der von James Stewart dargestellte Fotograf konzentriert sich mittels der Kamera auf ein einziges Ereignis – weil er sich das Bein gebrochen hat und an den Rollstuhl gefesselt ist. Die Tatsache, daß er vorläufig unbeweglich ist, hindert ihn daran, in das, was er sieht, einzugreifen, und macht es für ihn um so wichtiger, Fotos anzufertigen.« (Sontag, 17) Bei Hitchcock bewegt sich der Photograph in seinem Zimmer wie in einer Camera obscura, die Ansichten der Außenwelt zeigt. Diese technisch-natürliche Höhle des Photographen, in der er sich, um bei der Beobachtung nicht auch beobachtet zu werden, meist im Dunkel aufhält, ist das Reich eines generalisierten Voyeurismus, ein Panopticon mit gelegentlichen, dem Schlaf geschuldeten, Aufzeichnungs- und Wahrnehmungslücken. Wenn der Photoapparat, so eine schöne Formulierung des Szenarios, ein »tragbares Schlüsselloch« ist, so ist das Zimmer des Photographen das Heimkino des Voyeurs, in dem man ihn bei der Betrachtung seiner Bilder beobachten kann und in dieser Beobachtung der Beobachtung zugleich das sieht, was er nicht sieht, dabei aber auch selber zum Voyeur wird. So wie »es nun einmal eine private Welt ist«, in die der Photograph Jeff hineinsieht, ist es nun einmal seine private Welt, in die wir hineinsehen und versuchen, mit den Bildern des Films (die zudem beständig zwischen seinem Blick und dem

Blick auf ihn oszillieren) so wie er mit den Ansichten, die der Innenhof eben so bietet, das Geschehen zu entschlüsseln, versuchen, uns einen Reim auf diese Bilder zu machen und unsererseits als allerdings passive Voyeure auch unsere Haltung als Voyeure zu reflektieren.

Am konsequentesten hat wohl Sophie Calle die Deutung der Photographie als »voyeuristischen Spaziergänger« (Sontag, 55) in diversen Arbeiten aufgenommen und zugleich künstlerisch reflektiert. Bereits in ihrer frühen Arbeit *The Shadow* von 1981 wird die Frage der Beobachtung, des professionell beobachtenden Voyeurismus in eine Aktion umgesetzt: »Die Geschichte scheint einfach: Im April 1981 beauftragt Sophie Calle ihre Mutter, einen Privatdetektiv zu engagieren, der sie einen Tag überwachen soll. Calle bittet wiederum einen Freund, den Detektiv bei der Beobachtung zu fotografieren. Zu sehen ist dieser, wie er in großer Distanz wiederum Calle fotografiert.« (Christine Karallus, in: Calle, 155) Zwanzig Jahre später wird sie – nun mit ihrem Galeristen – diese Versuchsanordnung wiederaufnehmen und den (photographischen) Voyeurismus ein weiteres Mal reflektieren, da nun auch der Bezug auf die erste Aktion eine weitere Perspektive eröffnet. Dieser inszenierte Voyeurismus eröffnet ein außerordentlich komplexes Spiel von Beobachterpositionen, das die Beobachtung als Inszenierung unterschiedlicher Perspektiven in Bilder faßt, die ihrerseits einem Betrachter übereignet werden, der auf das Geschehen voyeuristisch reflektiert. Die Photographie wird zu einem voyeuristischen Spiel, das immer schon eine Vielzahl von Perspektiven mit einschließt und dabei auch den oder die Beobachtete(n) mit in das Spiel nimmt.

Literatur

Sophie Calle, Köln 2002.
Mladen Dolar, »Der Vater, der nicht ganz tot ist«, in: Slavoj Žižek u. a., Was Sie immer schon über Lacan wissen wollten und Hitchcock nie zu fragen wagten, Frankfurt/M. 2002, S. 139-146.
Rolf Sachsse, Bild – Medium – Wirklichkeit. Funktionsbestimmungen der Fotografie, in: Fotovision. Projekt Fotografie nach 150 Jahren, Hannover 1988, S. 44-50.
Susan Sontag, Über Fotografie, München 1978.
Anne Zahalka, in: Prospect 96. Photographie in der Gegenwartskunst. Ausstellungskatalog Frankfurt/M. 1996, S. 348-351.

Abbildung:
Eugène Atget, Eclipse, 1911, in: Aperture Masters of Photography. Eugène Atget, Köln 1997, S. 13.

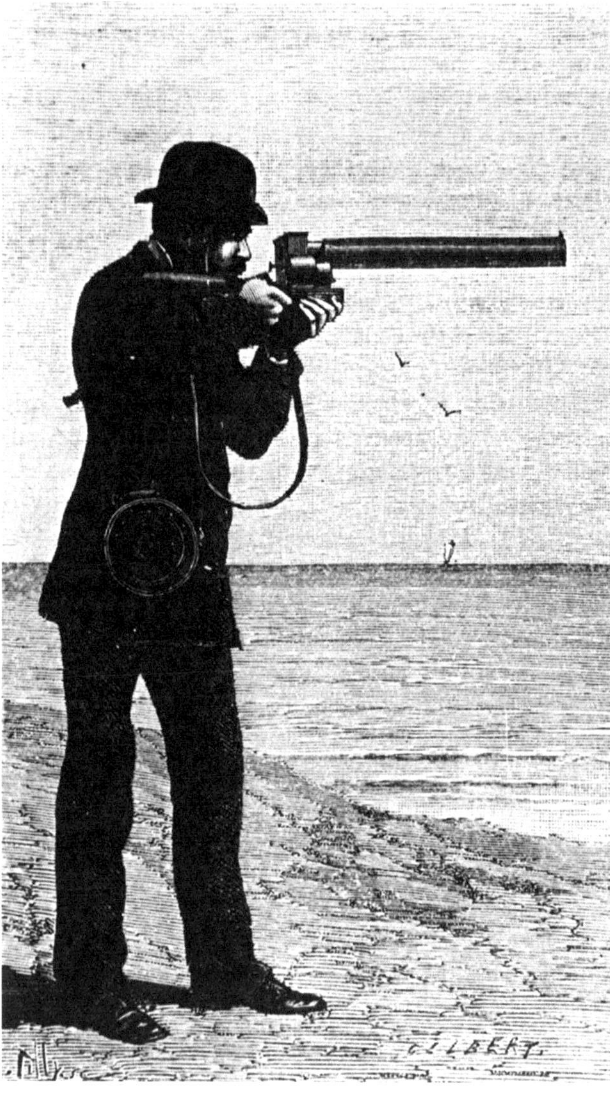

Waffe

»die am meisten durchgeistigste waffe im kampf für das neue sehen«

Moholy-Nagy (1), 342

Auch wenn wir heute wie selbstverständlich Photos »schießen«, so taucht doch der Vergleich der Photographie mit einer Waffe erst relativ spät auf, und zwar im Zusammenhang mit der Momentphotographie um 1880, die schnelle Bewegungen aufzeichnen konnte und somit der Wahrnehmung eine Welt des Sichtbaren erschloß, die für das Auge nicht zugänglich war. Der französische Physiologe Étienne Jules Marey entwickelte einen Photoapparat, der wie eine Flinte gebaut war und mit der er seine Ziele anvisieren konnte. In der Trommel, über die auch diese Flinte verfügte, waren aber keine Kugeln, sondern ein Film, der mehrere Aufnahmen in schneller Folge machen konnte, die es ihm gestatteten, Bewegungen zu analysieren, indem er Möwen oder Tauben anvisierte, einem photographischen Schnellfeuer unterzog und die Kontinuität der Bewegung in Einzelbilder zerlegte. Immer wenn er auf den Auslöser drückte, wurde ein Photo gemacht und eine Bildtrophäe aus dem Reich der Bewegung heim in das Atelier des Photographen geholt. Marey schrieb voller Begeisterung 1882 an seine Mutter: »Ich habe ein Gewehr, das nichts Mörderisches an sich hat« (Frizot, 248), und beschreibt seine Kamera als Waffe: »Der Apparat hat die Form und die Maße einer Schußwaffe. Er gestattet, das Objekt, das man anvisiert, 12 mal pro Sekunde zu photographieren.« (Marey, 127) Bereits gut ein Jahrzehnt vorher entstanden zahlreiche ähnliche Kameras: Der französische Astronom Jules Janssen entwickelte einen »photographischen Revolver«, um den Venusdurchgang im Jahre 1874 möglichst präzise aufzuzeichnen. Ein heute unbekannter Photograph namens Fol baute eine photographische Flinte, die sich dank eines Gewehrschaftes »an die Schulter wie ein Karabiner anlegen läßt« und über ein Magazin von 2 × 6 Platten verfügt, die halbautomatisch gewechselt werden können. Der Weg zur Kriegstechnik ist nicht weit: Bereits im 19. Jahrhundert wurden die photographischen Erfindungen für militärische Zwecke verwendet. Ottomar Anschütz machte sich Gedanken über eine möglichst rationelle Bewegung der Soldaten beim Marschieren, und Nadars Ballonflug war ein Vorbote von photographischen Aufklärungsflügen, von denen Edward Steichen fast ein halbes Jahrhundert später 2 Millionen Abzüge mit in sein Archiv brachte.

Für Paul Virilio ist die Allianz von Krieg und Kino/Photographie Ausdruck dafür, daß die technische Entwicklung der Medien nicht nur für kriegerische Zwecke genutzt werden kann, sondern per se Kriegstechnik ist. »Waffen sind Werkzeuge nicht nur der Zerstörung, sondern auch der Wahrnehmung.« (Virilio, 13) Waffen sind nicht nur für die materielle Zerstörung konzipiert, sondern zielen auch auf die immaterielle Wahrnehmung. Für Virilio ist die »Geschichte der Schlachten zunächst die der Metamorphosen ihrer Wahrnehmungsfelder.« (Virilio, 13) Im Krieg geht es um die Bemächtigung der »immateriellen Felder der Wahrnehmung«. Daher sind auch Photographien und Filme Waffen, die auf die Wahrnehmung zielen. Dieser Krieg im Kopf verändert nachhaltiger die Verhältnisse, als es materielle Gebietsgewinne vermögen. Virilio erblickt konsequenterweise in der gegenwärtigen Medienlandschaft ein apokalyptisches Kriegsszenarium. Die reale Macht wird geteilt zwischen der Logistik der Waffen und der Logistik der Bilder und Töne. Regierung wird zur Inszenierung, Fernsehen zu einer Bemächtigung der Sinne. Mediengeschichte ist ein Krieg der Bilder. Virilio spricht von einer »Mobilmachung des Volkes der Bilder«, die sich nun des Menschen bemächtigen, und nimmt damit eine Formulierung Ernst Jüngers auf, der zwar nicht in seinem Aufsatz »Totale Mobilmachung«, wohl aber im *Arbeiter* (Jünger (2), 131-134) und in seinem Aufsatz »Über den Schmerz« konstatiert, »daß die Photographie eine Waffe ist, deren sich der Typus bedient. Das Sehen ist ihm ein Angriffsakt.« (Jünger, 182)

Ganz anders Laszlo Moholy-Nagy: Ihm dient die Photographie als Waffe einer anderen, weniger bellizistischen Form der Aufklärung. Die Photographie war für ihn ein Mittel, um eine Veränderung der menschlichen Wahrnehmung zu erreichen und die Deformation und Entstellung der Wahrnehmung durch die überkommene ästhetisch-philosophisch-metaphysische Tradition zu überwinden. Auch ihm geht es wie Marey um eine bildliche Erschließung der sichtbaren Welt, die der Wahrnehmung verborgen ist. Nun sind dem Auge aber nicht physiologische Grenzen gesetzt, sondern historische. Die Geschichtlichkeit der Wahrnehmung, die Fiedler, Benjamin, aber auch Rodtschenko, Hausmann oder Moholy-Nagy entdecken, ist in der Deutung Moholy-Nagys eine Verstellung der sichtbaren Welt, die die Photographie durch das Feuer ihrer Bilder durchbrechen kann.

Das Zeitalter Moholy-Nagys war auch das der »Revolverblätter« und der »Revolverpresse«, aber auch jenes der Photomontage. John Heartfield, der für die *Arbeiter Illustrierte Zeitung* zahllose Photomontagen anfertigte, sah in der Photographie eine Waffe im proletarischen Kampf. Mit »Benütze Foto als Waffe!« gab er eine Parole aus, die Roland Günter zum Titel seines Buches macht und auf die sich die Zeitschrift *Volksfoto* noch Jahrzehnte später beruft. Sie erblickt in der Photographie ein Ausdrucksmittel für politische Zwecke: Der Photograph bestimmt seine eigenen Zwecke und wählt dann seine photographischen Mittel. »Ästhetik ist also nicht mehr das Ziel, dem das zu Fotografierende nur als Vorwand dient, sondern Ästhetik liefert die Mittel, um über die Wirklichkeit etwas zu zeigen, was durch die bloße Abbildung der Wirklichkeit nicht zu zeigen ist. [...] Nichts wäre vor dem Amateurfotografen sicher. Er könnte lernen, seinen Apparat nicht nur zu seiner Erbauung, sondern auch als Waffe zu nutzen.« (Volksfoto, Heft 1, 15) Die Waffe kann dabei ganz unterschiedlichen Zwecken dienen: Für den farbigen englischen Photographen Ajamú ist »die Kamera zugleich Werkzeug und Waffe« (Ajamú, 16), die für eine visuellen Erkundung »des komplexen Terrains schwarzer Männlichkeit« eingesetzt wird.

Wenn man in Lynn Hershmans Arbeit »America's Finest« (1994) in den Sucher des präparierten M16-Gewehrs blickt, sieht man jedesmal, wenn man den Abzug betätigt, im Sucher ein historisches Schreckensbild, das wir zumeist aus den Medien bereits kennen. Die Waffe wird zum Photoapparat, der aber keine Bilder schießt, sondern projiziert und zugleich den Betrachter ins Visier nimmt.

Literatur

Ajamú, in: Prospect 96. Photographie in der Gegenwartskunst. Ausstellungskatalog Frankfurt/M. 1996, S. 16-19.

Michel Frizot, Vitesse de la Photographie. Le mouvement et la durée, in: ders. (Hg.), Nouvelle Histoire de la Photographie, Paris 1994, S. 243-257.

Roland Günter, Fotografie als Waffe. Geschichte der sozialdokumentarischen Fotografie, Hamburg/Berlin 1977.

Lynn Hershman, America's Finest, in: Hubertus von Amelunxen u. a. (Hg.), Fotografie nach der Fotografie, Dresden/Basel 1995, S. 200-203.

Anton Holzer (Hg.), Mit der Kamera bewaffnet. Krieg und Fotografie, Marburg 2003.

Jules Janssen, Présentation du Revolver Photographique et d'épreuves obtenues avec cet instrument, in: BUFR, Bd. XXII, 1876, S. 100-108.

Ernst Jünger (1), Über den Schmerz, in: ders., Blätter und Steine, Hamburg ²1941 [EA 1934], S. 157-216.

Ernst Jünger (2), Der Arbeiter, Sämtliche Werke, Zweite Abteilung, Essays II, Bd. 8, Stuttgart 1981.

Thilo Koenig, »Die Kamera muß wie eine nimmer fehlende Büchse in der Hand ihres Herrn liegen.« Gedanken zu einem medienspezifischen Sprachgebrauch, in: Fotogeschichte, 8. Jg., Heft 30, 1988, S. 3-14.

Étienne Jules Marey, Fusil Photographique, in: Bulletin de la Société française de photographie, Bd. XXVIII, 1882, S. 127-133.

Laszlo Moholy-Nagy (1), fotografie: die objektive sehform unserer zeit, in: telehor, 1936, S. 120ff., zit. nach: Krisztina Passuth, Moholy-Nagy, Weingarten 1986, S. 342-344.

Laszlo Moholy-Nagy (2), Malerei, Fotografie, Film, München 1925, Reprint Passau ²1978.

Gerhard Paul, Bilder des Krieges, Krieg der Bilder. Die Visualisierung des modernen Krieges, Paderborn 2004.

Paul Virilio, Krieg und Kino, Frankfurt/M. 1989.

Paul Virilio, Die Sehmaschine, Berlin 1989.

Volksfoto, Berlin 1976-1980, Reprint Frankfurt/M. 1981.

Abbildung:

Fusil photographique de Marey, 1882, in: La Nature, wiederabgedr. in: E. J. Marey 1830/1904. La photographie du mouvement, Paris 1977, S. 27.

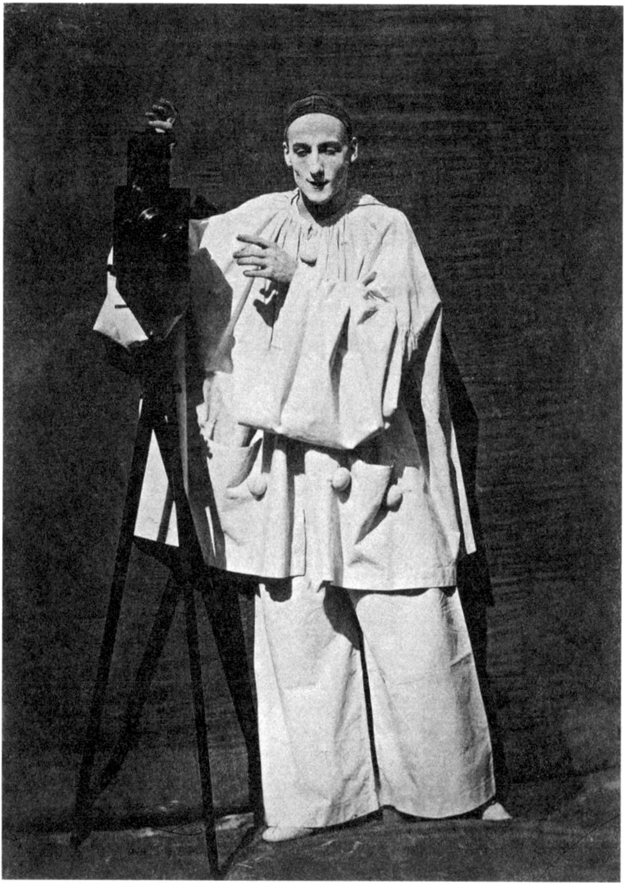

Zauberlampe

»Mit dem Zoom gelange ich auf die andere Seite des Spiegels. Ich bin ich Alices Wunderland...«

Baudrillard, o. S.

»Elektrisches Licht, Fotografie und Film machten der Laterna magica in ihrer ursprünglichen Gestalt endgültig den Garaus« (Hrabalek, 9), konstatiert nicht ohne Bedauern Ernst Hrabalek in seinem Buch zur Zauberlampe. Gleichwohl ging dieser Sieg der Photographie nicht ohne Hindernisse vonstatten. »Das Produkt der Zauberlaterne war schwarz, verworren, undeutlich« (Kolloff, 65), konstatierte etwa Eduard Koloff – nun auf die Photographie gemünzt. Die Bilder der neuen Zauberlampe haben nicht den geheimnisvollen Effekt jener Aufführungen, die auf Leinwänden und selbst auf Rauch Bilder entstehen ließen, die Geschichten erzählten und den Betrachter in ferne Länder und Zeiten entführten. Ganz anders die Photographie: »Die Bilder der Zauberlaterne lassen uns kalt.« (Kolloff, 65) Die Photographie war ungleich prosaischer als die Laterna magica und zeigte nur kühle Oberflächen, wo diese den Raum füllte. Erst mit der imaginären Reise hinter die glatte Spiegelschicht wurde die Photographie zur Zauberlampe, zu Aladins Lampe, an der man nur reiben mußte, um die Ferne sehen zu können und den Blick schweifen zu lassen. Diese neue technische Zauberlampe kann dann den Betrachter selbst in die orientalische Welt von Tausendundeine Nacht versetzen, den Traum zur Realität und die Realität zum Traum werden lassen: »›Die Fähigkeit zu träumen‹ des zeitgenössischen Menschen wird verdoppelt, verzehnfacht, verhundertfacht durch die Photographie, diese Wunderlampe Aladins, die ihm die Geheimnisse des Universums liefert.« (George, 157)

Die Photographie eröffnet ein neues Wunderland und lädt zu einer Reise hinter die Spiegel ein. Das vielzitierte Vorbild dieser besonderen Reise stammt von dem Mathematiker, Schriftsteller und begeisterten Photographen Charles Lutwidge Dodgson, alias Lewis Carroll, für den, wie Brassaï in einem schönen Aufsatz beobachtet, das Geheimnis der Liebe und des Lebens ein photographisches war: »Das ganze Liebesleben Lewis Carrolls ist in gewisser Weise mit der Photographie verbunden. Für ihn war sie das Wunderland, das Reich hinter den Spiegeln.« (Brassaï, 57) Der Blick durch das Objektiv der photographischen Zauberlampe eröffnete eine Welt voller Wunder, die selbst, wie das Zitat zu Beginn zeigt, Jean Baudrillard fasziniert. Die Zauberlaterne läßt den Photographen wie den Betrachter die bekannte Welt mit anderen Augen sehen, macht aus dem Vertrauten eine Welt voller Wunder: »Der photographische Fälscher hält keinen Spiegel, sondern eine Lupe in die Welt. Der Beobachter wird wie Alice eingeladen, in einen Ort einzutreten, wo die Dinge anders sind, wo Tatsachen von Lügen und Erfindungen ununterscheidbar sind und wo immanente Paradoxien fortlaufend drohen, feststehende Gewißheiten zu untergraben.« (Mitchell, S. 191) Diese eigentümliche Verwandlung der Welt durch die Zauberlampe der Photographie hat der amerikanische Photograph Duane Michals in einer Bildsequenz dargestellt, die nicht von ungefähr den Titel »Alice's Mirror« trägt. Sie zeigt eine mehrfach verschachtelte Spiegelreflexion, die am Ende in drei Photographien einer Hand mündet, die einen Spiegel hält, der alle anderen Spiegelbilder reflektiert, diesen aber zerbricht. Es bleibt nur das Bild der Hand und der Bruchstücke des Spiegels, aber ein Bild, das seinerseits erneut zur Reise hinter die Spiegel einlädt. Die eigentliche Zauberlaterne ist die Einbildungskraft des Betrachters.

Literatur

Jean Baudrillard, La banalité magique des choses. Gespräch mit Jean Baudrillard, in: http://www.regards.fr/archives/1999/199902/199902cre01.html. Zugriff: 15. Juli 2005.

Brassaï, Carroll the Photographer (1975), in: Jane M. Rabb (Hg.), Literature & Photography. Interactions 1840-1990, Albuquerque 1995, S. 46-58.

Waldemar George, Photographie vision du monde, in: Arts et Métiers graphiques, Nr. 16, 15. 3. 1930. Numéro Spécial consacré à la photographie, S. 5-20 und 131-161; dt. Teilübersetzung in: Wolfgang Kemp (Hg.), Theorie der Fotografie II, 1912-1945, München 1979, S. 189-193.

Ernst Hrabalek, Laterna Magica. Zauberwelt und Faszination des optischen Spielzeugs, München 1985.

Eduard Kolloff, Der Daguerreotyp (1839), in: Wolfgang Kemp (Hg.), Theorie der Fotografie I, 1839-1912, München 1979, S. 64-67.

Duane Michals, Alice's Mirror, in: Marco Livingstone, Duane Michals. Werkübersicht, München 1997, S. 82-85.

William J. Mitchell, The Reconfigured Eye. Visual Truth in the Postphotographic Era, Cambridge/Mass. 1992, ^{3}1998.

Abbildung:

Nadar, Pierrot mit einer Fotokamera, 1854/55, in: Ulrich Pohlmann und Johann Georg Prinz von Hohenzollern (Hg.), Eine neue Kunst? Eine andere Natur! Fotografie und Malerei im 19. Jahrhundert, München 2004, S. 60.

Height 1M	68.6	Head lgth.	18.7	L. Foot	25.9	Color of Left Eye	Circle	Age 20
Eng. H'ght	5'6 1/8"	Head wdth.	15.1	L. Mid. F.	11.5		Periph. z Chest	Apparent Age
Outs. A. 1M	75.0	Cheek wdth.		L. Lit. F.	9.1		Lt.	Nativity Va.
Trunk	90.9	R. Ear	5.1	L. Fore A.	46.4		Pecul. trouty	Occupation Firem

Remarks incident to measurements

28/2

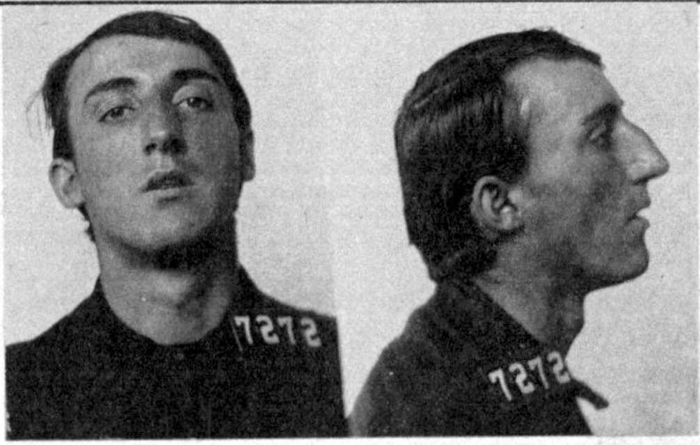

DESCRIPTIVE

Forehead		Nose			R. Ear		
Incln.	Vert	Profile	Ridge Cnvx				Beard
Hght	S		Base Dep.	Root L			Hair Chest Dk
Width	L	DIMENSIONS			Teeth	Sd Ry	Complexion Dark
Pecul.		Length L	Projection L	Breadth M			Weight 140
		Pecul.			Chin	Pr flat	Build Medium

Zeuge

> »Denn die Welt ist nicht schön und zum Gericht über sie ruft mit stummem Munde die Kamera Millionen namenloser Zeugen auf.«
>
> *Benjamin, 1140*

»Wir können uns keinen unvoreingenommeneren Zeugen und ehrlicheren Zeugen als die Sonne vorstellen, da ihr Licht die Ähnlichkeit mit der Wunde auf der Fotografie, die der Jury vorgelegt wird, aufprägt und sie in ihr versiegelt.« (American Reports, 748) So lautete Ende des 19. Jahrhunderts das Argument, um die Photographie vor Gericht als bildliche Zeugenaussage zuzulassen – was keineswegs selbstverständlich war und heute, im Zeitalter der digitalen Photographie, noch weniger selbstverständlich geworden ist. Auch wenn die Photographie, wie Walter Benjamin anmerkt, spätestens zu Beginn des 20. Jahrhunderts als Tatort wahrgenommen werde und jedes Photo zu einem Beweisstück im historischen Prozeß werde, so bleibt die Zeugenschaft der Photographie trotz ihrer seinerzeit allgemein konstatierten Impartialität umstritten. Wenn Georges Didi-Huberman feststellt: »Das photographische Bild hat den Wert eines Indizes im Sinne eines Beweisstücks: es bezeichnet den Schuldigen des Übels, es verfügt über seine Festnahme« (Didi-Huberman, 43), so gilt das zwar für die Deutung, allerdings nur höchst selten für die Praxis der Photographie. Die Zeugenschaft der Photographie ist diskursiv, nicht aber institutionell legitimiert.

Dieser prekäre Status der Photographie als »ehrlicher Zeuge« wird in überaus komplexer und subtiler Weise in Michelangelo Antonionis berühmtem Film *Blow Up* dargestellt und zugleich reflektiert, in dem ein Photograph eher zufällig auf einer Aufnahme eine Leiche entdeckt. Die Photographie eines Toten hatte ihren Ausgangspunkt in einer Suche nach einem ruhigen, sanften, versöhnenden Bild genommen, das der Photograph Thomas ans Ende eines Bildbandes mit sozialdokumentarischen Aufnahmen stellen wollte, in dem es in anderer Weise auch um die Photographie als Zeugnis geht. So machte sich der Photograph auf den Weg in einen Park, verfolgt ein Liebespaar und fertigt eine Reihe von Aufnahmen an, um dann gleich selbst von der Frau verfolgt zu werden, die sich des Filmes zu bemächtigen sucht, was am Ende wohl auch gelingt. Ob sie es war, die die Negative und die Abzüge entwendet hat, können wir nicht sagen, da wir wie Thomas den Einbruch ins Atelier nicht gesehen haben, sondern nur wie er das Verschwinden der belastenden Bilder zu konstatieren haben. Allerdings ist es mit der Zeugenschaft dieser Bilder so eine Sache: In der Zwischenzeit hatte Thomas die Bilder immer wieder neu betrachtet, sie nebeneinandergehängt, Teile aus ihnen vergrößert, die Lupe zur Hilfe genommen, eine Pistole und später eine Leiche auf den Bildern entdeckt. Die Vermutung, einen Mord verhindert zu haben, verwandelt sich in die vermutete Gewißheit, einen Mord dokumentiert zu haben, und das versöhnliche Schlußbild des Photobandes wird allmählich zu einem Tatortphoto. Doch diesem kommt die Evidenz abhanden, bleibt doch nach dem Einbruch in sein Atelier nur ein einziges Bild übrig, das ohne seinen Kontext eher einem abstrakten Gemälde ähnelt, bei dem sich die Evidenz, wie ein befreundeter Maler Thomas erläutert, immer erst im nachhinein und vor allem nur dem Maler selbst zeigt. In der Zwischenzeit ist zudem auch die Leiche, deren physischer Präsenz Thomas sich noch versichert hatte, verschwunden, und es bleibt nur die Erinnerung an Bilder, die in der Tat, wie Walter Benjamin formuliert, ein

»postumer Schock« ereilt hat, ist doch mit der Evidenz nicht nur das Leben, sondern selbst der Tod aus ihnen verschwunden. *Blow Up* nimmt nahezu alle Spielarten einer Bedeutungsproduktion durch das soziale Zeichensystem der Photographie auf und lotet aus, was es bedeutet, wenn die Wirklichkeit über Bilder vermittelt, erschlossen und gespeichert wird – bis hin zu der berühmten Schlußszene, in der eine Artistentruppe, die bereits zu Beginn des Films durch die Stadt gezogen war, ein Tennismatch inszeniert und zugleich beobachtet, bei dem ohne Schläger und Bälle gespielt wird. In diesem pantomimischen Match fällt der imaginäre Ball über das Netz vor die Füße von Thomas, der ihn (und sich) zurück ins Spiel bringt – und der Zuschauer den zurückgeworfenen Ball nicht sieht, aber *hört*. Antonionis *Blow up* entwirft eine Fabel vom Verschwinden der Wirklichkeit und ihrem Wiedererscheinen als gesellschaftliches Zeichensystem. »Es stimmt, die Fotografie ist ein Zeuge, aber ein Zeuge dessen, was nicht mehr ist.« (Barthes, 85) Die Photographie spricht als Zeugnis nur, indem die Evidenz seiner Aussage durch ihren kulturellen Kontext eingeholt wird, indem Photographien, wie Benjamin es formuliert, »Beweisstücke im historischen Prozeß« (Benjamin, 360) werden.

Literatur

American Reports, Bd. 49, 1882, S. 748.

Michelangelo Antonioni, Blow Up, 1966.

Ulrich Baer, Spectral Evidence. The Photography of Trauma, Cambridge/Mass. und London 2002.

Walter Benjamin (1), Lesart zur »Kleinen Geschichte der Photographie«, in: Ges. Schriften, Bd. II, S. 1140.

Walter Benjamin, Das Kunstwerk im Zeitalter seiner technischen Reproduzierbarkeit [Zweite Fassung], in: ders., Gesammelte Schriften, hg. von Rolf Tiedemann und Hermann Schweppenhäuser, Frankfurt/M. 1972ff., Bd. I, S. 471-508.

Georges Didi-Huberman, Erfindung der Hysterie. Die photographische Klinik von Jean-Martin Charcot, München 1997.

Susanne Regener, Fotografische Erfassung. Zur Geschichte medialer Konstruktionen des Kriminellen, München 1999.

Abbildung:
Aufnahme für ein Polizeiarchiv, um 1930, Sammlung Stiegler.

Dank

Dieses Buch ist während eines dreimonatigen Aufenthalts als Gastwissenschaftler am Max Weber Kolleg in Erfurt entstanden. Dafür danke ich insbesondere Hans Joas, der dies möglich gemacht hat. Mein besonderer Dank gilt aber auch dem Suhrkamp Verlag, der mich für diese Zeit freigestellt hat, und vor allem Eva Gilmer und Nora Fröhder, ohne die dies und vieles andere nicht möglich gewesen wäre, sowie Alexander Roesler und Elke Habicht.

Für unverzichtbare Anregungen und Hinweise, die nicht zuletzt zu einigen weiteren Einträgen geführt haben, danke ich Christiane Heibach, Regine Kaiser, Matthias Reiner, Alexander Roesler, Silke Müller, Reiner Naucke, Johannes Ullmaier und Lambert Wiesing. Für ihre kritische Lektüre und auch die Übersetzung zahlreicher englischer und französischer Textpassagen danke ich Sabine Buck.

Namenregister

»Das Medienzeitalter« in der edition suhrkamp

Pierre Bourdieu. Über das Fernsehen. Übersetzt von Achim Russer. es 2054. 140 Seiten

Cyberhypes. Möglichkeiten und Grenzen des Internet. Herausgegeben von Rudolf Maresch und Florian Rötzer. es 2202. 270 Seiten

Der digitale Wahn. Herausgegeben von Bernhard Bürdek. es 2146. 150 Seiten

Digitaler Schein. Ästhetik der elektronischen Medien. Herausgegeben von Florian Rötzer. es 1599. 578 Seiten

Andreas Dörner. Politainment. Aufklärung durch Unterhaltung. es 2203. 272 Seiten

Gottschalk, Kerner & Co. Showmaster – der ganz normale Star. Herausgegeben von Rolf Parr und Matthias Thiele. es 2175. 280 Seiten

Jochen Hörisch. Brot und Wein. Die Poesie des Abendmahls. es 1692. 295 Seiten

Jochen Hörisch. Gott, Geld und Medien. Studien zur Medialität der Welt. es 2363. 240 Seiten

Jochen Hörisch. Kopf oder Zahl. Die Poesie des Geldes. Mit Abbildungen. es 1998. 370 Seiten

Jochen Hörisch. Ende der Vorstellung. Die Poesie der Medien. es 2115. 292 Seiten

NF 318/1/5.04

Kluges Fernsehen. Alexander Kluges Kulturmagazine. Herausgegeben von Christian Schulte und Winfried Siebers. Mit zahlreichen Abbildungen. es 2244. 266 Seiten

Richard Meng. Der Medienkanzler. Das System Schröder. es 2265. 256 Seiten

Thomas Meyer. Mediokratie. Die Kolonisierung der Politik durch das Mediensystem. es 2204. 240 Seiten

Microsoft. Medien – Macht – Monopol. Herausgegeben von Alexander Roesler und Bernd Stiegler. es 2281. 272 Seiten

Mythos Internet. Herausgegeben von Stefan Münker und Alexander Roesler. es 2010. 394 Seiten

Andreas Neumeister. Angela Davis löscht ihre Website. es 2310. 120 Seiten

Popvisionen. Links in die Zukunft. Herausgegeben von Klaus Neumann-Braun, Axel Schmidt und Manfred Mai. es 2257. 280 Seiten

Praxis Internet. Kulturtechniken der vernetzten Welt. Herausgegeben von Stefan Münker und Alexander Roesler. es 2254. 288 Seiten

Roberto Simanowski. Interfictions. Vom Schreiben im Netz. es 2247. 208 Seiten

Soundcultures. Über elektronische und digitale Musik. Herausgegeben von Marcus S. Kleiner und Achim Szepanski. Mit einer Musik-CD. es 2303. 240 Seiten

NF 318/2/5.04

Telefonbuch. Beiträge zu einer Kulturgeschichte des Telefons. Herausgegeben von Stefan Münker und Alexander Roesler. es 2174. 208 Seiten

TeleVisionen. Herausgegeben von Stefan Münker und Alexander Roesler. es 2091. 240 Seiten

Viva MTV! Popmusik im Fernsehen. Herausgegeben von Klaus Neumann-Braun. es 2090. 320 Seiten

Wahl-Kämpfe. Betrachtungen über ein demokratisches Ritual. Herausgegeben von Andreas Dörner und Ludgera Vogt. es 2264. 200 Seiten

NF 318/3/5.04

›Mediengeschichte‹ im Suhrkamp Verlag Eine Auswahl

Stefan Andriopoulos/Bernhard J. Dotzler (Hg.). 1929. Beiträge zur Archäologie der Medien. stw 1579. 392 Seiten

Rudolf Arnheim

- Film als Kunst. Mit einem Nachwort von Karl Prümm und zeitgenössischen Rezensionen. stw 1553. 336 Seiten
- Rundfunk als Hörkunst. Mit einem Nachwort von Helmut H. Diederichs und zeitgenössischen Rezensionen. stw 1554. 237 Seiten
- Die Seele in der Silberschicht. Medientheoretische Texte. Photographie – Film – Rundfunk. Herausgegeben und mit einem Nachwort von Helmut H. Diederichs. stw 1654. 433 Seiten

Béla Balázs

- Der Geist des Films. Mit einem Nachwort von Hanno Loewy und zeitgenössischen Rezensionen. stw 1537. 237 Seiten
- Der sichtbare Mensch oder die Kultur des Films. Mit einem Nachwort von Helmut H. Diederichs und zeitgenössischen Rezensionen. stw 1536. 177 Seiten

Wolfgang Beilenhoff (Hg.). Poetika Kino: Theorie und Praxis des Films im russischen Formalismus. stw 1733. 250 Seiten

Walter Benjamin. Medienästhetische Schriften. Mit einem Nachwort von Detlev Schöttker. stw 1601. 443 Seiten

NF 142/1/1.06

Pierre Bourdieu. Über das Fernsehen. Übersetzt von Achim Russer. es 2054. 140 Seiten

Helmut H. Diederichs (Hg.). Geschichte der Filmtheorie. Kunsttheoretische Texte von Méliès bis Arnheim. stw 1652. 400 Seiten

Sergej Eisenstein. Jenseits der Einstellung. Schriften zur Filmtheorie. Herausgegeben von Helmut H. Diederichs und Felix Lenz. stw 1766. 450 Seiten

Peter Geimer (Hg.). Ordnungen der Sichtbarkeit. Fotografie in Wissenschaft, Technologie und Kunst. stw 1538. 444 Seiten

Peter Gendolla/Norbert M. Schmitz/Irmela Schneider/ Peter M. Spangenberg (Hg.). Formen interaktiver Medienkunst. stw 1544. 428 Seiten

Michael Giesecke
- Der Buchdruck in der frühen Neuzeit. Eine historische Fallstudie über die Durchsetzung neuer Informations- und Kommunikationstechnologien. 944 Seiten. Gebunden und Broschur
- Sinnenwandel, Sprachwandel, Kulturwandel. Studien zur Vorgeschichte der Informationsgesellschaft. stw 997. 374 Seiten
- Von den Mythen der Buchkultur zu den Visionen der Informationsgesellschaft. Buch und CD-ROM. stw 1543. 458 Seiten

Christiane Heibach. Literatur im elektronischen Raum. Buch und CD-ROM. stw 1605. 293 Seiten

NF 142/2/1.06

Siegfried Kracauer

- Werke. Band 3. Theorie des Films. Die Errettung der äußeren Wirklichkeit. Herausgegeben von Inka Mülder-Bach unter Mitarbeit von Sabine Biebl.
  Gebunden und Broschur. 599 Seiten
- Werke. Band 6. Kleine Schriften zum Film. Herausgegeben von Inka Mülder-Bach unter Mitarbeit von Mirjam Wenzel und Sabine Biebl. In drei Teilbänden.
  Gebunden und Broschur. 1676 Seiten
- Theorie des Films. Die Errettung der äußeren Wirklichkeit. Vom Verfasser revidierte Übersetzung von Friedrich Walter und Ruth Zellschau. Mit zahlreichen Abbildungen.
  stw 546. 454 Seiten
- Von Caligari zu Hitler. Eine psychologische Geschichte des deutschen Films. Übersetzt von Ruth Baumgarten und Karsten Witte. stw 479. 632 Seiten

Albert Kümmel/Petra Löffler (Hg.). Medientheorie 1888-1933. Texte und Kommentare. stw 1604. 568 Seiten

Karl Ludwig Pfeiffer. Das Mediale und das Imaginäre. Dimensionen kulturanthropologischer Medientheorie. 618 Seiten. Gebunden

Stefan Rieger

- Die Ästhetik des Menschen. Über das Technische in Leben und Kunst. Mit zahlreichen Abbildungen.
  stw 1600. 512 Seiten
- Die Individualität der Medien. Eine Geschichte der Wissenschaften vom Menschen. stw 1520. 519 Seiten
- Kybernetische Anthropologie. Eine Geschichte der Virtualität. Mit zahlreichen Abbildungen. stw 1680. 556 Seiten

Yvonne Spielmann. Video. Das reflexive Medium. stw 1739. 480 Seiten

NF 142/3/1.06

Georg Christoph Tholen. Die Zäsur der Medien. Kulturphilosophische Konturen. stw 1552. 219 Seiten

Dieter Thomä. Totalität und Mitleid. Richard Wagner, Sergej Eisenstein und unsere ethisch-ästhetische Moderne. stw 1765. 278 Seiten

Hartmut Winkler. Diskursökonomie. Versuch über die innere Ökonomie der Medien. stw 1683. 258 Seiten

Herta Wolf (Hg.)
- Diskurse der Fotografie. Fotokritik am Ende des fotografischen Zeitalters. Band 2. Mit zahlreichen Abbildungen. stw 1599. 492 Seiten
- Paradigma Fotografie. Fotokritik am Ende des fotografischen Zeitalters. Band 1. Mit zahlreichen Abbildungen. stw 1598. 480 Seiten

NF 142/4/1.06

Michel Foucault
im Suhrkamp Verlag
Eine Auswahl

Ästhetik der Existenz. Schriften zur Lebenskunst. Mit einem Nachwort von Martin Saar. stw 1814. 346 Seiten

Analytik der Macht. Ausgewählt und mit einem Nachwort von Thomas Lemke. stw 1759. 349 Seiten

Archäologie des Wissens. Übersetzt von Ulrich Köppen. stw 356. 312 Seiten

Der Mensch ist ein Erfahrungstier. Gespräch mit Ducio Trombadori. Aus dem Französischen von Horst Brühmann. Vorwort von Wilhelm Schmid. stw 1274. 144 Seiten

Die Hauptwerke. Mit einem Nachwort von Axel Honneth und Martin Saar. Quarto. Broschur. 1686 Seiten

Die Heterotopien. Der utopische Körper. Zwei Radiovorträge. Zweisprachige Ausgabe. Aus dem Französischen von Michael Bischoff. stw 2071. 103 Seiten

Die Ordnung der Dinge. Eine Archäologie der Humanwissenschaften. Aus dem Französischen von Ulrich Köppen. stw 96. 480 Seiten

Die Wahrheit und die juristischen Formen. Aus dem Französischen von Michael Bischoff. Mit einem Nachwort von Martin Saar. stw 1645. 192 Seiten

Einführung in Kants Anthropologie. Aus dem Französischen von Ute Frietsch. Mit einem Nachwort von Andrea Hemminger. Broschur. 140 Seiten

NF 116/1/02.14

Geometrie des Verfahrens. Schriften zur Methode. Herausgegeben von Daniel Defert und François Ewald unter Mitarbeit von Jacques Lagrange. Ausgewählt und mit einem Nachwort von Petra Gehring. Aus dem Französischen von Michael Bischoff, Horst Brühmann, Hans-Dieter Gondek u. a. stw 1934. 396 Seiten

Kritik des Regierens. Schriften zur Politik. Herausgegeben von Ulrich Bröckling. stw 1933. 441 Seiten

Psychologie und Geisteskrankheit. Aus dem Französischen von Anneliese Botond. es 272. 132 Seiten

Schriften zur Literatur. Aus dem Französischen von Michael Bischoff, Hans-Dieter Gondek und Hermann Kocyba. Auswahl und Nachwort von Martin Stingelin. stw 1675. 402 Seiten

Schriften. Dits et Ecrits. Herausgegeben von Daniel Defert und François Ewald unter Mitarbeit von Jacques Lagrange. Aus dem Französischen von Michael Bischoff, Hans-Dieter Gondek, Hermann Kocyba, Reiner Ansén und Jürgen Schröder.
Einzeln und im Schuber.
- Band 1. 1954-1969. Gebunden und kartoniert. 1088 Seiten
- Band 2. 1970-1975. Gebunden und kartoniert. 1031 Seiten
- Band 3. 1976-1979. Gebunden und kartoniert. 1028 Seiten
- Band 4. 1980-1988. Mit Gesamtregister. Gebunden und kartoniert. 1129 Seiten

NF 116/2/02.14

Sexualität und Wahrheit
- Band 1. Der Wille zum Wissen. Aus dem Französischen von Ulrich Raulff und Walter Seitter. stw 716. 190 Seiten
- Band 2. Der Gebrauch der Lüste. Aus dem Französischen von Ulrich Raulff und Walter Seitter. stw 717. 327 Seiten
- Band 3. Die Sorge um sich. Aus dem Französischen von Ulrich Raulff und Walter Seitter. stw 718. 316 Seiten

Überwachen und Strafen. Die Geburt des Gefängnisses. Aus dem Französischen von Walter Seitter. Mit Abbildungen. stw 184 und st 2271. 408 Seiten

Vorlesungen am Collège de Francc
- Über den Willen zum Wissen. (1970-1971). Aus dem Französischen von Michael Bischoff. Gebunden. 394 Seiten
- Die Macht der Psychiatrie. (1973-1974). Aus dem Französischen von Claudia Brede-Konersmann und Jürgen Schröder. Gebunden. 595 Seiten
- Die Anormalen. (1974-1975). Aus dem Französischen von Michaela Ott und Konrad Honsel. Gebunden. stw 1853. 476 Seiten
- In Verteidigung der Gesellschaft. (1975-1976). Aus dem Französischen von Michaela Ott. Gebunden. 313 Seiten. stw 1585. 341 Seiten
- Geschichte der Gouvernementalität I. Sicherheit, Territorium, Bevölkerung. (1977-1978). Aus dem Französischen von Claudia Brede-Konersmann und Jürgen Schröder. stw 1808. 600 Seiten
- Geschichte der Gouvernementalität II. Die Geburt der Biopolitik. (1978-1979). Aus dem Französischen von Jürgen Schröder. stw 1809. 517 Seiten
- Geschichte der Gouvernementalität I und II. (1977-1979). Aus dem Französischen von Jürgen Schröder. stw 1808. 1136 Seiten

NF 116/3/02.14

- Die Regierung der Lebenden. (1979-1980). Aus dem Französischen von Andrea Hemminger. Gebunden. 400 Seiten
- Hermeneutik des Subjekts. (1981-1982). Aus dem Französischen von Ulrike Bokelmann. Gebunden. stw 1935. 694 Seiten
- Die Regierung des Selbst und der anderen. (1982–1983). Aus dem Französischen von Jürgen Schröder. Gebunden. stw 2019. 505 Seiten
- Die Regierung des Selbst und der anderen II. Der Mut zur Wahrheit. (1983-1984). Aus dem Französischen von Jürgen Schröder. Gebunden. stw 2020. 478 Seiten
- Die Regierung des Selbst und der anderen I und II. (1982-1984). Aus dem Französischen von Jürgen Schröder. Broschur. 983 Seiten

Wahnsinn und Gesellschaft. Eine Geschichte des Wahns im Zeitalter der Vernunft. Aus dem Französischen von Ulrich Köppen. stw 39. 576 Seiten

Herculine Barbin/Michel Foucault. Über Hermaphrodismus. Herausgegeben von Wolfgang Schäffner und Joseph Vogl. Aus dem Französischen von Annette Wunschel. es 1733. 247 Seiten

Zu Michel Foucault

Gilles Deleuze. Foucault. Aus dem Französischen von Hermann Kocyba. Kartoniert und stw 1023. 192 Seiten

Wolfgang Detel. Foucault und die klassische Antike. Macht, Moral, Wissen. stw 1362. 359 Seiten

Didier Eribon. Michel Foucault. Eine Biographie. Aus dem Französischen von Hans-Horst Henschen. st 3086. 528 Seiten

NF 116/4/02.14

Foucault und die Künste. Herausgegeben im Auftrag des Zentrums für Kunst- und Medientechnologie von Peter Gente. stw 1667. 338 Seiten

Gouvernementalität der Gegenwart. Studien zur Ökonomisierung des Sozialen. Herausgegeben von Ulrich Bröckling, Susanne Krasmann und Thomas Lemke. stw 1490. 320 Seiten

Thomas Schäfer. Reflektierte Vernunft. Michel Foucaults philosophisches Projekt einer antitotalitären Macht- und Wahrheitskritik. stw 1219. 215 Seiten

Wilhelm Schmid
- Auf der Suche nach einer neuen Lebenskunst. Die Frage nach dem Grund und die Neubegründung der Ethik bei Foucault. stw 1487. 466 Seiten
- Die Geburt der Philosophie im Garten der Lüste. Michel Foucaults Archäologie des platonischen Eros. st 3215. 224 Seiten

Zwischenbilanz einer Rezeption. Frankfurter Foucault-Konferenz 2001. Herausgegeben von Axel Honneth und Martin Saar. stw 1617. 400 Seiten

NF 116/5/02.14